ELEMENTOS DE DIREITO ADMINISTRATIVO DISCIPLINAR

FÁBIO LUCAS DE ALBUQUERQUE LIMA

Prefácio
José de Castro Meira

ELEMENTOS DE DIREITO ADMINISTRATIVO DISCIPLINAR

Conforme a Lei Federal nº 8.112, de 11 de dezembro de 1990, com as alterações da Lei nº 12.527, de 18 de novembro de 2011, e da Lei nº 12.813, de 16 de maio de 2013. Com as alterações trazidas pela Lei nº 14.230, de 25 de outubro de 2021, à Lei de Improbidade Administrativa

2ª edição revista, ampliada e atualizada

Belo Horizonte

2024

FÓRUM
CONHECIMENTO JURÍDICO

Luís Cláudio Rodrigues Ferreira
Presidente e Editor

Coordenação editorial: Leonardo Eustáquio Siqueira Araújo / Aline Sobreira de Oliveira
Revisão: Érico Barboza
Capa e projeto gráfico: Walter Santos
Diagramação: Formato Editoração

Rua Paulo Ribeiro Bastos, 211 – Jardim Atlântico – CEP 31710-430
Belo Horizonte – Minas Gerais – Tel.: (31) 99412.0131
www.editoraforum.com.br – editoraforum@editoraforum.com.br

Técnica. Empenho. Zelo. Esses foram alguns dos cuidados aplicados na edição desta obra. No entanto, podem ocorrer erros de impressão, digitação ou mesmo restar alguma dúvida conceitual. Caso se constate algo assim, solicitamos a gentileza de nos comunicar através do *e-mail* editorial@editoraforum.com.br para que possamos esclarecer, no que couber. A sua contribuição é muito importante para mantermos a excelência editorial. A Editora Fórum agradece a sua contribuição.

Dados Internacionais de Catalogação na Publicação (CIP) de acordo com ISBD

L732e Lima, Fábio Lucas de Albuquerque
Elementos de direito administrativo disciplinar -- 2. ed. rev. ampl. e atual. -- / Fábio Lucas de Albuquerque Lima. Belo Horizonte: Fórum, 2024.
262 p. 14,5x21,5cm

ISBN impresso 978-65-5518-748-9
ISBN digital 978-65-5518-741-0

1. Regime disciplinar. 2. Servidor público. 3. Administração Pública. I. Título.

CDD: 342
CDU: 342

Ficha catalográfica elaborada por Lissandra Ruas Lima – CRB/6 – 2851

Informação bibliográfica deste livro, conforme a NBR 6023:2018 da Associação Brasileira de Normas Técnicas (ABNT):

LIMA, Fábio Lucas de Albuquerque. *Elementos de direito administrativo disciplinar*. 2. ed. rev. ampl. e atual. Belo Horizonte: Fórum, 2024. 262 p. ISBN 978-65-5518-748-9.

Primeiramente a Deus, que me proporciona coisas maravilhosas.

A meus inestimáveis pais, Jackson da Silva Lima e Maria da Salete de Albuquerque Lima.

Aos meus amados filhos, Pabblo Bolognese de Albuquerque Lima, Lucas Bolognese de Albuquerque Lima e Martha da Silva Lima.

Agradecemos o prefácio e, mais que isso, o cuidado que teve o Ministro Castro Meira em orientar-nos sempre no sentido de enriquecer esta obra; ao Prof. Romeu Felipe Bacellar Filho pelo apoio e incentivo que muito nos motivaram à publicação do livro; aos amigos Dr. Régis de Souza Araújo, Dr. Gilberto Waller Júnior, Dr. Aécio Pereira Neves, Dr. Ivan Ferreira de Souza, Dr. Virgílio Antônio Ribeiro de Oliveira Filho, Dr. Paulo César Silva Pretextato, Dr. Carlos Alberto Sobral de Souza, Dra. Patrícia Verônica Sobral, Desembargador Federal Jéferson Alves Silva Muricy, Desembargador Federal Vladimir Souza Carvalho, Dr. Marcelo de Carvalho Lopes, Dr. Marcos Antônio Ribeiro da Silva Galdino, Dr. José Eduardo Cruz Dias Lima, Dr. Helder Adenias de Souza e Dr. Elthon Baier Nunes e ao inestimável professor Kléber Balsanelli pela fraterna colaboração durante a jornada intelectual do autor.

SUMÁRIO

CAPÍTULO 3

PREFÁCIO DA PRIMEIRA EDIÇÃO

Recebi com alegria o convite para prefaciar o livro do Dr. Fábio Lucas de Albuquerque Lima, não só por ter acompanhado a formação desse jovem jurista sergipano, mas também pelo significado que o tratamento especializado do direito administrativo disciplinar representa para a sistematização do ordenamento jurídico pátrio.

O autor, ocupante do cargo de Procurador Federal, valeu-se de sua experiência na atuação perante autarquias e consultorias jurídicas dos Ministérios para expor as dificuldades existentes na aplicação prática das normas disciplinares e para traçar importantes diretrizes na solução desses problemas.

Na parte inicial da obra, preocupa-se em demonstrar a necessidade de conferir-se uma maior autonomia ao direito administrativo disciplinar, distinguindo-o dos demais ramos do direito e enfatizando a impossibilidade de se transportar para a disciplina aqui emoldurada os princípios e regras do direito penal.

A seguir, o texto traz comentários sobre os princípios que regem a disciplina, ressaltando a natureza constitucional ostentada por alguns deles e, assim, conduz o leitor a uma imersão no estudo do cerne do tema propriamente dito, isto é, o regime disciplinar dos servidores federais entabulado na Lei nº 8.112/90.

A partir desse momento, há uma análise pontual das normas disciplinares contidas no Estatuto do Servidor Público, merecendo destaque a indicação de precedentes jurisprudenciais acerca dos pontos mais relevantes e de manifestações da Advocacia-Geral da União exaradas no julgamento de processos administrativos.

No tópico sobre as responsabilidades do servidor, a obra apresenta as noções gerais do instituto e individualiza, com esmero, os limites da responsabilidade civil, administrativa e criminal e suas respectivas sanções.

Pela grande repercussão que o tema invoca e por abordar matérias com significativos pontos de intersecção com o regime disciplinar do servidor, a Lei nº 8.429/92 também foi prestigiada nesta obra, tendo-lhe sido destinado um capítulo próprio, no qual se procurou conceituar o ato de improbidade e seus consectários na esfera administrativa.

Mais adiante, o autor aborda, a meu ver, um dos pontos mais sensíveis para aqueles que se deparam com a árdua tarefa de julgar os ilícitos disciplinares, qual seja, a aplicação da penalidade adequada ao caso concreto. Com efeito, se é certo que o Estatuto dos Servidores da União se propõe a indicar as situações que ensejam as sanções de advertência, suspensão, demissão e cassação de aposentadoria, destituição de cargo em comissão e função comissionada, não é menos verdade que o postulado mais importante nessa seara e de observância obrigatória pelo órgão julgador é a regra do art. 128 da Lei nº 8.112/90, com o seguinte teor: "Na aplicação das penalidades serão consideradas a natureza e a gravidade da infração cometida, os danos que dela provierem para o serviço público, as circunstâncias agravantes ou atenuantes e os antecedentes funcionais". Essa ponderação foi muito bem apresentada no livro e acertadamente realçada nas considerações finais nele promovidas.

Os últimos capítulos foram destinados à análise da extinção da punibilidade e da reabilitação do servidor público, temas também explorados com profundidade e com oportuna referência à doutrina e jurisprudência.

É imperioso reconhecer que este trabalho contribui decisivamente para a consolidação do direito administrativo disciplinar como disciplina autônoma, sendo de grande utilidade para os profissionais da área jurídica, estudantes e, mais ainda, para aqueles que lidam, no dia a dia, com as dificuldades inerentes à aplicação do regime disciplinar dos servidores públicos federais.

Parabenizo o autor pela forma didática, sistematizada e prática como construiu sua obra, externando meu desejo de que continue avançando no estudo do tema e elevando o nome do nosso querido Sergipe no cenário jurídico nacional, na esteira da rica herança que nos foi deixada pelos seus grandes intelectuais, com destaque para o genial pensador e jurista Tobias Barreto de Meneses.

Brasília, 12 de abril de 2012.

José de Castro Meira
Ministro do Superior Tribunal de Justiça.

APRESENTAÇÃO

A ideia de escrever e lançar este livro baseou-se numa premissa de que não se abriu mão: discorrer num compêndio didático o direito disciplinar dos servidores públicos civis federais sem adentrar a questões de processo administrativo disciplinar. Talvez essa razão de o livro não ser tão volumoso.

Em muitas das colocações feitas em 2014, viu-se a evolução jurisprudencial e legislativa caminhar no sentido das argumentações tecidas em alguns capítulos do livro, como a vedação de registro de penalidades prescritas e, no campo legislativo, a obrigatoriedade de a conduta ser dolosa para constituir o ilícito de improbidade.

Numa perspectiva teórica, a influência das ideias weberianas sobre a Administração Pública brasileira se acha na construção do estatuto disciplinar federal na medida em que se baseia na meritocracia para seleção dos servidores, disciplina e hierarquia, e na previsão da proteção salarial, estabilidade e proteção previdenciária do agente e de seus dependentes – características essas próprias da teoria organizacional de Max Weber.

A partir da década de 1980, a cultura gerencialista anglo-saxônica se espraiou pelo mundo ocidental, quebrando as estruturas do paradigma weberiano para implantar no setor público técnicas e princípios da gestão privada. Assim, segundo essa escola, a Administração deve possuir o mínimo possível de servidores públicos para atender o *cliente*.

Para uma nação de liberalismo histórico como a Inglaterra, o modelo teve sua aplicabilidade. Entretanto, transposto para solo tropical, parece que a muda dessa planta não vingou de todo, brotando aqui ou ali de maneira minguada, indicando inadequação. E isso não foi somente no Brasil, mas nos diversos países em que se intentou sua implantação.

Assim, a Reforma Administrativa que, a partir da década de 1995, se tentou aprovar, capitaneada pelo MARE, pretendia incorporar as diretrizes gerenciais para o setor público brasileiro. E, de fato, a Emenda Constitucional nº 19, de 1998, insculpiu o princípio da eficiência na legislação constitucional (depois incorporado na Lei nº 9.784, de 1999). Outras medidas nessa época apontam para a adoção do regime gerencial ou do *New Public Management* (NPM) como previsão de limitação ao teto do INSS da aposentadoria (a partir da implantação da

Previdência Complementar do servidor), dispensa de servidores para redução de despesas, entre outras medidas, algumas das quais sequer foram regulamentadas.

Após a superação da não bem-sucedida tentativa de Reforma, atualmente entende-se que a Administração estatal funciona em rede, num movimento de tessitura de relações com a sociedade e com o mercado. Essa interação social tem como ponto central a figura do cidadão-contribuinte, e não mais um *cliente*. O cidadão a quem o agente público deve *servir* é bem mais que um mero *cliente*, porquanto o cidadão pode participar da formulação das políticas públicas.

Nesse ínterim, a transformação digital desafia a Administração a atender com mais celeridade e eficiência o cidadão e a sociedade. Paralelamente à revolução tecnológica, a transparência deixa de ser apenas a transparência passiva para fazer investidas na modalidade de transparência ativa, que cada vez mais aumenta a capacidade de *accountability* vertical. A transparência, para ser eficaz, precisa apresentar dados organizados e mais granulares, de fácil e amplo acesso, permitindo inferências e conclusões.

Esse novo modelo moderno e participativo de governança pública contemporânea afasta-se de algumas deformações promovidas pela transplantação de modelos exógenos e cunho colonialista para enfatizar o combate à corrupção pela utilização de tecnologia e exercício de transparência com participação social.

E, para acrescentar, março de 2020 foi palco de uma tragédia humana. O isolamento trazido pela disseminação do vírus que provocou a pandemia de COVID-19 trouxe a compulsoriedade do teletrabalho. No teletrabalho, a função do controle ficou bastante flexibilizada, além, obviamente, da jornada de trabalho.

A observação, o acompanhamento, o controle dos atos ficaram mais fluidos, desempenhados de forma eletrônica, o que desafia a gestão pública. E ainda não existem estudos empíricos sobre a questão disciplinar no ambiente totalmente virtual.

Nesse cenário pós-pandêmico, apresenta-se a segunda edição de *Elementos de direito administrativo disciplinar*, com as atualizações à legislação promulgada posteriormente à primeira edição, como a nova Lei de Conflito de Interesses e a reforma da Lei de Improbidade Administrativa.

Uma excelente leitura a todos e a todas.

Aracaju, 9 de julho de 2023.

Fábio Lucas de Albuquerque Lima

CAPÍTULO 1

INTRODUÇÃO

1.1 Generalidades

O direito administrativo disciplinar, no que se refere aos servidores públicos civis tanto da União como das autarquias e das fundações públicas federais, é matéria que está contida no ramo do direito administrativo. O regime disciplinar dos agentes do Estado não possui uma bibliografia nacional suficientemente vasta.

A legislação de regência, em termos disciplinares, deveria ser objeto de texto específico, tal qual se dá em outros países, como na França, por exemplo.

A corrupção é como erva daninha, enraíza-se não só no serviço público, mas também em toda a sociedade, no Brasil e em todo o mundo.

Desde Pero Vaz de Caminha, nosso solo tem sido fértil em demasia para o cultivo dessa praga, de modo que seria de bom alvitre se se tomassem medidas para coibir o fato social da corrupção.

Para uma maior objetividade do direito disciplinar, os preceitos cogentes de ação ou omissão do funcionário deveriam constar de *tipo*, o que facilitaria a adequação da postura do servidor às exigências da Administração. Ter-se-ia um elenco mais claro do que deveria fazer o agente público e daquilo que não poderia praticar na repartição.

A adoção de tipos bem delineados facilitaria o trabalho das comissões de Processo Administrativo Disciplinar e da autoridade julgadora.

Não se quer com isso sugerir que a tipicidade da infração disciplinar ganhe os mesmos contornos do tipo penal, que é um preceito fragmentário e peculiar. Entretanto, não somente o direito penal é totalmente regido pelos tipos sancionatórios.

A antropologia, a sociologia, a criminologia, enfim, diversos departamentos do conhecimento humano se utilizam da tipologia para uma maior objetividade de enquadramento e pesquisa.

Todo ramo jurídico se submete aos princípios gerais de direito. Além dos princípios gerais do direito, a autonomia de cada ramo do direito faz transparecer os chamados princípios específicos.

Assim, o direito administrativo deve seguir o princípio da prevalência do interesse público sobre o privado, o princípio da moralidade administrativa, o princípio da eficiência, entre outros.

Logo, seria de melhor técnica que o direito disciplinar seguisse os princípios de direito administrativo, acrescidos dos que lhe fossem especialíssimos (disciplina, hierarquia, imediatidade, dever de representação, entre outros).

Meramente, tomá-los emprestado do direito penal passa longe de ser o ideal.

O conceito da culpabilidade penal não deveria jamais ser utilizado, sequer subsidiariamente, no entendimento da culpa administrativa. O dolo administrativo, como o dolo civil, não se identifica com o dolo do direito penal.

Ouçamos o entendimento da Advocacia-Geral da União, corroborado pelos tribunais superiores:

> 35. Despiciendo realizar incursões nas normas de Direito Administrativo anteriores à Lei n. 1.711 e à Constituição de 1934, para demonstrar que o Direito Disciplinar rege-se por normas específicas e independentes do Direito Penal, sem a viabilidade de aproveitarem-se princípios criminais, interpretativamente (v. os arts. 188 e seguintes da Lei n. 1.711 e 116 e seguintes da Lei n. 8.112; a Lei n. 8.027; e as Constituições Federais de 1934, art. 169; de 1937, art. 156, "c"; de 1946, art. 188; e de 1967, art. 99). Esses preceitos constitucionais já cuidavam da perda do cargo público e da ampla defesa. A ligação com a lei penal admitida pelas normas disciplinares é restrita, exclusivamente, ao afastamento da responsabilidade administrativa no caso de absolvição criminal que negue a existência do fato ou a autoria; a demissão decorrente de condenação por crime contra a Administração Pública; e ao prazo de prescrição (arts. 126, 132 e 142 da Lei n. 8.112).
> 36. Essa interdependência seria destoante do espírito e do sentido do art. 39 da C.F. e da Lei n. 8.112, de 1990, até mesmo porque o Direito Penal trata da restrição do direito de liberdade, cominando a pena de prisão simples, detenção e reclusão, embora existam a multa e as penas acessórias, como as interdições de direitos, quando o Direito

Disciplinar não versa sobre a pena corporal, porém, no tocante às mais graves (é dispensável o enfoque das apenações mais brandas), prevê a desvinculação do servidor.
O primeiro ramo destina-se a proteger, de forma genérica, a sociedade, sendo que o último objetiva resguardar especificamente a Administração Pública e o próprio Erário. São áreas jurídicas distintas, com penalidades de naturezas e finalidades diversas.
37. A dissociação do Direito Disciplinar e do Direito Penal é consignada no voto do Ministro Rodrigues Alckmin, proferido em 23 de maio de 1975, na qualidade de Relator do RE n. 78.949-SP, *verbis*:
"Contudo, outro postulado assente da doutrina é a independência do direito administrativo e do seu ramo disciplinar. Por mais pontos de contato que se apontem, entre o direito penal e o direito disciplinar, as diferenças serão tais e tantas, pela natureza jurídica das penas e em razão das pessoas e órgãos estatais envolvidos, que sempre faltará aquela semelhança e razão suficiente, necessárias para a aplicação da analogia 'legis', ou mesmo da analogia 'juris', antes de um exame em profundidade de cada questão omissa que com a analogia se queira resolver".

Assim, fica o registro da posição do autor de que a autonomia do direito sancionador administrativo tem características próprias em relação à culpabilidade, independentemente dos conceitos do direito criminal.

Problemas de mesmo gênero, em razão da necessidade de critérios mais claros de metodologia, acometem o Processo Administrativo Disciplinar. Os Códigos de Ética e as Comissões de Ética estão a requerer uma completa revisão.

Tentaremos seguir por essa seara, guiados pelos princípios gerais de direito público e pela principiologia específica do direito administrativo, sempre centrados em que a disciplina e a hierarquia são os institutos basilares do direito disciplinar.

O propósito de nosso estudo é oferecer aos estudantes e aos aplicadores do direito disciplinar um manual didático, no qual os princípios, o regime e a responsabilidade disciplinar estejam explicados, trazendo uma visão sistemática da matéria.

1.2 Introdução ao *regime disciplinar*

O regime disciplinar dos servidores públicos civis da União consta do texto da Lei nº 8.112, de 11 de dezembro de 1990 (simplesmente indicada como *Estatuto* de agora para frente).

São as normas administrativo-disciplinares regras cogentes. Sua natureza é de direito público. Enquadram-se no ambiente jurídico do direito administrativo. Embora topograficamente inseridas num *Estatuto*, no plano lógico-jurídico, tais normas pertencem ao direito administrativo sancionador.

O direito administrativo sancionador[1] não se limita ao regime hierárquico-disciplinar dos servidores civis. As normas restritivas do poder de polícia, a legislação fiscal, as normas de polícia de trânsito ou, ainda, as normas de fiscalização sanitária, todas elas também estão dentro do que se considera direito administrativo sancionador.

O direito disciplinar dos servidores públicos federais é menos abrangente que o direito administrativo sancionador, estando em relação a este numa situação da parte em relação ao todo. Limita-se a tratar da disciplina dos servidores públicos civis da União e de suas autarquias e fundações públicas federais, e do modo como devem os servidores se comportar diante de seus superiores hierárquicos, diante dos administrados em geral, diante do Estado que os remunera e diante da sociedade civil, que, em última análise, é quem arca com o ônus de custear sua remuneração.

O *funcionário*, além das normas explícitas de comportamento estipuladas na legislação (que estudaremos como seus *Deveres e Proibições*), deve estar consciente de que o cargo que ocupa não lhe pertence. O cargo não visa atender seus interesses, mas os interesses mediatos ou imediatos do Estado, o interesse público em geral, devendo sempre servir à consecução do bem comum.

Diante dessas exigências, naturais para quem quer servir à Administração Pública, submete-se o servidor a duas situações: ou segue de vontade própria os comandos legais, ou necessitará do poder hierárquico para corrigi-los.

A disciplina, estabelecida na lei democraticamente promulgada pelo Parlamento, é o eixo central de qualquer organização pública. O servidor deverá ter a disciplina como regra primeira de conduta. Se não o fizer, seu superior deverá persuadi-lo para que a siga, desde que obedecido o princípio da legalidade. Não se convencendo o servidor de que deve obediência à disciplina na prática diuturna de seus

---

1 Não trataremos de forma ampla da ciência do direito administrativo sancionador. Para perfeita compreensão do tema, indica-se o excelente trabalho do professor Fábio Medina Osório, *Direito administrativo sancionador*.

atos, a Administração deverá irrogar-lhe as sanções disciplinares, sucessivamente,[2] de advertência, suspensão, destituição da função comissionada que ocupe ou, nos casos mais graves, de uma das modalidades de penas expulsórias do serviço público. Isso porque o serviço público deve se dirigir ao melhor atendimento dos cidadãos, de forma eficiente, como estabelecem a Constituição da República de 1988 e a legislação infraconstitucional.

Como se verá, a *disciplina* e a *hierarquia* são postulados do direito disciplinar. Têm natureza principiológica e não estão expressas no texto do *Estatuto*. Esses princípios são originários da Administração, como consta da obra de Henri Fayol, que criou a teoria funcionalista francesa.

Nesta *Introdução,* faremos um estudo da regra disciplinar dos servidores do Estado federal, analisando também a estrutura dela. Posteriormente, serão dissecados em capítulos à parte: os princípios, o regime disciplinar dos servidores civis federais (o conteúdo de deveres e proibições), a responsabilidade administrativa e a incidência de vários regimes disciplinares sobre uma mesma atividade.

1.3 Radiografia da norma disciplinar

A norma disciplinar tem como arquétipo o padrão das normas jurídicas.

As normas de direito podem conter um *dever*, uma *faculdade* ou uma *vedação*, ou como mais usualmente se conhecem: obrigatórias, permissivas ou proibitivas.[3]

Hans Kelsen, ao estudar a estrutura da regra de direito, fixou a existência da endonorma (norma de conduta) e da perinorma (sanção). O preceito ou a vontade primária da lei está na endonorma. Se o sujeito de direito e obrigações violar a endonorma ou não atuar conforme o preceito nela contido, a perinorma surge para fazer cumprir a endonorma.

A estrutura da norma jurídica é composta de duas partes: mandamento e sanção. Pode-se separar a sanção da norma inicial, entendendo-a como outra norma, como têm feito alguns doutrinadores. Entendemos,

---

2 Essa sucessiva gradação de advertência, suspensão e expulsão pode sofrer variações. Se o agente perpetrar faltas graves, entram em ação os *tipos* ensejadores da penalidade de demissão.

3 Lourival Vilanova leciona que "o conectivo dever-ser triparte-se em obrigatório, permitido e proibido em função do universo da conduta humana juridicamente regulada" (*Lógica jurídica*, p. 124).

no entanto, que, de tão ligadas que se encontram as duas proposições (mandamento e sanção), não se pode afirmar que qualquer das duas tenha existência autônoma. A sanção sem o preceito é arbitrariedade ilegal. O mandamento sem sanção é nada mais que uma obrigação natural cujo cumprimento não se pode exigir.

Dada a ligação entre mandamento e sanção, parece que a noção da estrutura estática da norma de Kelsen, embora formalmente correta, merece ainda aprofundamentos doutrinários.

A função da perinorma é, precipuamente, agir quando quebrada a endonorma. Nesse sentido foi que Cossio desenvolveu a teoria da norma jurídica como disjuntiva.[4]

Para Kelsen, se o estatuto ordena ao servidor que guarde sigilo sobre assunto da repartição, aqui está fixada uma endonorma (art. 116, inciso VIII, da Lei nº 8.112/90). Dada a relevância do interesse nacional, da segurança do país, da respeitabilidade das instituições, o legislador exige do servidor discrição ao comentar sobre assuntos *interna corporis*. Sobrevindo a violação da endonorma, ou seja, divulgando o servidor injustificadamente fatos sigilosos da repartição, deve ser aplicada a perinorma: o servidor deverá ser apenado com advertência por inobservância de dever funcional previsto em lei, desde que a iliceidade não acarrete penalidade mais grave (art. 129).

A norma é vista como um *dever-ser*. Se A, então B. Se não A, então S. Estas são, respectivamente, a *endo* e a *perinorma* kelsenianas.

Já Cossio estruturou a norma de forma disjuntiva. Se X, então Y e, imediatamente, se não X, então Z. O servidor não pode acumular ilegalmente cargos públicos ou, se os ocupar e não fizer a opção no prazo de lei, deve sofrer a penalidade de demissão.

Com a instituição do termo de ajustamento de conduta (TAC), a estrutura lógica passa a ser mais complexa. Então, caso a norma seja violada, se o servidor não fizer jus ao TAC ou não desejar assiná-lo, incide-se a sanção para as infrações de menor potencial ofensivo.

Feitos os prolegômenos à estrutura da regra de direito, acrescentamos que a relação jurídica não se confunde com a norma em si. A relação jurídica depende, em geral, da norma jurídica, mas a relação jurídica nasce realmente com um fato do mundo fenomênico, humano ou físico.

---

[4] Cf. MACHADO NETO. *Compêndio de introdução à ciência do direito*, p. 54.

A hipótese de incidência da relação jurídica está na norma. Para que esta se *movimente*, é preciso que se pratique o fato descrito em seu texto. Com isso, nasce a relação jurídica.

A relação jurídica como se vê é um embrião; a norma, apenas um óvulo não fecundado. Na relação jurídica, em concreto, já se encontram os elementos subjetivos e objetivos do fato jurídico: existem sujeito(s) ativo(s) e sujeito(s) passivo(s), prestações, efeitos patrimoniais.

O conceito moderno de norma jurídica compreende as regras jurídicas e os princípios. No campo do direito disciplinar material, não há lugar para apenamento com base em princípios, em que pesem, em razão de princípios jurídico-constitucionais, as penalidades possam ser mitigadas ou terem sua hipótese de incidência excluída.

Como normas de direito público, o preceito de direito administrativo disciplinar deve ser seguido independentemente da vontade do particular ou do próprio administrador. A mera previsão da *sanção* já coíbe a prática de ilícitos disciplinares. Esse é o fenômeno de coerção ou coercibilidade. Se, apesar da prevenção psicológica, ocorrer o ilícito, entra em cena o poder de coação estatal para restabelecer a ordem jurídico-administrativa.

Não há subsídios doutrinários que tracem o perfil cabal do preceito administrativo-disciplinar dos servidores públicos federais. Já dissemos linhas atrás que o grande doutrinador pátrio do direito sancionador, o professor Fábio Medina Osório, em obra mais atrás citada, estudou com profundidade o assunto. Porém, nesse particular, é de se confessar que o *Processo Administrativo Disciplinar* anda muitos passos à frente do direito material disciplinar.

A aplicação por analogia de normas processuais penais no Processo Disciplinar é menos condenável que o uso de normas do direito penal para a interpretação ou integração do regime disciplinar dos servidores federais.

A nosso ver, o cunho fragmentário do direito penal distingue seus preceitos dos demais preceitos normativos. Sua sanção também. A reação para o descumprimento do preceito penal, quando aplicável pena privativa de liberdade, é ímpar no ordenamento jurídico. A liberdade é o direito subjetivo que mais se aproxima, na escala de valores, do direito à vida. A imagem de viver sem liberdade é quase uma visão da própria morte – por isso, o caráter especial do direito punitivo criminal.

1.4 Elementos conceituais do direito disciplinar

O direito disciplinar, enquanto direito positivado, é o conjunto de normas de direito administrativo-sancionador que prescreve as condutas (ações ou omissões) dos servidores públicos no trato com a Administração Pública e os administrados em geral, bem como as sanções cabíveis para correção dos desvios de conduta.

As normas disciplinares são cogentes, dos tipos "obrigatórias" ou "proibitivas". A atuação do servidor é vinculada ao texto da lei. Tenha natureza positiva (um *fazer*) ou negativa (um *não fazer*), a norma deve ser seguida pelo servidor sob pena de responder pela infração.

A disciplina, instituída pelas normas da Lei nº 8.112/90, é o centro desse regime. Para a efetividade da disciplina estatutária, o Estado dispõe do escalonamento hierárquico dos cargos públicos. Essa estrutura está preparada para aplicar as penalidades em caso de ruptura da legalidade.

A hierarquia e a disciplina, porém, não podem servir a ilegalidades, abusos ou desvios de poder. É por isso que a lei manda ao servidor que obedeça a seu superior hierárquico ou a quaisquer ordens superiores (art. 116, inciso IV, do *Estatuto*), desde que não manifestamente ilegal. Tal ordem deve ser legal ou se afigurar legítima.

Se a ordem é manifestamente ilegal, a ela não deve o servidor nenhuma obediência.

A relação jurídico-disciplinar, vale insistir, é de índole estatutária.

Embora exista uma relação de trabalho, não se trata aqui de contrato de trabalho (salvo as exceções legais e constitucionais do emprego público e das contratações temporárias).

O *celetista*, afora as exceções apontadas, não se sujeita ao nosso estatuto. Na relação estatutária, as obrigações decorrem da lei.

O conceito de servidor público civil é mais restrito do que o conceito maior de agente público. Em termos explicativos, o Código Penal conceitua:

> Art. 327. Considera-se funcionário público, para os efeitos penais, quem, embora transitoriamente ou sem remuneração, exerce cargo, emprego ou função pública.
>
> §1º Equipara-se a funcionário público quem exerce cargo, emprego ou função em entidade paraestatal, e quem trabalha para empresa prestadora de serviço contratada ou conveniada para a execução de atividade típica da Administração Pública.

Segundo a Lei nº 8.112/90, "servidor é a pessoa legalmente investida em cargo público" (art. 2º). Portanto, o conceito do *Estatuto* é bem mais restrito do que o conceito do direito criminal.

As diversas teorias de conceituação do direito administrativo servem, em igual medida, à conceituação do direito administrativo disciplinar, feitas, obviamente, algumas adaptações ao cunho punitivo desse ramo do direito.

A *escola do serviço público*, cujo fundador é Léon Duguit, limitou o objeto de estudo do direito administrativo à noção de serviços públicos. Themístocles Brandão Cavalcanti, representante dessa corrente no Brasil, conceitua o direito administrativo como:

> [...] ramo do Direito Público que regula a estrutura e o funcionamento da administração pública bem como dos organismos criados para executar os serviços públicos; regula, também, as relações com terceiros desde que, por sua natureza, devam obedecer a uma disciplina jurídica adequada às finalidades próprias do serviço público.[5]

Embora criativa e tenha sido adotada por juristas de renome, a teoria é falha. Há atividades do Estado que se submetem ao direito privado (atividades industriais, comerciais, etc.).

Os demais critérios de definição para o direito administrativo não logram caracterizar o direito administrativo disciplinar.

A *escola exegética*, também nascida em França, conceitua o direito administrativo como a mera interpretação do conjunto de normas administrativas (leis, decretos, instruções). O direito administrativo disciplinar se debruça sobre a legislação federal. Entretanto, a ela não se limita. O direito disciplinar, além do estudo da legislação, cuida da interpretação dos princípios gerais de direito público, dos princípios do direito sancionador e da integração das normas que, por vezes, não se encontram necessariamente na Lei nº 8.112 ou qualquer outra lei ou norma de cunho infralegal.

A teoria de que o direito administrativo tem como foco a atividade do Poder Executivo, em que pese não ser totalmente errada, é incompleta. É que o Poder Legislativo também pratica atos administrativos típicos (concessão de aposentadoria, processo administrativo disciplinar,

---

5 CAVALCANTI. *Tratado de direito administrativo*, p. 14.

nomeação e exoneração de servidores; licita e contrata serviços, etc.). Ocorre o mesmo com o Poder Judiciário.

Como se vê, há aplicação do direito disciplinar não só no Executivo, mas também no Judiciário e no Legislativo, com ressalva da especialidade do regime disciplinar e do processo de punição dos agentes políticos.

O critério da "Administração Pública" para definição do direito administrativo é completamente tautológica, conquanto tenha gozado de ampla adoção pelos maiores administrativistas pátrios e estrangeiros.

Baseada num conceito descritivo, dissecando os aspectos objetivos e subjetivos da Administração Pública, a professora Maria Sylvia Zanella Di Pietro define o direito administrativo como "o ramo do direito público que tem por objeto os órgãos, agentes e pessoas jurídicas administrativas que integram a Administração Pública, a atividade jurídica não contenciosa que exerce e os bens de que se utiliza para a consecução de seus fins, de natureza pública".[6] O conceito é bom, correto e abrangente.

Data venia, temos preferência pessoal pelo conceito de Hely Lopes Meirelles, que nos parece o mais completo de todos.[7]

É da conjugação de vários critérios, como o da Administração Pública, do critério teleológico, do critério do serviço público, do critério da atividade jurídica não contenciosa do Estado, do critério residual (que exclui as atividades legislativas e judiciárias), que exsurge o melhor conceito do direito administrativo.

O direito disciplinar dos servidores federais, como se disse anteriormente, é um sub-ramo do direito administrativo sancionador. Seu objeto é o estudo das normas, preceitos e princípios aplicáveis à disciplina dos funcionários federais e às sanções que devem atingi-los toda vez que hajam violado as regras de conduta estabelecidas no *Estatuto* ou em norma legal a que se achem vinculados.

Em suas atividades cotidianas, o servidor segue os critérios acima referidos: pratica atos executivos (não judiciários ou legislativos), age teleologicamente (busca atender o interesse público e o bem comum), presta serviços públicos e compõe a Administração Pública, respeitando os princípios constitucionais que a regulam.

---

6 DI PIETRO. *Direito administrativo*, p. 52.

7 Hely Lopes Meirelles conceitua o direito administrativo brasileiro como "conjunto harmônico de princípios jurídicos que regem os órgãos, os agentes e as atividades públicas tendentes a realizar concreta, direta e imediatamente os fins desejados pelo Estado" (*Direito administrativo brasileiro*, p. 29).

O direito disciplinar cuida da relação jurídica, travada entre o Estado, sujeito ativo, e os servidores, sujeitos passivos. Estes têm a obrigação de cumprir as normas de comportamento; caso as descumpram, nasce o *poder-dever* que a Administração possui de punir o infrator após o devido processo legal.

1.5 Referências bibliográficas

Mormente na questão dos princípios que regem a matéria, é referência primordial a consulta ao livro do professor Romeu Felipe Bacellar Filho, *Processo administrativo disciplinar*. Em que pese nosso livro não tratar de *processo*, mas, sim, do direito administrativo disciplinar, foi de grande valia a leitura do livro desse grande professor.

Não é cansativo tecer elogios ao trabalho de Fábio Medina Osório. Em *Direito administrativo sancionador*, o administrativista mencionado brindou a bibliografia brasileira com uma obra marcante – por que não dizer completa? –, colocando-nos em patamar elogiável, inclusive perante o direito comparado.

Maria Sylvia Zanella Di Pietro, administrativista renomada, traça belas linhas acerca do regime disciplinar. Há, em seu livro *Direito administrativo*, excelentes apontamentos sobre a responsabilidade administrativa do servidor. É pena que sejam brevíssimas suas considerações.[8]

Embora tenha comentado a legislação estatutária revogada, J. Guimarães Menegale é um autor indispensável nos estudos do direito disciplinar dos servidores públicos civis federais. Seus comentários à Lei nº 1.711, de 28 de outubro de 1952, *O estatuto dos funcionários*, são por demais explicitadores da obrigação funcional e das responsabilidades administrativas. Sob o título "Do regime disciplinar" (p. 506-684), estão analisadas as condutas desejáveis, os ilícitos passíveis de penalidade, a questão criminal e todos os demais aspectos da Lei nº 1.711/52.

De passagem, em suas importantes obras, tratam do regime estatutário do servidor ou do poder disciplinar sobre ele exercido, entre outros autores: Celso Antônio Bandeira de Mello (*Curso de direito administrativo*), José Cretella Júnior (*Tratado de direito administrativo*,

---

[8] Breve também é o comentário do mestre Hely Lopes Meirelles, *in Direito administrativo brasileiro*. Resumidamente, ao falar das responsabilidades civis, penais e administrativas, fixa os pontos principais da matéria (p. 421-422). Nas páginas 108 a 112, quando explica os poderes administrativos, ensina as noções gerais do *poder disciplinar*.

Curso de direito administrativo, *Regime jurídico do pessoal extranumerário*, *Prática do processo administrativo* e *Direito administrativo comparado: para os cursos de pós-graduação*), Diogenes Gasparini (*Direito administrativo*), Egberto Maia Luz (*Direito administrativo disciplinar: teoria e prática*), Carlos S. de Barros Júnior (*Do poder disciplinar na Administração Pública*), Ivan Barbosa Rigolin (*Comentários ao regime único dos servidores públicos civis: Lei nº 8.112, de 11.12.1990*), A. A. Contreiras de Carvalho (*Estatuto dos funcionários públicos interpretado*) e José Armando da Costa (*Direito administrativo disciplinar*).

No direito português, a referência, como de ordinário, é Marcello Caetano. Suas lições, entretanto, devem ser sopesadas cuidadosamente, considerada a distância que medeia entre o direito administrativo português e o brasileiro.

CAPÍTULO 2

PRINCÍPIOS DO DIREITO ADMINISTRATIVO DISCIPLINAR

2.1 Generalidades

Neste capítulo, estudaremos o sistema de princípios, que rege a matéria disciplinar, a começar pelo conceito do que é princípio, traçando, em seguida, um quadro dos princípios gerais de direito, como também dos princípios gerais de direito público, para, por último, situar o leitor nos princípios que regem o direito administrativo disciplinar.

A matéria é basilar. Embora difícil e complicada seja a tarefa de conceituação, é fundamental o domínio dos princípios que norteiam o ramo de direito que se estuda, sob pena de se naufragar na posterior interpretação da própria lei.

Como nos ensina Romeu Felipe Bacellar Filho, "as elevadas e numerosas tarefas administrativas não resultariam exitosas sem a imposição de princípios de atuação capazes de oferecer garantias exigíveis de um Estado justo e igualitário".[9]

2.2 Princípios gerais de direito

Princípio, em direito, não tem o mesmo sentido de começo. Seu conceito não é *cronológico* ou *espacial*, porém *lógico*.

---

[9] BACELLAR FILHO. *Processo administrativo disciplinar*, p. 26.

Princípios são regras gerais, por vezes não constantes de lei escrita, que guiam o hermeneuta na melhor interpretação da legislação que lhe é submetida.

Os princípios se situam como o oposto simétrico do regulamento administrativo. Eles não se detêm em minúcias ou pormenores e, mesmo cabendo dentro de um parágrafo, norteiam todo o arcabouço da matéria analisada.

Não nos interessa, enquanto estudantes da ciência do direito, discorrer acerca dos princípios universais (ou *onivalentes*), que se aplicam a qualquer disciplina do saber, nem dos que se aplicam a mais de um ramo científico, como os princípios que regem as ciências culturais, ou sociais, ou as ciências exatas (*i.e., plurivalentes*).[10]

Como ponto de partida, cuidaremos dos princípios gerais de direito. E, como o direito é uma ciência cultural, sensível à questão valorativa, o primeiro princípio geral de direito que tem aplicabilidade no direito disciplinar é o de que, na medida do possível, deve ser preservado o interesse de maior valor socialmente considerado.

Nos ordenamentos jurídicos democráticos, é inconcebível que as obrigações das pessoas decorram do arbítrio de um particular ou do príncipe. Toda obrigação decorre, direta ou indiretamente, da lei. "Ninguém será obrigado a fazer ou a deixar de fazer alguma coisa senão em virtude de lei" (art. 5º, inciso II, da Constituição da República de 1988).

É um princípio geral de direito a prevalência da boa-fé. De sorte que a boa-fé se presume nos atos e negócios jurídicos, a má-fé é que tem que ser provada. O princípio do *pacta sunt servanda* significa que o acordo de vontades deve ser mantido, a menos que sobrevenha força maior ou um caso fortuito ou qualquer outra circunstância justificável.

É princípio geral que a ninguém é dado enriquecer-se ilicitamente em prejuízo de outrem. Regra geral também o princípio de que ninguém é obrigado a fazer autoacusação.

2.3 Princípios gerais de direito público

É bizantina a discussão acerca da dicotomia do direito positivo em *direito público* e *direito privado*. A questão se complicou ainda mais

---

10 CRETELLA JÚNIOR. *Curso de direito administrativo*, p. 6.

quando os juristas aventaram a possibilidade de um direito híbrido, o *direito social*, que seria um terceiro gênero, misto de direito público e privado (quando do surgimento do direito do trabalho).

A querela, a nosso ver, é de interesse didático apenas. Porque, se é verdade que todas as normas de direito originalmente são de origem pública, são editadas pelo Estado e por ele se fazem valer, também é verdade que o estudo dessas normas segue duas vertentes paralelas:

a) há normas que se submetem a preceitos e princípios de direito público; e
b) outras que seguem um regime de interpretação e a aplicação de direito privado.

Sob essa visão, inexistiria óbice a que se estudasse o direito do trabalho como regido por um *direito social*. No entanto, essa ideia só faz obscurecer ainda mais o assunto e, além disso, é quase que totalmente banida pelos doutrinadores mais abalizados, porque didaticamente é suficiente a dicotomização em *direito público* e *direito privado*.

Pois bem. O direito privado é editado *precipuamente* visando atender às atividades, relações, atos e fatos, que são de interesse do particular. Note-se o itálico de *precipuamente*.

Assim, a compra de um bem é protegida e regulada por normas de direito privado (Código Civil e Código de Defesa do Consumidor), que regulam o contrato de *compra e venda*. Se o particular compra um bem danificado, o direito civil o protege e lhe permite exigir a devolução do bem e a repetição do valor pago.

Entretanto, o adquirente poderá se abster de pleitear o que lhe é devido. Se o particular renunciar ao direito que a norma privatística lhe confere, nenhuma instância o obrigará a exigir uma indenização.

Se, em outro exemplo, o particular deve a um banco ou a qualquer empresa, que não lhe cobrou a obrigação, e a ação que protegia esse direito veio a prescrever ou o direito restou caduco, nada mais se pode fazer para que a mesma seja judicialmente adimplida.

Se mesmo assim o particular quiser pagar a dívida, até por uma questão moral e de foro íntimo, poderá fazê-lo, afastando a prescrição.

Em geral e com certos limites, as normas de direito privado podem ser objeto da disposição das partes. São normas, portanto, de cunho *dispositivo*.

No direito público, as coisas são diferentes.

O administrador público (tanto o agente administrativo quanto o agente político) não pode dispor da *res publica.*

Os bens públicos são diretamente do Estado e mediatamente do povo. O gestor público apenas os administra. Não pode dispor. *Dispor,* em direito civil, significa *alienar, alhear, transferir ou simplesmente consumir a propriedade* de que é titular.

É princípio de direito público que, na interpretação e aplicação do direito administrativo, prevalecerá sempre o interesse público sobre eventual interesse privado.

Enfático é o nobre professor Celso Antônio Bandeira de Mello quando esculpe o arcabouço do direito administrativo, centrando sua compreensão no regime jurídico-administrativo.[11]

Jamais deverá ser deixado de lado qualquer das finalidades previstas em lei para o bem da coletividade por haver um interesse privado com elas conflitante.

Ao revés, o interesse público sempre deve sobressair-se, não esmagando o interesse particular, mas colocando de lado as vontades ou interesses privados que visem tolher a consecução da finalidade pública perseguida.

Aliás, como ensina o ministro José de Castro Meira: "A melhor doutrina tem realçado que o interesse público não está dissociado do interesse das partes. Repugna ao Estado Democrático de Direito a concepção transpersonalista que autoriza tal dissociação".[12]

Sem perder de vista esses postulados, navegaremos dentro da principiologia do direito disciplinar.

2.4 Princípios de direito administrativo disciplinar

Em matéria de princípios, não se pode deixar de transcrever a Constituição da República, que é a lei maior do ordenamento jurídico brasileiro.

A Carta Magna, de 1988, elevou à categoria constitucional os princípios constantes do art. 37, não deixando dúvidas de que "a administração pública direta e indireta de qualquer dos Poderes da União, dos

---

[11] Para melhor compreensão do tema, recomendamos a leitura do Capítulo I do *Curso de direito administrativo,* do gigante da ciência do direito administrativo brasileiro, prof. Celso Antônio Bandeira de Mello.

[12] MEIRA. Processo administrativo. *Boletim de Direito Administrativo,* p. 200.

Estados, do Distrito Federal e dos Municípios obedecerá aos princípios de legalidade, impessoalidade, moralidade, publicidade e eficiência".

Curiosamente, as iniciais dos princípios constitucionais elencados, unidas, formam a sigla LIMPE, como que conclamando os agentes de Estado e a sociedade civil organizada para higienizarem a República Federativa chamada Brasil.

Voltando ao direito administrativo disciplinar, verifica-se, numa análise detida de sua natureza, que esse ramo do direito administrativo possui princípios próprios.

Como dito, para adquirir foros de autonomia, um ramo do direito, enquanto ciência, há de possuir um *objeto* próprio, uma *metodologia* própria, *institutos* característicos e princípios peculiares.

Não há dúvidas de que o direito disciplinar esteja apercebido de todos esses elementos e, no que se refere a princípios (matéria deste capítulo), podemos dizer que é farta a sua especialização.

Assim, o princípio da legalidade, além de significar que o servidor somente pode fazer o que a lei determina, significa, no direito administrativo, que a penalidade só é cabível quando prevista previamente em lei e quando decorre de uma infração de um dever também estabelecido em lei.

Outros princípios típicos do direito administrativo disciplinar são o princípio da hierarquia e o princípio da disciplina.

Disciplina é o conjunto de normas cogentes que regulam o comportamento e o agir dos servidores da repartição, preservando o seu funcionamento. Hierarquia é o instrumento de vigilância e controle da disciplina.

O serviço pode até andar bem sem que o poder hierárquico se movimente, mas, acaso não funcione, o superior cobrará do subordinado o cumprimento de suas atribuições legais, sob pena de sancioná-lo, após o devido processo legal.

É nessa esteira que tentaremos estudar os princípios, daqui para frente, sob a ótica do regime disciplinar e hierárquico.

2.4.1 Princípio da legalidade

O princípio da legalidade é, dos princípios de direito, o mais *equívoco*. Digamos que seu significado é diferente ou tem enfoque diferenciado, conforme o ramo jurídico a que se destina sua aplicação.

No direito administrativo, o princípio da legalidade significa que o administrador não pode agir sem permissão da lei. Preste-se atenção: o administrador não faz *o que não é proibido; ele só faz o que lhe é expressamente autorizado.*

Sem a letra da lei, o administrador fica em inércia, esperando a força inicial que empurre a sua caneta: *a vontade da lei.*

No direito penal, o princípio da legalidade ou da reserva legal quer dizer que o réu somente se enquadra numa conduta criminosa se a sua conduta estiver tipificada como crime ou contravenção na legislação. Se a repressão à sua conduta advier de um decreto do senhor presidente da República, não pode sofrer sanção penal, por violação do princípio da legalidade.

No *direito disciplinar*, embora este seja ramo do direito administrativo, o princípio da legalidade se aproxima, mas não se iguala, ao conceito da *reserva legal* do direito criminal.

O servidor, para ser apenado com advertência, suspensão ou multa,[13] demissão, cassação de aposentadoria, destituição de cargo em comissão, deve ter praticado uma ação ou omissão descrita no *Estatuto* como uma infração administrativo-disciplinar.

Para citar um exemplo, se o servidor veste uma roupa que não agrade ao superior, é juridicamente ilegal a aplicação de qualquer reprimenda por parte da Administração. Inexiste previsão legal para a questão estética da vestimenta. Se, por fato quejando, esse servidor venha a sofrer uma advertência, a punição é nula, porque confronta o princípio da legalidade.

Entretanto, caso o servidor manifeste agrado ou desagrado a algum servidor da repartição por sua preferência futebolística, pratica uma infração prevista no *Estatuto* (art. 117, inciso V) e pode receber uma advertência ou até uma suspensão se reiterar a prática.

Se o servidor empresta dinheiro ao colega de repartição, por companheirismo e solidariedade, e recebe de volta a quantia emprestada sem cobrança de juros sobre o principal, nenhum ilícito comete.

No entanto, se o servidor empresta o dinheiro a juros, sujeita-se à penalidade de demissão (art. 117, inciso XIV) por prática de *usura.*

---

13 O instituto da *multa* não é engastado no texto da Lei nº 8.112/90. Porém, não se pode descartar a sua existência legal como figura de penalidade administrativa, porquanto haver a possibilidade de se traspassar a *suspensão* em multa de 50% da remuneração no caso de o servidor trabalhar no respectivo período suspensivo.

A legalidade, sob o prisma do direito administrativo, deve ser encarada como andar no trilho da lei, seguir a lei em seu dia a dia, e, sob o prisma do direito disciplinar, como previsão em lei da infração e da sanção aplicável à espécie.

2.4.2 Moralidade administrativa

O conceito de moralidade como requisito de validade do ato administrativo é relativamente recente. Outrora, era corriqueiro dizer que nem tudo que é legal é moral e vice-versa.

Atualmente, se não é aceitável que o legislador venha albergar no texto legislativo condutas imorais e lesivas ao ente público, quanto mais que determinado ato administrativo singular queira cobrir com mantos de legalidade um ato ilegítimo e espúrio.

A Constituição da República de 1988 veio acabar com as dúvidas que pairavam sobre esse assunto ao determinar que o princípio da moralidade fosse de aplicação obrigatória na Administração Pública.

A moralidade é mais que um princípio, é um postulado. Ao jurar fidelidade ao Estado, o servidor tem na moralidade administrativa a sua profissão de fé.

Todo e qualquer ato administrativo deve orientar-se antes, durante e depois de sua feitura pela moralidade administrativa.

O princípio da moralidade deve acompanhar a vida do ato administrativo. Sem ele, o ato é passível de anulação, quer pela Administração, quer pelo Poder Judiciário.

Se o ato é praticado ao arrepio da moralidade administrativa, além de inválido de pleno direito, a autoridade que o praticou se sujeita a responder pela prática de improbidade administrativa.

Quando do estudo dos deveres e proibições, será esmiuçado o conteúdo da moralidade administrativa e, quando o fato é tão grave em termos de violação da moralidade que descai para o conceito de improbidade administrativa, passa a ser objeto das disposições da Lei nº 8.429, de 2 de junho de 1992, que sofreu substanciais alterações com a promulgação da Lei nº 14.230, de 25 de outubro de 2021.

2.4.3 Princípio da hierarquia

A etimologia do termo *administrar* não possui uma explicação pacificada na doutrina.

José Cretella Júnior nos relata que:

> [...] discordam os especialistas sobre o significado da raiz *min*, tomando posições antagônicas. Para uns, a referida raiz prender-se-ia à mesma que originou a família linguística dos vocábulos *manus, mandare*, mediante o elemento comum de ligação *man*, ao passo que, para outros, a raiz *min*, antônimo perfeito de *mag*, teria estreito parentesco com as palavras *minor, minus, minister*.

Sob quaisquer dos enfoques etimológicos, administrar não se desvincula da noção de *comando* (*manus, mandare*) ou de *escala hierárquica* (*minus, minister*).

Em sede de direito disciplinar, a noção de hierarquia está presente. É a hierarquia que determina o cumprimento das ordens legislativas, transformadas em normas concretas através de regulamentação.[14]

Pela via hierárquica é que se responsabilizam os servidores.

Dessarte, a hierarquia vai influenciar até mesmo o processo administrativo disciplinar (mas o processo administrativo não é nosso objeto de estudo). Pelo princípio da hierarquia, não se deve punir servidor cuja lotação não pertença ao órgão processante, a menos que este seja autoridade superior (Presidência da República ou a Controladoria-Geral da União, que, por ser o órgão máximo disciplinar no âmbito da União, pode, inclusive, avocar a si qualquer caso de infração administrativa). Nesse sentido, preleciona Rafael Bielsa:

> *Pero el derecho disciplinario presupone una relación de subordinación entre el órgano sometido a la disciplina y el órgano que la establece o aplica, más que para castigar, para corregir, e incluso educar al infractor de la norma.*[15]

Assim, *e.g.*, se um servidor cedido ao Instituto Nacional do Seguro Social, mas pertencente ao quadro do Tribunal Regional Eleitoral, fraudar a concessão de um benefício assistencial, a sua demissão, se for o caso, deverá ser aplicada pelo tribunal a que pertence, sob o risco, em caso contrário, de se ver frustrada a aplicação da pena.

---

14 As principais formas de regulamentação são os decretos dos chefes do Executivo federal, estadual, distrital ou municipal e as portarias ministeriais. Também são atos administrativos regulamentadores da vontade da lei *as instruções normativas, as ordens de serviço, circulares*. O que é mais importante é não se esquecer de que o direito brasileiro não admite o regulamento autônomo, isto é, o regulamento não pode criar direitos ou obrigações, matéria esta que deve sempre ser objeto de *lei*.

15 BIELSA. *Derecho administrativo*, p. 354.

Isso decorre do princípio da hierarquia, que também foi amplamente mencionado por Henri Fayol na importante obra *Administração industrial e geral*, fundadora do funcionalismo em teorias organizacionais. Segundo esse autor:

> No Estado, o interesse geral é coisa tão complexa, tão vasta, tão remota, que dele não se faz facilmente uma ideia precisa; o patrão é uma espécie de mito para a quase totalidade dos funcionários. Se ele não é incessantemente reavivado pela autoridade superior, o sentimento do interesse geral esfuma-se, debilita-se a cada serviço, tende a ser considerado como objeto e fim dele mesmo; esquece que não é mais do que uma engrenagem de uma grande máquina, cujas partes devem marchar de acordo; isola-se, fecha-se em si mesmo e não conhece mais que a via hierárquica.[16]

Assim, vemos o quão são relevantes, embora não sejam adotadas como uma camisa de força, as noções de hierarquia para a boa administração e para o funcionamento do controle.

2.4.4 Princípio da disciplina

O princípio da disciplina anda de mãos dadas com o da hierarquia, como se fossem duas engrenagens de uma mesma peça, sem uma das quais o mecanismo não funcionaria.

Aurélio Buarque de Holanda Ferreira define *disciplina* como: "1. Regime de ordem imposta ou livremente consentida. 2. Ordem que convém ao funcionário regular duma organização (militar, escolar, etc.). 3. Relações de subordinação do aluno ao mestre ou ao instrutor. 4. Observância de preceitos ou normas. 5. Submissão a um regulamento [...]". Essa é a definição meramente gramatical.

Em termos estritamente jurídicos, o melhor conceito de disciplina é de De Plácido e Silva: "Disciplina (ciência, ordem, regulamento), em sentido amplo, designa a regra ou o conjunto de regras, impostas, nas diversas instituições ou corporações, como norma de conduta das pessoas que a elas pertencem".[17]

Henri Fayol também elenca a disciplina como princípio geral de administração e a conceitua como "o respeito às convenções, que têm

---

[16] FAYOL. *Administração Industrial e Geral*, p. 56.

[17] SILVA. *Vocabulário jurídico*, v. 1-2, p. 98.

por objetivo a *obediência*, a *assiduidade*, e os *sinais exteriores com que se manifesta o respeito*. Ela se impõe tanto aos mais altos chefes como aos agentes mais modestos".[18]

Entretanto, devemos atentar para o fato de a disciplina ser, antes de um princípio norteador, um dever estatutário. Enquanto dever, significa *obediência*. A obediência no serviço público não é obediência irrestrita. Óbvio que o servidor deve obedecer às ordens hierárquicas, desde que não manifestamente ilegais. Porém, se a determinação for manifestamente ilegal, deve o servidor *legalmente* desobedecê-la.

Com efeito, ao discorrer sobre a disciplina enquanto princípio orientador do direito disciplinar, chegamos à conclusão de que a *disciplina* é a matriz de diversos deveres dos funcionários públicos. Dela decorrem: o dever de o servidor representar contra ilegalidade, o dever de zelo, o dever de lealdade, entre outros.

Mais ainda: no caso de haver dúvida na conduta, o servidor deve sempre ter em mente que, respeitada a legalidade, a disciplina deve guiar seus atos dentro do serviço público.

2.4.5 Princípio da prevenção

A prevenção muito pouco tem sido citada como princípio basilar em direito administrativo disciplinar. Em geral, o erário é gravemente lesado e, posteriormente, os órgãos de controle, atualmente os tribunais de contas e a Controladoria-Geral da União, tomam a iniciativa de reprimir os infratores.

Dever-se-ia adotar o princípio da prevenção sempre em primeira mão, como tão sabiamente o faz o direito ambiental.

Hodiernamente, a prevenção pode ser ampliada por adoção de sistemas informatizados, que podem evitar ou minimizar os casos de fraude e de desvio de conduta.

O melhor de toda a história é que há um avanço, ainda que vagaroso, nessa seara.

Outra forma de prevenir é qualificar o corpo de servidores, dotando-o de capacidade e vivacidade no trato da coisa pública. E não somente capacitar, porém criar uma regulamentação de valorização do bom e probo servidor para que este, sim, possa ocupar as posições de direção e chefia nos postos da Administração federal.

---

[18] FAYOL. *Idem*, p. 47.

2.4.6 Princípio da autotutela

Diante de qualquer violação à legislação federal, a autoridade responsável deve, de imediato, proceder à apuração e, após o devido processo legal, aplicar a penalidade administrativa cabível.

A União não necessita de acionar o Poder Judiciário para corrigir a irregularidade e punir o infrator. Deve fazê-lo de ofício.

Ensina a Lei nº 8.112/90, em seu art. 143, que "a autoridade que tiver ciência de irregularidade no serviço público é obrigada a promover a sua apuração imediata, mediante sindicância ou processo administrativo disciplinar, assegurada ao acusado ampla defesa".

O Supremo Tribunal Federal de longa data sacramentou esse poder-dever de a Administração corrigir por conta própria os atos eivados de ilegalidade, consoante o contido na Súmula nº 473, que claramente estatuiu que "a administração pode anular seus próprios atos, quando eivados de vícios que os tornam ilegais, porque deles não se originam direitos; ou revogá-los, por motivo de conveniência ou oportunidade, respeitados os direitos adquiridos, e ressalvada, em todos os casos, a apreciação judicial".

Analisando a questão do controle na Administração Pública, o eminente professor José de Castro Meira preleciona que:

> [...] o controle jurídico de controle revela alguma hesitação na doutrina. Visa tal função a assegurar que a atividade administrativa seja exercida para o alcance das finalidades previstas pelo legislador, dentro dos parâmetros por ele estabelecidos, sempre observando os princípios constitucionais da legalidade, moralidade, finalidade pública, motivação, impessoalidade e da proporcionalidade.

E mais à frente:

> O conceito de controle está ligado à idéia de verificação administrativa ou de fiscalização, como registram os dicionários. É nesse sentido que a Constituição Federal usa o termo.
> Sua necessidade faz-se presente na medida em que se desenvolve a idéia do constitucionalismo, com o crescimento da participação popular, com a valorização da cidadania e com a divisão do poder.[19]

---

[19] MEIRA. Controles da Administração Pública: interno e externo. *Boletim de Direito Administrativo*, p. 12.

Então, nesse mesmo sentido deve se nortear o direito administrativo disciplinar, fazendo esforços no sentido de orientar e prevenir. Embora, historicamente, tenha prevalecido o viés punitivo, vemos avanços em diversos setores do serviço público.

2.4.7 Princípio da imediatidade

Pelo princípio da imediatidade, a Administração deve de pronto apurar qualquer irregularidade administrativa de que tenha conhecimento.

O superior hierárquico, percebendo qualquer infração à lei ou a regulamento,[20] deve representar de imediato para que seja instaurado o devido processo apuratório.

Se o superior for autoridade competente, pode instaurá-lo ou solicitar parecer prévio para conhecer do cabimento da instauração. Se não for autoridade competente para nomear a Comissão, deve remeter os documentos ou a denúncia à instância instauradora.

A imediatidade é tão importante no sistema disciplinar de qualquer instituição a ponto de constar um artigo específico na Lei nº 8.112/90 prescrevendo o seu fiel cumprimento (art. 143).[21]

Geralmente, é competente para instaurar o processo à corregedoria do órgão. A tradição e a própria legislação sempre estabeleceram que o chefe da repartição tivesse essa atribuição de controle.

Outrora, nem todos os órgãos possuíam corregedoria em face do tamanho diminuto de seu quadro de pessoal ou diante da pequena quantidade de irregularidades verificadas em seu funcionamento. Hoje, essa realidade é completamente diferente. Porém, se em alguma repartição inexistir o órgão correcional, é competente para a instauração disciplinar o titular da entidade ou do setor, exemplificando, a título ilustrativo: o superintendente ou delegado regional, o presidente da autarquia ou da fundação, o ministro de Estado ou o secretário executivo, o reitor de universidade, os chefes de procuradoria ou, no Judiciário, o juiz-corregedor, o diretor do foro, o desembargador-corregedor ou ministro-corregedor.

---

[20] O direito administrativo brasileiro não admite o regulamento autônomo, *i.e.*, o regulamento deve sempre estar baseado em lei e apenas esmiuçar a vontade desta, jamais criar direito ou impor obrigações que não as previstas no texto legislativo.

[21] "Art. 143. A autoridade que tiver ciência de irregularidade no serviço público é obrigada a promover a sua apuração imediata, mediante sindicância ou processo administrativo disciplinar, assegurada ao acusado ampla defesa."

Toda a estrutura administrativa, no nível do aparelhamento federal, exige que a apuração dos fatos seja feita de imediato.

A imediatidade visa provocar dois efeitos práticos: o primeiro é a apuração e punição do servidor; o segundo é o efeito psicológico na comunidade de servidores, servindo de exemplo. Outra finalidade visada é a possibilidade de o servidor punido corrigir seu comportamento funcional dali para frente.

Doutro lado, preserva-se, com o princípio da *imediatidade*, a segurança jurídica do servidor. Este não pode ter uma conduta sua eternamente passível de reprimenda. Daí existir o instituto da prescrição como medida de extinção da punibilidade por decurso de tempo.

Por esse princípio, uma falta pequena e já de todos conhecida, como uma discussão verbal com o superior, não pode ser objeto de apuração depois de 180 dias de seu conhecimento, pois já se encontra a conduta tragada pela prescrição.

2.4.8 Princípio da indisponibilidade

Os particulares em geral podem dispor dos bens e direitos que possuem. Há poucas exceções no direito civil, mas essa é a regra. No direito público, a coisa se inverte. A Administração não pode dispor de seus bens, princípios, direitos e postulados, haja vista que apenas "administra" os bens da sociedade civil.

A indisponibilidade dos pertences públicos é um princípio tão sério que os bens estatais não se submetem a usucapião. A Constituição da República de 1988, em seu art. 191, parágrafo único, prescreve que "os imóveis públicos não serão adquiridos por usucapião".

Os princípios e demais normas cogentes não podem padecer de disponibilidade por parte da pessoa do administrador, o qual será responsabilizado se abrir mão de quaisquer bens federais, pois estes pertencem à coletividade.

2.4.9 Princípio da proporcionalidade

O princípio da proporcionalidade, no direito disciplinar, sopesa-se pela aferição da gravidade do fato ilícito praticado, aplicando-se-lhe uma penalidade administrativa que seja justa, equânime, proporcional à falta cometida.

Na aplicação da sanção administrativa, o julgador deve atentar para a gravidade da conduta irregular do servidor administrativo, os males que causou dentro da repartição e qual a repercussão indesejada provocada no meio social.

Quanto maior o dano aos bens, interesses ou serviços da Administração, maior deve ser a intensidade da resposta estatal.

O Superior Tribunal de Justiça tem decidido insistentemente na necessidade da observância do princípio da proporcionalidade no julgamento do processo administrativo disciplinar.

O Supremo Tribunal Federal assim se pronunciou:

> [...] embora o Judiciário não possa substituir-se à Administração na punição do servidor, pode determinar a esta, em homenagem ao princípio da proporcionalidade, a aplicação de pena menos severa, compatível com a falta cometida e a previsão legal. (RMS nº 24.901/DF, 1ª Turma. Rel. Min. Carlos Britto. *DJ*, 11 fev. 2005)

A professora Lúcia Valle Figueiredo, com a sabedoria que lhe é tão peculiar, emitiu uma colocação que realmente merece transcrição. Disse ela:

> [...] a avaliação da penalidade, a meu ver, não é um cheque em branco ao administrador. A lei prevê o seguinte, descreve as penalidades disciplinares, e no art. 128 dispõe: "na aplicação das penalidades serão consideradas a natureza e a gravidade da infração cometida, os danos que dela provierem ao serviço público, as circunstâncias agravantes ou atenuantes e os antecedentes funcionais". Portanto, vejam que há uma moldura bastante estreita para avaliação do administrador, que não poderá aplicar uma pena agravada se houver, por exemplo, atenuantes, se da falta não resultar dano inequívoco para o serviço público.[22]

A Administração Federal muitas vezes não levou em consideração a correta aplicação do princípio da proporcionalidade no julgamento de alguns processos administrativos, o que gerou a imediata reação do Poder Judiciário, com a correção dos evidentes excessos.

Com o exercício constitucional do controle jurisdicional dos atos administrativos, o Poder Judiciário vem equilibrar a voracidade do Poder Executivo, fazendo a aferição comparativa da conduta ilícita dos diversos servidores envolvidos, aplicando a pena na medida da proporcionalidade, considerando a gravidade dos atos praticados,

---

[22] FIGUEIREDO. Processo disciplinar e sindicância. *Boletim de Direito Administrativo*, p. 271.

não devendo haver uma uniformidade de sanção para as condutas de gravidade variável.

Tratando especificamente desse assunto, Salomão Abdo Aziz Ismail Filho conclui:

> [...] tanto o princípio da razoabilidade como o da proporcionalidade encontram-se albergados, como garantias fundamentais, na Constituição de 1988 (...). O ato desarrazoado/desproporcional pode ser anulado através de ação popular, com fundamento no art. 2º, parágrafo único, alínea d, da Lei nº 4.717, de 29.6.65. A Lei nº 9.789, de 29.1.99, que regula o processo administrativo na seara federal, adotou, expressamente, os princípios da razoabilidade e da proporcionalidade como orientadores da Administração, conforme o art. 2º, *caput* e parágrafo único, inc. VI. O objetivo deste trabalho foi o de apresentar os princípios da razoabilidade e da proporcionalidade como critérios limitantes da ação discricionária do Estado, através do controle judicial, a partir de uma acepção ampla de legalidade, em nome de uma Administração Pública mais comprometida com os interesses da coletividade e com o princípios constitucionais, dentro da perspectiva de Estado Democrático de Direito, no qual todo o Poder emana do povo e em seu nome deve ser exercido (art. 1º, *caput*, da Magna Carta de 1988).[23]

Assim, se, por vezes, a jurisprudência tenha sofrido alguns retrocessos em aplicar esse princípio, há que se ter muito cuidado, merecendo a análise do caso sobre o qual se debruça o julgado, que, de regra, aplica critérios qualitativos na interpretação do direito e, como toda metodologia qualitativa, evita generalizações.

2.4.10 Princípio da impessoalidade

O princípio da impessoalidade, no direito disciplinar, significa:

a) que o servidor deve ter sua conduta julgada de forma imparcial e que se deve julgar o *fato*, e não a *pessoa* do servidor; e
b) da *pessoa* do servidor não devem passar os efeitos da punição.

---

[23] ISMAEL FILHO. Princípios da razoabilidade e da proporcionalidade: critérios limitantes da discricionariedade administrativa através do controle judicial. *Boletim de Direito Administrativo*, p. 722.

Assim, visto pelo primeiro aspecto, o princípio da impessoalidade é muito mais um princípio de *processo* do que um princípio do direito material disciplinar.

No segundo aspecto, o princípio da impessoalidade tem natureza de direito material disciplinar e deve ser encarado de forma rígida: eventual responsabilidade administrativa não deve ser respondida senão pela pessoa do servidor faltoso. A responsabilidade administrativa subsiste em função do vínculo da relação de trabalho estatutária, a qual traz o servidor jungido à Administração.

Se houve infrações administrativas, estas pertinem à pessoa do servidor. Seus filhos, sua esposa, seus amigos e parentes, ainda que funcionários públicos, se não participaram da violação à lei, não são passíveis de qualquer tipo de represália.

Deve ser observado pela Administração também que o *servidor* não é objeto do processo administrativo que apura irregularidades, mas tão somente a sua conduta ilícita.

Ainda que o servidor não tenha moral ilibada, o processo disciplinar deve ater-se ao conhecimento da irregularidade e ao enquadramento de sua gravidade, sem agravar a sua situação real dos fatos, forjando um julgamento que não condiz com a *verdade real*.

De outro lado, ainda que se trate de servidor cujo passado administrativo seja digno de nota, não está impedida a Administração, diante de uma falta, de processá-lo e puni-lo.

2.4.11 Princípio da motivação

Todos os atos administrativos, no direito disciplinar, devem ser motivados. De igual sorte, os atos administrativos que o servidor assine, homologue ou aprove devem vir acompanhados da devida motivação.

Não é necessário um parecer ou um ensaio de dezenas de laudas para que o ato seja motivado. Basta que, no processo administrativo, conste, ainda que resumidamente, a razão de ser da decisão tomada, com os fundamentos de fato e de direito que a orientam.

A título exemplificativo, citamos um excerto do Supremo Tribunal Federal, o qual assevera:

> Direitos Constitucional e Administrativo. Nomeação de aprovados em concurso público. Existência de vagas para cargo público com lista de aprovados em concurso vigente: direito adquirido e expectativa de

> direito. Direito subjetivo à nomeação. Recusa da Administração em prover cargos vagos: necessidade de motivação. Artigos 37, incisos II e IV, da Constituição da República. Recurso extraordinário ao qual se nega provimento. 1. Os candidatos aprovados em concurso público têm direito subjetivo à nomeação para a posse que vier a ser dada nos cargos vagos existentes ou nos que vierem a vagar no prazo de validade do concurso. 2. A recusa da Administração Pública em prover cargos vagos quando existentes candidatos aprovados em concurso público deve ser motivada, e esta motivação é suscetível de apreciação pelo Poder Judiciário. 3. Recurso extraordinário ao qual se nega provimento. (RE nº 227.480/RJ, 1ª Turma. Rel. Min. Menezes Direito. Rel. p/ acórdão Min. Cármen Lúcia. *DJe*, 21 ago. 2009)

O direito disciplinar é, por essência, um direito de natureza punitiva. Daí que não existe margem para a discricionariedade. Na seara disciplinar, todo o seu *iter* deve ser motivado. A desobediência ao princípio da motivação é causa de nulidade do ato: em se verificando que a falta visava à prática de uma irregularidade, está configurado o ilícito administrativo passível de punição.

E o princípio da motivação tem implicações práticas interessantes, pois, através de sua aplicação, se a realidade fática destoar do que foi exposto no processo ou decisão, esta deve ser reformada. Ouçamos, outra vez, a professora Lúcia Valle Figueiredo:

> Poderemos, por meio da motivação, fazer controle da penalidade aplicada, e, acho sim, que o Judiciário pode fazer esse controle. Não estará se imiscuindo na atividade administrativa, mas estará, sim, avaliando pura e simplesmente, a legalidade do ato punitivo. E aliás já fiz isso por ocasião em que julguei penalidade aplicada a um médico. O Código de Ética começava com a penalidade de advertência, censura, e foi aplicada a máxima para fato que, na verdade, estaria enquadrado, por todo o contexto sistemático, em pena de advertência.[24]

De maneira que qualquer ato ou processo disciplinar praticado contra o servidor, sem tecer razões fundamentadas acerca do fato, não mencionando claramente os dispositivos jurídicos em tese violados, padece de vício por ausência da motivação.

---

[24] FIGUEIREDO. Processo disciplinar e sindicância. *Boletim de Direito Administrativo*, p. 271.

2.4.12 Princípio da publicidade

Publicidade não é sinônimo de *publicação*. Toda *publicação* implica e atende a *publicidade*, porém nem sempre esta se dá através de *publicação*.

A publicidade, enquanto princípio, expressa-se pelo simples fato de se permitir o acesso de qualquer do povo ao conteúdo dos atos e procedimentos da Administração, proporcionando-se as condições objetivas para isso.

Confunde-se, no entanto, esse princípio com o fato exterior de publicação em jornais ou diários.

Não há que se exigir a *publicação em tais diários* de todos os atos da Administração. Seria contraproducente e inviabilizaria o governo do ente público.

Na verdade, poucos são os atos para cuja validade a lei exige *publicação* em periódicos. Devem merecer publicação, por exemplo, os atos de nomeação e exoneração de cargos públicos. Têm que ser publicados os extratos de editais e contratos públicos. Tais exigências decorrem de expressa exigência legal.

São exceções, e há razões de sobra para que se dê conhecimento mais amplo através da imprensa oficial e jornais de grande circulação de atos de maior importância para a sociedade em geral.

Entretanto, se a lei exigisse a *publicação* de todos os atos das Administrações federal, estadual, distrital e municipal (acrescidos os atos das autarquias, fundações, empresas públicas ou sociedades de economia mista ligadas a essas esferas de governo), acreditamos que ninguém do povo poderia, sem o dispêndio de todo o seu tempo, tomar conhecimento dos atos que realmente lhe interessariam.

Como se disse e insistentemente se expôs, *publicidade* é instituto bem mais amplo que *publicação*.

Assim, o advogado tem direito de acesso ao processo dentro da repartição, e a pessoa comum do povo tem acesso a quaisquer procedimentos que lhe digam respeito ou que digam respeito a direito coletivo de sua categoria profissional ou pertinente a direitos difusos que interessem à sociedade como um todo.

Isso é expressão da *publicidade*.

Recente é a disposição do legislador brasileiro em tornar clara a prevalência do princípio da publicidade no ordenamento jurídico nacional. Com a edição da Lei Federal nº 12.527, de 18 de novembro de 2011, quanto ao direito de acesso a informações pessoais junto aos órgãos públicos, ficou declarado:

> Art. 3º Os procedimentos previstos nesta Lei destinam-se a assegurar o direito fundamental de acesso à informação e devem ser executados em conformidade com os princípios básicos da administração pública e com as seguintes diretrizes:
> I - observância da publicidade como preceito geral e do sigilo como exceção [...].

A importância da transparência pública na modernidade tem evoluído a ponto de ser uma prática que, inclusive, legitima o Estado perante os cidadãos.

2.4.13 Princípio da eficiência

A Constituição Federal adotou o princípio da eficiência administrativa como um dos fundamentos de sua administração.

É importante ressaltar que o Brasil arcaico cedeu lugar ao Brasil globalizado e moderno, em que a eficiência é buscada incessantemente pelas empresas, pelos cidadãos e pela Administração Pública. O Estado, embora não submetido às regras do comércio, deve ser o mais eficiente possível, dadas as limitações naturais e legais que envolvem seu sistema normativo.

É clara a dificuldade existente para que a Administração incorpore um grau excelente de eficiência, e também é difícil apurar o referido grau. As estatísticas macroeconômicas, somente, não podem fornecer um coeficiente pelo qual o administrador verifique o cumprimento desse princípio constitucional.[25]

As dificuldades socioculturais da Nação-Estado não derrogam o dizer da norma constitucional. A eficiência é norma. A eficiência reside agora entre os mais importantes princípios de direito administrativo. Assim, a ineficiência pode ser punida, enquadrando a falta de zelo do servidor no art. 116 do *Estatuto* (violação do dever de dedicação e zelo) ou mesmo no art. 117, XV, *idem*, se as faltas e omissões forem comezinhas.

---

[25] Chamando para o assunto estatutário, verifica-se que inexistem políticas públicas para prestigiar o servidor eficiente. A Administração Pública não dispõe de meios legais para lhe conceder uma premiação cuja relevância causasse impacto nos servidores ineficientes, e ainda se agrava a situação quando se percebe que, para punir o servidor ineficiente, a legislação é claudicante.

É notável a atuação do princípio da eficiência na preparação e julgamento dos processos de licitação. Nessa, a Administração deve procurar contratar a licitante que se mostre mais eficiente e, ao mesmo tempo, com o menor custo, porque a eficiência, em qualquer processo técnico, tende a tornar o produto ou serviço dotados de maior vantajosidade.

A eficiência, elevando à categoria de princípio constitucional, deve trazer um serviço público tempestivo e com qualidade.

No mais, se faltam critérios objetivos de análise da eficiência dos servidores, há que se aferir o seu descumprimento com balizas objetivas, fulcradas em levantamentos empíricos, para, com base neles, os diversos comportamentos de nossos agentes públicos serem avaliados e, se necessário, ser feita a adequação necessária para cumprimento do princípio da eficiência.

2.4.14 Princípio da finalidade

O princípio finalístico ou teleológico encerra com chave de ouro o ciclo principiológico que se iniciou desde o primeiro princípio estudado: o da legalidade.

Rudolf von Jhering abalou o sistema doutrinário de Savigny (cuja obra estava centrada na noção histórica do direito) com o conceito teleológico ou finalístico da ciência jurídica. Kelsen, com sua tendência de pureza epistemológica, desviou-se do finalismo, mas as doutrinas de Jhering marcaram para sempre o direito moderno.

O princípio da finalidade se manifesta em dois momentos: no plano da elaboração legislativa e, posteriormente, na lei promulgada. Este segundo momento é que interessa à ciência do direito.

A interpretação da lei, a aplicação técnica da lei e a execução da lei não podem afastar-se um instante sequer da finalidade legal. Se o agente público se desviar, dar-se-á o *desvio de finalidade* (a tautologia é proposital). Ou seja, embora competente para o ato e estejam presentes os demais requisitos de validade do ato administrativo – quais sejam, o sujeito, a forma, o objeto e o motivo –, ausente ou desviada a *finalidade*, o ato é suscetível de anulação.

A finalidade da lei é, em última instância, a realização do bem coletivo. Pode acontecer de a lei vir a beneficiar um particular. Jamais pode atender a um particular em prejuízo do bem comum.

Bem comum, bem coletivo, realização do interesse público e *realização dos interesses do Estado* são expressões através das quais o jurista deve ler o princípio da finalidade.

A finalidade pode não estar consignada no texto legal. Nem por isso o administrador poderá se desviar desse princípio. No caso de constar expressamente da lei, em nenhuma hipótese o Executivo poderá ignorá-la. Da mesma maneira, a finalidade pode consistir na realização de um interesse mediato ou imediato do Estado, notando-se sempre que o interesse imediato ou imediatista do Estado não pode subjugar o interesse maior do bem-estar da comunidade administrada.

2.4.15 Segurança jurídica

Por fim, o princípio da segurança jurídica tem relação indireta com o ramo disciplinar, porquanto toda irregularidade, decorrido o prazo descrito em lei com efeitos de extinguir o direito punitivo do Estado, não permite que seja aplicada a penalidade administrativa ao servidor faltoso.

Consoante ensinamento de Raphael Peixoto de Paula Marques:

> [...] um dos institutos assecuratórios desta segurança jurídica é a prescrição. Esta tem sua razão de ser no fato de que as relações jurídicas têm de proporcionar estabilidade e confiança aos destinatários do ordenamento jurídico, pois o direito é concebido para gerar a paz no convívio social.[26]

No capítulo 7, quando se estudarão as causas de extinção de punibilidade administrativa, explicar-se-á detalhadamente o instituto da prescrição. Este instituto é o instrumento assecuratório do princípio da segurança jurídica pelo qual nenhum sujeito passivo de direitos e obrigações pode ficar eternamente suscetível à apenação extemporânea, observados, como já dito acima, os prazos extintivos previstos em lei (art. 142 da Lei nº 8.112/90).

---

[26] Cf. MARQUES. O instituto da prescrição no direito administrativo. *Boletim de Direito Administrativo*, p. 959-975.

CAPÍTULO 3

REGIME DISCIPLINAR

3.1 Generalidades

Neste capítulo, estudaremos as hipóteses infracionais, revisando a matéria em relação à edição anterior quanto ao ilícito de conflito de interesses e improbidade administrativa, que sofreram mudanças na legislação.

A Lei nº 8.112/90 tem alguns dispositivos que a doutrina aponta como passíveis de vício de inconstitucionalidade. Nosso tema não é de índole constitucional, porém disciplinar, mas, sempre que localizarmos eventual vício dessa natureza, haveremos de apontá-lo.[27]

Ao compulsar o texto do *Estatuto*, visualizamos os direitos dos servidores engastados na lei topograficamente na frente dos deveres. Não deveria ser dessa forma. Para a lógica e para o direito, era impendiosa a precedência dos deveres. Seria de bom alvitre, pelo menos em nome dos interesses coletivos, que os deveres viessem sempre antes dos direitos, inclusive porque, quando o servidor é investido no cargo, lhe é obrigatória a leitura da Lei nº 8.112/90.

No estudo do regime disciplinar, é interessante ouvir o que ensina De Plácido e Silva:

[27] Quando a Lei nº 8.112/90, em seu art. 170, manda que se registre a penalidade já prescrita, temos uma inconstitucionalidade clara, porquanto, inclusive, o registro é mais perene do que a própria penalidade, como estudaremos no capítulo relativo à reabilitação. Diz o citado dispositivo: "Art. 170. Extinta a punibilidade pela prescrição, a autoridade julgadora determinará o registro do fato nos assentamentos individuais do servidor".

> DISCIPLINA. Derivado do latim disciplina (ciência, ordem, regulamento), em sentido amplo, designa a regra ou o conjunto de regras, impostas, nas diversas instituições ou corporações, como norma de conduta das pessoas que a elas pertencem.
> São deveres morais ou de bons costumes, entrelaçados com preceitos que se impõem à maneira de agir dentro e fora da instituição ou da corporação, cuja transgressão pode motivar sanções disciplinares.
> As regras de disciplina fazem parte dos regulamentos, estatutos ou compromissos, adotados como reguladores das mesmas instituições e corporações. E, por elas, as pessoas obrigadas a seu cumprimento assumem o dever de submissão às regras que se estatuem.[28]

Conforme De Plácido e Silva, a disciplina compreende um conjunto de regras a que as pessoas, dentro das instituições e corporações, devem submissão. No caso da Lei nº 8.112/90, estatuto ora estudado, não há *tipos* fechados definidores de forma delimitativa no regime disciplinar, como há no direito penal. Para a Administração e para os próprios servidores, seria medida salutar que houvesse uma melhor descrição do conteúdo da conduta indesejada.

Como se verá adiante, há infrações de conceito tão vago que o aplicador do direito disciplinar tem dificuldades enormes para nelas enquadrar o servidor faltoso.

A hermenêutica vem para facilitar o trabalho de aplicação das normas disciplinares, mas à custa de muita análise e de muito estudo.

Por vezes, o aplicador do direito reconhece o "fato ilícito" e inicia o trabalho de subsunção do "fato" à "hipótese legal" para tentar chegar à sanção cabível. Neste trabalho, tem-se a impressão de que existe um conflito entre as normas. A mesma conduta pode ser encaixada no art. 116, III, ou no art. 117, IX, do *Estatuto*. Haveria um conflito de normas? De fato, não há contradição nem conflito de normas.

O intérprete somente poderá dirimir tais questões se tiver conhecimento dos princípios que regem a matéria específica da hermenêutica jurídica.

Dentre os princípios que norteiam a integração do direito disciplinar, estão o princípio da especialidade, o princípio da subsidiariedade e o princípio da consunção.

Pelo princípio da especialidade, a norma especial afasta a norma geral. A norma especial foi editada pelo legislador *especialmente* para

---

[28] SILVA. *Vocabulário jurídico*, v. 1-2, p. 98.

aquele caso. Assim, não há por que aplicar a norma geral sobre o assunto para o qual existe uma norma especial.

Um caso muito típico de especialidade é o da Lei de Improbidade Administrativa. Toda infração administrativa, mesmo que enquadrável nos dispositivos da Lei nº 8.112, se houver a prática dolosa de enriquecimento ilícito de agentes públicos, desde que devidamente comprovada, deve ser julgada como improbidade administrativa pelo princípio da especialidade.

Note-se que, no princípio da especialidade, o jurista sempre encontra uma relação de *gênero-espécie* entre as normas analisadas. Assim, uma infração tida como ato de improbidade é uma espécie do gênero *infrações administrativas*. Quando tratarmos da improbidade, voltaremos ao assunto.

O princípio da subsidiariedade é muito característico dos ordenamentos punitivos. As normas sancionatórias subsidiárias são normas de penalidades mais leves em face da gravidade menor do conteúdo objeto de violação.

Entretanto, podendo o infrator enveredar por ilícito mais grave, o sistema jurídico põe em ação o princípio da subsidiariedade para adequar a conduta mais grave à sanção proporcionalmente correta, majorando-a.

Pelo princípio da consunção, havendo dois ilícitos, em tese, o ilícito mais grave absorve o menos grave quando este for praticado apenas como o meio para a realização do ilícito maior.

Difere da subsidiariedade da consunção ou princípio da absorção, porque, na consunção, o ilícito mais grave ou principal absorve outro ilícito acessório ou ilícito meio. Na subsidiariedade, o ilícito é apenas um e só um. Quando dizemos que houve absorção, sempre será a absorção de um ilícito menor por um maior.

3.2 Regime disciplinar

O regime disciplinar do servidor público civil federal está estabelecido basicamente de duas maneiras: deveres e proibições. Ontologicamente, são a mesma coisa: ambos, deveres e proibições, são normas protetivas da boa administração. Em ambas as hipóteses, violado o preceito, cabível é uma punição após o devido processo legal, se for o caso.

Deve-se notar, porém, que os deveres constam da lei como ações, como conduta positiva; as proibições, ao contrário, são descritas como condutas vedadas ao servidor, de modo que ele deve se abster de praticá-las.

Tratando do assunto, expõe a Dra. Cristiana Fortini:

> Outro julgado do STJ, de relatoria do Ministro Felix Fischer, RMS nº 19741, diz que, tendo em vista o regime jurídico disciplinar, especialmente os princípios da dignidade da pessoa humana, inexiste aspecto discricionário no ato administrativo que imponha sanção disciplinar, se não existe aspecto discricionário, toda a condução do PAD, inclusive a aplicação da pena, é vinculada, não há faculdades, não há possibilidades, mas há apenas um dever de a Administração Pública escolher a medida certa.[29]

Por constarem da lei nessa sequência, vamos estudar os deveres, seguindo-se os casos de proibições, em que, havendo violação por parte do agente, sobrevirá a sanção para reprimir os desvios de conduta.

Os deveres estão inscritos no art. 116, não de modo exaustivo, posto que o servidor deve obediência a todas as normas legais ou infralegais, e o próprio inciso III do referido dispositivo é, de certa maneira, uma norma disciplinar em branco. As proibições no *Estatuto* constam do art. 117 da Lei nº 8.112/90.

Vamos comentar inciso por inciso, trazendo à colação jurisprudência e princípios doutrinários que possam dar color ao texto seco da lei.

Vez por outra, traremos fragmentos de textos legais, que não os do *Estatuto*, para exemplificar a imensidão do arcabouço das normas que compõem o regime disciplinar do servidor público civil da União e entidades federais de direito público.

3.3 Deveres

São deveres estatuídos na Lei nº 8.112/90 a todos os servidores, sejam efetivos ou ocupantes de cargo em comissão:

> Art. 116. [...]
> I - exercer com zelo e dedicação as atribuições do cargo;
> II - ser leal às instituições a que servir;

---

[29] FORTINI. Processo administrativo disciplinar & sindicância. *Boletim de Direito Administrativo*, p. 1.147.

III - observar as normas legais e regulamentares;
IV - cumprir as ordens superiores, exceto quando manifestamente ilegais;
V - atender com presteza:
a) ao público em geral, prestando as informações requeridas, ressalvadas as protegidas por sigilo;
b) à expedição de certidões requeridas para defesa de direito ou esclarecimento de situações de interesse pessoal;
c) às requisições para a defesa da Fazenda Pública.
VI - levar as irregularidades de que tiver ciência em razão do cargo ao conhecimento da autoridade superior ou, quando houver suspeita de envolvimento desta, ao conhecimento de outra autoridade competente para apuração; (*Redação dada pela Lei nº 12.527/2011*)
VII - zelar pela economia do material e a conservação do patrimônio público;
VIII - guardar sigilo sobre assunto da repartição;
IX - manter conduta compatível com a moralidade administrativa;
X - ser assíduo e pontual ao serviço;
XI - tratar com urbanidade as pessoas;
XII - representar contra ilegalidade, omissão ou abuso de poder.

Comentaremos um a um os incisos para que se tente dirimir possíveis dúvidas que a leitura seca do texto da lei suprima ao leitor.

3.3.1 Zelo no exercício da função

Vamos continuar insistindo na ideia de que o regime de controle funcional está relacionado direta ou indiretamente com as noções de *disciplina* e *hierarquia*, e o primeiro dos deveres insculpidos no regime estatutário é o dever de zelo. O zelo diz respeito às atribuições funcionais e também ao cuidado com a economia do material, os bens da repartição e o patrimônio público (incisos I e VII do art. 116).

Sob o prisma da disciplina e da conservação dos bens e materiais da repartição, o servidor deve sempre agir com dedicação no desempenho das funções do cargo que ocupa e que lhe foram atribuídas desde o termo de posse.

O servidor não tem o *domínio* sobre o cargo. Não é *senhor* do cargo. Não tem a *propriedade* do cargo. Note-se que a relação aqui não é de cunho civil ou contratual, mas de direito público.

O cargo exercido pela mão do servidor pertence ao quadro de pessoal de algum órgão do Estado. Está engastado na estrutura organizacional do ente público ou de um ente correlato (autarquia e fundação).

Considerando-se o Estado uma pessoa *ficta* (como pessoa jurídica que é), o meio através do qual pode o ente estatal exercer suas finalidades institucionais é utilizando órgãos específicos e um corpo de funcionários especializados para a concretização da vontade estatal, que, em última instância, nos remete à coletividade dos administrados.

Como se disse, o órgão também é uma entidade jurídica que precisa de servidores, de agentes, para realizar na prática a vontade política ou administrativa do Estado. O agrupamento dos cargos, dentro da organização do órgão, é denominado de *quadro de pessoal*.

Em pouquíssimos casos, o cargo se confunde com o órgão. Juiz federal ou juiz de direito é um cargo público. E também é um órgão. Por isso se diz que o titular do cargo de juiz é reconhecido como *membro* do Poder que representa, e não apenas como servidor do Estado (embora, no fundo, também o seja).

Deste breve arrazoado, deduz-se que o servidor não é o dono do cargo. O Estado, que o remunera, é o titular das posições organizacionais dos cargos e funções comissionadas, cujo exercício se dá em razão do dever de prestação de serviços públicos ao cidadão. Se o referido cargo não lhe pertence, o servidor deve exercer suas funções com o máximo de zelo que estiver ao seu alcance. Sua eventual menor capacidade de desempenho, para não configurar *desídia* ou *insuficiência de desempenho*, deverá ser compensada com um maior esforço e dedicação de sua parte.

Com isso quer se dizer que o servidor que não seja o mais bem dotado intelectualmente poderá compensar essa deficiência relativa com demonstrações concretas de lealdade à instituição e dedicação suplementar. Poderá assim permanecer no cargo, sem que essas peculiaridades, *de per si*, provoquem a sua expulsão do serviço público.

Ao contrário, se um servidor altamente preparado e capaz vem a praticar atos que configurem desídia ou mesmo falta mais grave, poderá vir a ser punido, porque o que se julgará não é a pessoa do servidor, mas a conduta a ele imputável.

O zelo não deve se limitar apenas às atribuições específicas de sua atividade. O servidor deve ter zelo não somente com os bens e interesses imateriais (a imagem, os símbolos, a moralidade, a pontualidade, o sigilo, a hierarquia) como também para com os bens e interesses patrimoniais do Estado.

Em geral, a pequena falta de zelo deve ser, no máximo, objeto de admoestação ou sindicância. Se a gravidade do ilícito comprovadamente for de menor potencial ofensivo, o julgamento da sindicância deve apontar para uma penalidade de *advertência*. Se houver mais de uma falta de zelo, mas de gravidade ainda pequena, poderá a autoridade julgadora aplicar uma suspensão ao servidor, com a dosagem exigida pelo princípio da razoabilidade e da proporcionalidade.

Observe-se que, na hipótese de repetição de faltas administrativas por falta de zelo, necessariamente o servidor incidirá na pecha de *desidioso*, a qual lhe custará a perda do cargo ou da aposentadoria (art. 117, inciso XV, do *Estatuto*).

3.3.2 Ser leal às instituições a servir

A lealdade às instituições a que pertence o servidor é dever cujo estudo nos leva ao período das ditaduras brasileiras.

Esse dispositivo inicialmente surgiu a cavaleiro do pensamento político que orientava o Estado fascista do regime de 1937. Durante o Golpe Militar de 1964, a obrigação foi mantida. O servidor jamais poderia, por exemplo, manter fidelidade com a ideologia marxista. Caso contrário, seria enquadrado na deslealdade.

Essa era a norma que, infelizmente, por força da repetição, remanesceu na Lei nº 8.112/90, já no regime democrático de direito. Na verdade, o servidor que cumprir todos os deveres e normas administrativas já positivadas, consequentemente, é leal à instituição que o remunera.

O servidor deveria ser fiel à ideologia do Estado. Se fascista o Estado, o servidor não poderia pensar diferente. Se militarista o governo, o servidor não poderia se portar intelectualmente de forma democrática.

Entendemos que, se esse era o desígnio do legislador, a norma comentada não tem guarida constitucional. O art. 5º, inciso IV, da Carta Maior prega que é livre a manifestação do pensamento, sendo vedado o anonimato. Indo além, prescreve que é livre a expressão da atividade intelectual, artística, científica e de comunicação, independentemente de censura ou licença (art. 5º, inciso IX, da Constituição).

Sob o prisma constitucional é que devemos entender a norma hoje. Sendo assim, o dever de lealdade está inserido no *Estatuto* como norma programática, orientadora da conduta dos servidores.

Entretanto, quando de emissão de parecer acerca de caso concreto, a Advocacia-Geral da União assim se pronunciou:

> 9. A atuação do indiciado é dissonante do dever de lealdade à instituição a que serve, emergindo, destarte, a inobservância do disposto no art.

> 116, II, da Lei n. 8.112, o que embasa a apenação proposta pela c.i., cujas conclusões, concernentes à materialidade e à autoria das infrações, assim, devem ser acolhidas (art. 168 do mesmo diploma legal).
> 10. Não possui conotação obstativa da aplicação da penalidade o fato de o referido art. 116 não haver sido especificado na indiciação. Isto porque indicia-se o servidor, com a enumeração dos fatos que se lhe imputam e as correspondentes provas, para facilitar, na elaboração da defesa, a constatação do ilícito e o exame das respectivas provas. A omissão ou substituição de dispositivo, com vistas ao enquadramento e punição da falta praticada, não implica dano para a defesa, advindo nulidade processual, em conseqüência. A este aspecto encontrava-se atento o legislador ao determinar que os preceitos transgredidos devem ser especificados no relatório, sem adstringir esse comando à elaboração da peça instrutória. No entanto, o zelo demonstrado pela c.i., quando indica, na indiciação, os preceitos desrespeitados não desmerece a execução dos seus trabalhos. (Parecer AGU nº GQ-121)

De modo que, para finalizar o comentário a esse dispositivo, o servidor que cumprir suas obrigações presume-se que é fiel ao serviço público e à sociedade que o remunera em última instância.

3.3.3 Observar as normas legais e regulamentares

Esse dever é uma norma disciplinar "em branco". Sua função é não deixar sem resposta qualquer que seja a irregularidade cometida. Daí a necessária correlação nesses casos que temos de fazer do art. 116, inciso III, com a norma violada e já prevista em outra lei, decreto, instrução, ordem de serviço ou portaria.

Exemplificando: a Lei de Licitações exige a publicação do extrato do contrato celebrado pela Administração Pública. Se o servidor, embora tenha feito corretamente todos os demais procedimentos, não publica o extrato no Diário Oficial da União, é passível de incidir no art. 116, III, da Lei nº 8.112/90 c/c art. 61, parágrafo único, da Lei nº 8.666/93.[30]

Por óbvio, se a conduta visar a um objetivo mais grave ou objetivar esconder uma fraude praticada na licitação, incidirão normas disciplinares mais rigorosas, obedecido o princípio da subsidiariedade, podendo até configurar um ilícito criminal.

---

[30] Diz o art. 61, parágrafo único, da Lei nº 8.666: "A publicação resumida do instrumento de contrato ou de seus aditamentos na imprensa oficial, que é condição indispensável para sua eficácia, será providenciada pela Administração até o quinto dia útil do mês seguinte ao de sua assinatura, para ocorrer no prazo de vinte dias daquela data, qualquer que seja o seu valor, ainda que sem ônus, ressalvado o disposto no art. 26 desta Lei".

Mais um exemplo: o Instituto Nacional do Seguro Social estabeleceu que a senha de acesso ao sistema da antiga Arrecadação da Previdência Social, concedida aos servidores e auditores, era de natureza pessoal e *intransferível*.

Prescrevia o art. 3º da Orientação Interna (OI) nº 49/2002: "O cadastramento inicial vinculará o CPF do usuário a uma senha secreta, pessoal e intransferível e se consubstanciará com a assinatura do Termo de Responsabilidade".

Se o servidor viola esse dever regulamentar, permitindo que outrem use ou tenha acesso ao sistema utilizando-se de seu código secreto, responde pelo inciso III do art. 116 do *Estatuto* c/c art. 3º da OI nº 49/2002. Passível, pois, de advertência. Se dolosa a fraude, aplica-se a penalidade mais grave.

3.3.4 Cumprir ordens superiores, exceto quando manifestamente ilegais

O servidor integra a estrutura organizacional do órgão em que presta suas atribuições funcionais.

O Estado movimenta-se através dos seus diversos órgãos. Dentro dos órgãos públicos, há um escalonamento de cargos e funções que servem ao cumprimento da vontade do ente estatal para cumprir o dever de prestação do melhor serviço à sociedade. Esse escalonamento, posto em movimento, é o que vimos até agora chamando de hierarquia.

A hierarquia existe para que, do alto escalão até a prática dos administrados, as coisas funcionem. Disso decorre que, quando é emitida uma ordem para o servidor subordinado, este deve dar cumprimento ao comando. Se se deixa de fazer, ocorre uma interrupção indevida no andamento do serviço público. Por isso, configura-se uma infração o não cumprir as ordens dos superiores hierárquicos.

Porém, quando a ordem é visivelmente ilegal, arbitrária, inconstitucional ou absurda, o servidor não é obrigado a dar seguimento ao que lhe é ordenado.

Quando a ordem é manifestamente ilegal? Há uma margem de interpretação, principalmente se o servidor subordinado não tiver nenhuma formação de ordem jurídica. Logo, é o bom senso que margeará o que é flagrantemente inconstitucional. Por exemplo, o chefe ordena que o servidor compre cigarros e coloque sobre todas as mesas para que todos os colegas tenham direito a fumar, quando e se sentirem vontade.

Ora, a ordem é manifestamente ilegal. Se o subordinado a descumprir, obviamente a nada responderá. Ao contrário, quem deverá responder é o chefe que emitiu a ordem.

O juiz ordena ao serventuário emitir certidão de transcurso de prazo e, consequentemente, lavrar e expedir o alvará de liberação de depósito judicial para o credor, um dia antes que o prazo de recurso da parte devedora transcorra integralmente.

O serventuário pode se negar e não comete insubordinação.

Após o transcurso do prazo do réu, que finda juntamente com o fechamento da repartição do último dia, na manhã do dia seguinte, ao abrir o cartório, pode, a partir daí, o serventuário aviar a documentação como determinado pelo juiz.

3.3.5 Atender com presteza ao público na expedição de certidões e atender às requisições da Fazenda Pública

Esse dever foi insculpido na lei para que o servidor público trabalhe diuturnamente no sentido de manter a imagem de bom cumpridor de seus deveres que o mesmo possui perante a sociedade. Exige-se que atue com presteza no atendimento a informações solicitadas pela Fazenda Pública, a qual engloba o fisco federal, estadual, municipal e distrital.

O servidor público tem que ser expedito, diligente, laborioso. Não há mais lugar para o funcionário que se afasta do administrado, dificultando a vida de quem necessita de atendimento rápido e escorreito.

Entretanto, há um longo caminho a ser percorrido até que se atinja um mínimo ideal de atendimento e de funcionamento dos órgãos públicos, o que deve necessariamente passar por critérios de valorização dos servidores bons e de treinamento e qualificação permanente dos quadros de pessoal.

3.3.6 Levar ao conhecimento da autoridade superior as irregularidades de que tiver ciência em razão do cargo

Todo servidor público é obrigado a dar conhecimento ao chefe da repartição acerca das irregularidades de que toma conhecimento no exercício de suas atribuições.

Deve levar ao conhecimento da chefia imediata pelo sistema hierárquico. Supõe-se que os titulares das chefias ou divisões detêm um conhecimento maior de como corrigir o erro ou comunicar aos órgãos de controle para a devida apuração.

De nada adiantaria o servidor, ciente de um ato irregular, comunicar ao público ou a terceiros. Além do dever de sigilo, há assuntos que exigem certas reservas, visando ao bem do serviço público, da segurança nacional e mesmo da sociedade.

A nova redação do inciso VI da Lei nº 8.112/90, conferida pela Lei nº 12.527/2011, obriga o funcionário "a levar as irregularidades de que tiver ciência em razão do cargo ao conhecimento da autoridade superior ou, quando houver suspeita de envolvimento desta, ao conhecimento de outra autoridade competente para apuração" (art. 43 da Lei nº 12.527/2011).

A citada lei, que trata do acesso às informações, em seu art. 44, estipulou, outrossim, a inserção de um novo dispositivo ao *Estatuto*, qual seja, o art. 126-A, de modo que "nenhum servidor poderá ser responsabilizado civil, penal ou administrativamente por dar ciência à autoridade superior ou, quando houver suspeita de envolvimento desta, a outra autoridade competente para apuração de informação concernente à prática de crimes ou improbidade de que tenha conhecimento, ainda que em decorrência do exercício de cargo, emprego ou função pública".

Ficou, agora, muito mais assegurado o dever de representação, haja vista a fragilidade, por ausência anterior de proteção ao servidor de carreira, a que se submetia quando tomava a iniciativa de evitar o dano ao erário.

3.3.7 Zelar pela economia do material e a conservação do patrimônio público

Esse dever é basilar. Se o agente não zelar pela economia e pela conservação dos bens públicos, presta um desserviço à nação que o remunera.

E como se verá adiante, poderá ser causa inclusive de demissão se não cumprir o presente dever, quando, por descumprimento dele, a gravidade do fato implicar a infringência a normas mais graves.

Atualmente, esse zelo está muito direcionado à questão ambiental, de modo que a economia dos materiais, principalmente da folha de papel, deve ser estimulada, com apoio da tecnologia.

Assim, hoje temos a utilização do processo eletrônico no Poder Judiciário e, em fase inicial, começa a Administração a adotar o processo administrativo eletrônico.

3.3.8 Dever de sigilo

O agente público deve guardar sigilo sobre o que se passa na repartição, principalmente quanto aos assuntos oficiais.

Atualmente, a Lei nº 12.527/2011, em seu art. 6º, estabeleceu que:

> [...] cabe aos órgãos e entidades do poder público, observadas as normas e procedimentos específicos aplicáveis, assegurar a:
> I - gestão transparente da informação, propiciando amplo acesso a ela e sua divulgação;
> II - proteção da informação, garantindo-se sua disponibilidade, autenticidade e integridade; e
> III - proteção da informação sigilosa e da informação pessoal, observada a sua disponibilidade, autenticidade, integridade e eventual restrição de acesso.

Então, hoje está regulamentado o acesso às informações. Porém, o servidor deve ter cuidado, pois até mesmo o fornecimento ou divulgação das informações exigem procedimento.

Maior cuidado há que se ter quando a informação possa expor a intimidade da pessoa humana.

As informações pessoais dos administrados em geral devem ser tratadas de forma transparente e com respeito à intimidade, à vida privada, à honra e à imagem das pessoas, bem como às liberdades e garantias individuais, segundo o art. 31 da Lei nº 12.527/2011.

Essas informações, quais sejam, as relativas à intimidade, à vida privada, à honra e à imagem, sofrem restrição de acesso, independentemente de classificação de sigilo, pelo prazo máximo de 100 anos.

Apenas a própria pessoa a que elas se referirem pode usar das informações pessoais como bem entender, desde que essas informações não contenham dados, fatos, etc. que exponham terceiros.

A exceção para o sigilo existe, pois não devemos tratar a questão em termos de cláusula jurídica de caráter absoluto, podendo se autorizar a divulgação ou o acesso por terceiros quando houver previsão legal.

Outra exceção é quando há o consentimento expresso da pessoa a que elas se referirem.

No caso de cumprimento de ordem judicial, para a defesa de direitos humanos, e quando a proteção do interesse público e geral preponderante o exigir, também devem ser fornecidas as informações.

É de capital importância lembrar que a restrição de acesso à informação relativa à vida privada, à honra e à imagem não poderá ser invocada para o fim de prejudicar processo de apuração de irregularidades em que o titular das informações estiver envolvido (§4º do art. 31 da Lei nº 12.527/2011).

O §2º do art. 31 da Lei nº 12.527/2011 pune: "Aquele que obtiver acesso às informações de que trata este artigo será responsabilizado por seu uso indevido".

Portanto, o servidor há que ter reserva no seu comportamento e fala, esquivando-se de revelar o conteúdo do que se passa no seu trabalho. Se o assunto pululante é uma irregularidade absurda, deve então reduzir a escrito e representar para que se apure o caso.

Os assuntos objeto do serviço merecem reserva. Devem ficar circunscritos aos servidores designados para o respectivo trabalho interno, não devendo sair da seção ou setor de trabalho, sem o trâmite hierárquico do chefe imediato.

Se o assunto ou o trabalho, enfim, merecer divulgação mais ampla, deve ser contatado o órgão de assessoria de comunicação social, que saberá proceder de forma oficial, obedecendo ao bom senso e às leis vigentes.

Para trazer um exemplo da realidade administrativa: uma autoridade do alto escalão federal foi exonerada do cargo que ocupava em razão de ter repassado informações sigilosas da Casa Civil para um funcionário do Congresso Nacional, revelando dados sigilosos de personalidades políticas, e, chegando tais informações a um parlamentar, o mesmo questionou o fato da quebra de sigilo funcional, exigindo providências.

Situação diversa é quando o próprio interessado, justificando a necessidade, requer informações suas guardadas pelo setor requisitado. Seu requerimento deve conter a identificação do requerente e a especificação da informação requerida.

Se as informações não forem de interesse pessoal, porém sejam de interesse público, e não sejam aquelas de caráter *ultrassecreto*, *secreto* ou *reservado* (art. 27 da Lei nº 12.527/2011), devem ser de pronto fornecidas ao cidadão, sendo vedadas quaisquer exigências relativas aos motivos determinantes da solicitação.

Observe-se que jamais poderá ser negado acesso à informação necessária à tutela judicial ou administrativa de direitos fundamentais, os quais constam do Título II da Constituição da República de 1988.

Se as informações não puderem ser fornecidas por desaparecimento do processo ou qualquer outro tipo de extravio, poderá o interessado requerer à autoridade competente a imediata abertura de sindicância para apurar o desaparecimento da respectiva documentação.

Atualmente, o dever de transparência, que cada vez mais avança para o cumprimento de transparência ativa, mitiga o presente conceito, haja vista que nada deve obstar a que os cidadãos tenham conhecimento do que ocorre na República.

3.3.9 Conduta compatível com a moralidade administrativa

Dominava o mundo jurídico antigo o brocardo, hoje totalmente ultrapassado, que dizia: *non omne quod licet honestum est* ("nem tudo o que é legal é honesto").[31]

O ato administrativo não se satisfaz somente com o ser legal. Para ser válido, o ato administrativo tem que ser compatível com a moralidade administrativa.

O agente deve se comportar em seus atos de maneira proba, escorreita, séria, não atuando com intenções escusas e desvirtuadas. Seu poder-dever não pode ser utilizado, por exemplo, para satisfação de interesses menores, como realizar a prática de determinado ato para beneficiar uma amante ou um parente, porque a razão de ser dos serviços públicos é atender as necessidades da sociedade, que, com os tributos, mantém o Estado.

Se o agente viola o dever de agir com comportamento incompatível com a moralidade administrativa, poderá estar sujeito à sanção disciplinar.

Seu ato ímprobo ou imoral configura o chamado *desvio de poder*, que é totalmente abominável no direito administrativo e poderá ser anulado *interna corporis* ou judicialmente através da ação popular, ação

---

[31] *In*: DI PIETRO. *Direito administrativo*, p. 77.

de ressarcimento ao erário e ação civil pública se o ato violar direito coletivo ou transindividual.

3.3.10 Assiduidade e pontualidade

Dois conceitos diferentes, porém parecidos. Ser assíduo significa ser presente dentro do horário do expediente. O oposto do assíduo é o ausente, o faltoso.

Pontual é aquele servidor que não atrasa seus compromissos. É o que comparece no horário para as reuniões de trabalho e demais atividades relacionadas com o exercício do cargo que ocupa.

Embora sejam conceitos diferentes, aqui o dever violado, seja por impontualidade, seja por inassiduidade (que ainda não aquela inassiduidade habitual de 60 dias, ensejadora de demissão), merece reprimenda de advertência, com fins educativos e de correção do servidor. Quando essa falta se torna excessiva, pode ocasionar a demissão, como será explicada mais à frente.

3.3.11 Dever de urbanidade

No mundo moderno e máxime em nossa civilização ocidental, o trato tem que ser o mais urbano possível. Urbano, nessa acepção, não quer dizer *citadino* ou oriundo da urbe (cidade), mas, sim, educado, civilizado, cordato e que não possa criar embaraços aos usuários dos serviços públicos.

Voltando à questão semântica, o dever de urbanidade continuará presente ainda quando o serviço público seja prestado no meio rural, como quando, *e.g.*, um servidor da Funai se desloca para prestar serviços numa comunidade indígena. O agente público do Incra, ao se dirigir a um prédio rústico (fazenda) para fazer determinada vistoria, também tem que manter o dever de urbanidade no trato das pessoas, sob pena de incorrer na violação do art. 116, inciso XI, da Lei nº 8.112/90.

O mesmo caso dos servidores da Funasa que prestam serviços de saúde e de saneamento básico às comunidades indígenas brasileiras. O trato tem que ser de igual sorte com urbanidade, ou seja, a mais educada e polida possível.

3.3.12 Dever de representar contra ilegalidade

O servidor tem obrigação legal de dar conhecimento às autoridades de qualquer irregularidade de que tiver ciência em razão do cargo, principalmente no processo em que está atuando ou quando o fato aconteceu sob as suas vistas.

Não é concebível que o servidor se defronte com uma irregularidade administrativa e fique inerte. Deve provocar quem de direito para que a irregularidade seja sanada de imediato. Caso haja indiferença no seu círculo de atuação, *i.e.*, no seu setor ou seção, deverá representar aos órgãos superiores. Assim é que o dever de informar acerca de irregularidades anda de braço dado com o dever de representar. Não surtindo efeito a notícia da irregularidade, não corrigida esta, sobrevém o dever de representar.

O dever de representação não deixa de ser uma prerrogativa legal, investindo o servidor de um múnus público importante, constituindo o servidor em um curador legal do ente público. O mais humilde servidor passa a ser um agente promotor de legalidade.

É claro o inciso XII do art. 116 quando diz que é dever do servidor "representar contra ilegalidade, omissão ou abuso de poder", de modo que também a omissão pode ensejar a representação. A omissão do agente que ilegalmente não pratica ato a que se acha vinculado pode até configurar o ilícito penal de prevaricação.

Atualmente, a Lei nº 12.527/2011 inseriu um novo dispositivo na Lei nº 8.112/90, pelo qual:

> Art. 126-A. Nenhum servidor poderá ser responsabilizado civil, penal ou administrativamente por dar ciência à autoridade superior ou, quando houver suspeita de envolvimento desta, a outra autoridade competente para apuração de informação concernente à prática de crimes ou improbidade de que tenha conhecimento, ainda que em decorrência do exercício de cargo, emprego ou função pública.

Como se disse, o dever de representação deve ser privilegiado, mas deve ser usado com o devido equilíbrio, não podendo servir a finalidades egoísticas, político-partidárias, induzido por inimizades de cunho pessoal, o que de pronto trespassará o representante de autor a réu por prática de abuso de poder ou denunciação caluniosa. A fim de se evitar o erro ou a maldade, a representação, sempre que possível, deve ser acompanhada de material probatório ou indicar o meio de se corroborar a notícia dos fatos objeto da representação. No limite, a representação deve permitir de alguma forma a formação de prova do que nela se narra.

Esses são os principais deveres, porém, não são todos. Como visto, o inciso III do art. 116 retroestudado irroga amplamente ao servidor o dever de obediência a toda e qualquer norma administrativa constante de lei, decreto, medidas provisórias, portarias, ordens de serviços e demais regulamentos da Administração Pública.

São deveres cuja violação enseja a aplicação de penalidades mais brandas após o devido processo legal e quando sopesado o custo do processo administrativo, máxime quando a disciplina da supervisão, através de admoestação e conselhos, não tenha surtido os efeitos que dela se espera.

Traçaremos o rumo das demais proibições previstas na Lei nº 8.112/90 para, depois, dissecar situações irregulares comuns que são igualmente sancionadas pelo referido estatuto.

3.4 Proibições

Consta da Lei nº 8.112/90 um capítulo intitulado *Das proibições*. A verdade é que não existem somente esses deveres inerentes a atividades dos agentes públicos, como já explicitamos quando do comentário ao inciso III do art. 116 do *Estatuto*, verdadeira norma integrativa, de maneira que o servidor necessita observar toda a legislação no seu dia a dia de trabalho.

3.4.1 Proibições de gravidade leve

É interessante transcrevermos o art. 117 e seus incisos para termos uma visualização do objetivo ou teleologia do legislador ao enumerar as proibições que abomina, não de forma taxativa.

Quando se estudarem as penalidades administrativas, ver-se-á a importância de se saber manejar corretamente os incisos do art. 117,[32] o qual erigiu em proibições as seguintes condutas, entre outras:

Art. 117. Ao servidor é proibido:

[32] A violação dos incisos de IX a XVI do citado art. 117 implicará a aplicação da penalidade de demissão ou cassação de aposentadoria, por força do art. 132, inciso XIII, da Lei nº 8.112, de 11 de dezembro de 1990.

> I - ausentar-se do serviço durante o expediente, sem prévia autorização do chefe imediato;
> II - retirar, sem prévia anuência da autoridade competente, qualquer documento ou objeto da repartição;
> III - recusar fé a documentos públicos;
> IV - opor resistência injustificada ao andamento de documento e processo ou execução de serviço;
> V - promover manifestação de apreço ou desapreço no recinto da repartição;
> VI - cometer a pessoa estranha à repartição, fora dos casos previstos em lei, o desempenho de atribuição que seja de sua responsabilidade ou de seu subordinado;
> VII - coagir ou aliciar subordinados no sentido de filiarem-se a associação profissional ou sindical, ou a partido político;
> VIII - manter sob sua chefia imediata, em cargo ou função de confiança, cônjuge, companheiro ou parente até o segundo grau civil; [...].

Abrimos breve parágrafo para fazer notar que, até o inciso VIII retrocitado (a interrupção foi proposital), a legislação prevê punição de advertência para a falta funcional descrita. Caso repetida a infração, cabe a aplicação de penalidade de suspensão.

Veja-se que as proibições se aproximam muito do conteúdo normativo dos deveres. Assim, embora evidentemente não tenham a mesma redação – "ausentar-se do serviço durante o expediente, sem prévia autorização do chefe imediato" –, têm relação próxima ao dever de assiduidade e pontualidade.

O fato de o servidor "retirar, sem prévia anuência da autoridade competente, qualquer documento ou objeto da repartição" viola o dever de hierarquia.

"Recusar fé aos documentos públicos e opor resistência injustificada ao andamento de documento e processo ou execução de serviço", entre outras consequências, viola o dever de presteza.

O servidor que "promover manifestação de apreço ou desapreço no recinto da repartição" também fere o dever de urbanidade e, talvez, a depender do caso, o dever de moralidade na Administração, como também viola esse dever quem mantém "sob sua chefia imediata, em cargo ou função de confiança, cônjuge, companheiro ou parente até o segundo grau civil".

"Cometer a pessoa estranha à repartição, fora dos casos previstos em lei, o desempenho de atribuição que seja de sua responsabilidade ou de seu subordinado" é uma violação grave e que, a depender dos efeitos do ato, poderá gerar uma responsabilização maior, observada sempre a proporcionalidade.

Não é leal à Administração aquele que "coagir ou aliciar subordinados no sentido de filiarem-se a associação profissional ou sindical, ou a partido político", haja vista que tais decisões são de foro íntimo e as associações necessitam para terem legitimidade da autonomia da vontade de quem adere à corporação.

Essas condutas, se violadas apenas numa única ocasião, geram a possibilidade da aplicação da penalidade administrativa de *advertência*. Pode parecer óbvio, mas é necessário lembrar que qualquer penalidade, por menor que seja, somente pode ser aplicada através do devido processo legal (sindicância regular ou processo administrativo disciplinar) em que se faculte ao acusado o direito à ampla defesa e ao contraditório, sob pena de ser declarada nula, administrativa ou judicialmente, por estar maculada de vício processual insanável.

Estudamos até aqui os princípios que regem o direito administrativo disciplinar e os deveres básicos do servidor, além de algumas proibições cuja prática é considerada de menor potencial ofensivo e, até este ponto, os casos que merecem a penalidade menos gravosa de *advertência*.

3.4.2 Proibições de gravidade média

Agora, numa crescente, serão estudadas algumas hipóteses de infrações que impulsionam a autoridade no sentido de aplicar diretamente (após o *devido processo legal*) a penalidade de suspensão.

Toda infração sujeita à penalidade de *advertência*, caso seja praticada duas ou mais vezes, pode elevar o grau da sanção, chegando até a penalidade de *suspensão*.

De igual forma, ao iniciarmos a análise da penalidade mais leve de advertência, mencionaremos a introdução da resolução consensual de infrações, trazidas pela Instrução Normativa CGU nº 4, de 21 de fevereiro de 2020,

Todavia, dois dispositivos do art. 117 expressam e diretamente ensejam a penalidade de *suspensão*, quais sejam, o inciso XVII e o inciso XVIII do artigo mencionado. São estes os casos contidos na Lei nº 8.112/90:

> Art. 117. Ao servidor é proibido: [...]

XVII - cometer a outro servidor atribuições estranhas ao cargo que ocupa, exceto em situações de emergência e transitórias;
XVIII - exercer quaisquer atividades que sejam incompatíveis com o exercício do cargo ou função e com o horário de trabalho; [...].

E na hipótese do art. 130, §1º:

§1º Será punido com suspensão de até 15 (quinze) dias o servidor que, injustificadamente, recusar-se a ser submetido a inspeção médica determinada pela autoridade competente, cessando os efeitos da penalidade uma vez cumprida a determinação.

Como é melhor pecar por excesso de que por omissão, repetimos que a pena de suspensão somente se aplicará, além da hipótese desses dois incisos, no caso de reincidência em violação de que caiba advertência e na hipótese do §1º do art. 130 do *Estatuto,* transcrito acima. Ademais, o funcionamento do sistema e a aplicação das penalidades serão estudados detidamente no capítulo 6.

O primeiro dispositivo expresso cuja incidência acarreta a aplicação de suspensão é o do art. 117, inciso XVII, do *Estatuto.*

O art. 117 prega que é proibido ao servidor "cometer a outro servidor atribuições estranhas ao cargo que ocupa, exceto em situações de emergência e transitórias".

É o famoso *desvio de função.*

Esse ilícito, tão praticado na Administração Pública por amadorismo e irresponsabilidade de seus gestores, pode ocasionar a punição administrativa do violador dessa proibição.

Afora a questão disciplinar, acrescem-se ainda os problemas trabalhistas decorrentes do *desvio de função,* gerados porquanto o desviado sempre estará propenso a requerer judicialmente a equiparação com o servidor *paradigma.*

Exemplificando: se um servidor tem a formação de técnico em eletricidade e ocupa o cargo de auxiliar de serviços gerais, não pode o superior determinar que o mesmo exerça atividades de *radiologista* em determinado hospital. Dado servidor, ocupante do cargo de agente de vigilância ou agente de segurança, é lotado por ordem superior numa agência do Instituto Nacional do Seguro Social para que faça a análise, processamento e concessão de benefícios previdenciários. Se esse servidor cometer fraudes, será processado e demitido pelas fraudes que porventura cometeu.

Porém, o chefe que irregularmente o designou (se não for partícipe das irregularidades, caso em que sua penalidade será mais grave), responderá pelo art. 117, inciso XVII, devendo receber uma suspensão pela temeridade da sua determinação.

Não incide na penalidade de suspensão ora analisada se o chefe fez a designação para a função ou exercício de forma irregular motivado por uma situação de excepcional emergência, cessada a qual, devolveu o servidor às suas funções habituais.

A segunda hipótese de ilícito ensejador de penalidade de suspensão consta do art. 117, inciso XVIII, segundo o qual é defeso ao servidor "exercer quaisquer atividades que sejam incompatíveis com o exercício do cargo ou função e com o horário de trabalho".

A função ou *múnus* público exige seriedade e prontidão. O servidor é remunerado para que esteja a postos no seu horário de expediente. Exercer uma atividade rotineira e habitual, embora lícita, porém incompatível com o cargo ou com o horário de trabalho, afronta essa proibição.

É óbvio que, se o servidor tem jornada de trabalho das 8h às 12h e das 14h às 18h, não pode prestar atendimento semanalmente das 15h às 16h a um cliente particular.

A aplicabilidade do presente dispositivo necessita não se configurar em prática de ato que se constitua conflito de interesses, caso em que a penalidade aplicada poderá ser a demissão, conforme disposto na Lei nº 12.813, de 16 de maio de 2013. Na aplicação da norma, a partir dessa lei, a violação pode ser mais grave, retornando a uma proibição que enseja penalidade de advertência, por expressa dicção do art. 129 da Lei nº 8.112/90.

O último inciso do capítulo *Das proibições* não exige muito esforço do exegeta. Entretanto, como toda norma jurídica merece interpretação, ainda que seja tão somente a interpretação gramatical, é de se escreverem duas palavras sobre esse dispositivo.

Diz o art. 117 que ao servidor é proibido "XIX - recusar-se a atualizar seus dados cadastrais quando solicitado". É ressabido que, por vezes, o interessado se nega a efetivar um recadastramento a fim de esconder determinada situação fática, que ensejaria a perda ou a diminuição de um direito que está usufruindo até aquele dado momento.

Na República Federativa do Brasil, não se permite que o servidor se furte ao dever da transparência. O agente público deve ter sua vida patrimonial e funcional totalmente clara e acessível aos órgãos de controle interno ou externo da Administração.

Tecendo-se um contraponto com essa irregularidade, a lei considerou mais grave o caso de o servidor não permitir a realização de perícia médica sobre sua pessoa.

Diz o art. 130, §1º, da Lei nº 8.112/90 que "será punido com suspensão de até 15 (quinze) dias o servidor que, injustificadamente, recusar-se a ser submetido a inspeção médica determinada pela autoridade competente, cessando os efeitos da penalidade uma vez cumprida a determinação".

Com certeza, tal dispositivo visa coibir os casos em que o servidor se afasta temporária ou definitivamente da repartição, seja através de licença médica, seja através de aposentadoria por invalidez, recusando-se a passar por novo exame pericial.

Enquanto persistir tal escusa, o que é injustificável, pode o servidor sofrer as consequências de uma pena de suspensão de até 15 dias, a qual cessará uma vez que se apresente o servidor para a realização do exame.

3.5 Proibições que acarretam pena de demissão

3.5.1 Noções introdutórias

Vamos comentar agora as proibições dos incisos IX a XVI do art. 117, as quais, se perpetradas, geram a possibilidade de aplicação das penas capitais no direito disciplinar: a demissão e a cassação de aposentadoria.

Depois, analisaremos as diretrizes cogentes do art. 132.

Está no miolo do art. 117 e no art. 132 da Lei nº 8.112 a problemática das infrações graves e gravíssimas que ocasionam, após o devido processo legal, a necessária e obrigatória desvinculação do servidor do quadro de pessoal da repartição a que pertence.

Para o aposentado que tenha praticado infração ainda no exercício do cargo, prevê-se a cassação da aposentadoria. Tal penalidade se aplica apenas quando o ato ou fato acontece em atividade antes da aposentadoria e, ainda assim, muitas discussões em torno dessa penalidade existem em razão de a Emenda Constitucional nº 20/98 ter separado a relação administrativa da relação previdenciária. Essa discussão será travada no capítulo 6.

São as chamadas penalidades expulsórias. Algumas dessas infrações não significam necessariamente o cometimento de malversação de dinheiro público.

A subsunção do infrator ao tipo administrativo demissório implica a aplicação da pena expulsiva, ainda que sejam casos como o de abandono de cargo ou inassiduidade habitual.

Primeiramente, será analisado o art. 117; depois, o art. 132 do *Estatuto*.

Estabelece o art. 117 que ao servidor é proibido:

> Art. 117. [...]
> IX - *valer-se do cargo para lograr proveito pessoal ou de outrem, em detrimento da dignidade da função pública;*
> X - participar de gerência ou administração de sociedade privada, personificada ou não personificada, exercer o comércio, exceto na qualidade de acionista, cotista ou comanditário; (*Redação dada pela Lei nº 11.784/2008*)
> XI - *atuar, como procurador ou intermediário, junto a repartições públicas, salvo quando se tratar de benefícios previdenciários ou assistenciais de parentes até o segundo grau, e de cônjuge ou companheiro;*
> XII - receber propina, comissão, presente ou vantagem de qualquer espécie, em razão de suas atribuições;
> XIII - aceitar comissão, emprego ou pensão de estado estrangeiro;
> XIV - praticar usura sob qualquer de suas formas;
> XV - proceder de forma desidiosa;
> XVI - utilizar pessoal ou recursos materiais da repartição em serviços ou atividades particulares; [...].[33]

Começaremos por dizer que são poucos os casos em que o ordenamento jurídico brasileiro admite a responsabilidade objetiva do infrator. A responsabilidade sem culpa é a exceção, porquanto vigora no direito brasileiro a teoria da responsabilidade subjetiva, que é a responsabilidade com culpa ou dolo, requisitos sem os quais não pode ser aplicada nenhuma penalidade ao servidor público.

É comum alguns processantes aplicarem penas severas a servidores que praticaram o erro administrativo. Tal procedimento não encontra amparo da ciência do direito e são de regra anulados judicialmente,

---

[33] Grifamos os incisos IX e XI em razão de a demissão aplicada com base neles acarretar um efeito adicional de não poder o ex-servidor obter nova investidura em cargo público federal, seja de provimento efetivo ou de provimento em comissão, pelo período de cinco anos contados da publicação do ato demissório (cf. art. 137, *caput*, do *Estatuto*).

com graves custos para o erário, ocasionando a possível indenização por danos morais ao servidor.

Falamos isso porque o primeiro inciso a sofrer análise é muito indicativo da necessidade de verificação do elemento subjetivo da culpabilidade para configurar a punição extrema, não havendo, em nenhuma hipótese, lugar para aplicação de responsabilidade objetiva.

3.5.2 Valimento do cargo

Prescreve o *Estatuto* que é caso de demissão o servidor que venha "valer-se do cargo para lograr proveito pessoal ou de outrem, em detrimento da dignidade da função pública".

O dispositivo exige a comprovação da *voluntariedade* na conduta. Valer-se é conscientemente usar, manipular, conduzir, praticar ou se omitir quando tinha o dever de agir, de forma que a conduta é viciada com o aproveitamento da posição funcional de que desfruta o infrator, produzindo um resultado moralmente deturpado e oneroso para os cofres públicos ou para a dignidade da função pública exercida.

O ilícito pode servir independentemente para beneficiar a terceiro ou a si próprio e sempre vilipendia a dignidade da função pública.

Não é necessário que o autor se beneficie. Se pratica o ilícito para beneficiar *outrem* que obtém a vantagem ilícita, e essa infração acontece em detrimento da dignidade da função pública, é passível a aplicação da *demissão*.

Nunca é demais sugerir exemplos que, embora fictícios, ajudam na fixação do aprendizado. Digamos que o servidor Fulano de Tal é auditor de tributos e, na função de expedição de documento certificador de regularidade tributária, emite uma Certidão Negativa de Débitos irregular, indevida mesmo.

A CND falsa concede, perante o público em geral, uma regularidade fiscal à empresa que, na prática, não a possui.

Posteriormente, verifica a Administração que a empresa pertence a uma filha do dito servidor e que há documentos nos autos do processo de concessão da certidão que claramente inibiriam o deferimento da CND.

Configura-se o caso de valimento. O agente, por conseguinte, deve ser demitido.

Lembre-se que esse inciso exige elemento subjetivo de natureza dolosa, com o que erram muitos processantes em nele capitular o mero erro administrativo.

Tipificar no art. 117, inciso IX, o mero erro administrativo nulifica o respectivo processo administrativo disciplinar por clara injustiça e inadequação da penalidade sugerida. Esse é um dos casos em que o Judiciário pode adentrar o mérito administrativo, anulando o decreto demissório.

O terceiro elemento exigido pela lei para que se configure o *valimento* é que o ato represente um claro *detrimento da dignidade da função pública*. É de se volver aos exemplos.

Determinado servidor resolve ajudar outros servidores e pensionistas de sua repartição, todos seus amigos íntimos, adulterando a margem consignável dos contracheques deles para aumentar o valor máximo possível para contratação de empréstimos no comércio e junto à Caixa Econômica Federal.

Os colegas de repartição utilizam a declaração ideologicamente falsa da margem consignável e contraem mútuo junto à Caixa Econômica. Esta descobre a fraude quando da impossibilidade de se inserir no sistema de pagamento de pessoal civil da União a prestação pecuniária a ser adimplida através de garantia da consignação do pagamento em folha.

Embora não tenha havido comprovado proveito próprio, responde por *valimento* o servidor que adulterou a margem de consignação, incidindo na pena prevista para a violação do inciso IX do art. 117 da Lei nº 8.112/90, qual seja, demissão (ou cassação de aposentadoria se no momento da abertura do processo já estava aposentado), porquanto usou do cargo para causar benefício indevido a outrem e com grave detrimento da dignidade da função.

Em outro exemplo, colhido de parecer da Advocacia-Geral da União, temos:

> [...] o servidor que, de forma dolosa, não observa normas técnicas que disciplinam o deferimento de títulos de relacionamento de granjas avícolas, inclusive omitindo-se na realização de vistorias das granjas e na análise dos projetos, relativos aos títulos de relacionamento, a fim de proporcionar o favorecimento de terceiros, incorre na falta disciplinar denominada "valer-se do cargo para lograr proveito de outrem, em detrimento da dignidade da função pública", não se caracterizando o procedimento desidioso. (Parecer AGU nº GQ-128)

A dignidade da função é violada toda vez que, num ilícito dessa natureza, a repartição e a sociedade passam a conviver com a vileza do procedimento irregular adotado pelo servidor de carreira.

Suponhamos que o servidor *x*, chefe do serviço de compras de uma repartição federal, há três anos venha beneficiando determinada papelaria nas compras efetuadas pela repartição, praticando irregularidades no procedimento licitatório. Sobrevém, agora, uma denúncia segundo a qual o referido servidor procede irregularmente para manter um parente seu como empregado junto à contratada. Não enriqueceu o servidor, porém causou benefício a terceiro, valendo-se do cargo e denegrindo a imagem do serviço público.

Analisando administrativamente processo disciplinar, em que houve prática de *valimento*, a Advocacia-Geral da União emitiu o seguinte parecer:

> A - Quanto à violação do art. 117, IX.
> 6. Quanto à violação do inciso IX do art. 117, estão acordes todos. De fato, valendo-se do cargo que exerciam, os servidores em questão lograram proveito próprio em detrimento da dignidade da função. Ivan Barbosa Rigolin, ensina que a proibição constante do inciso IX do art. 117 tem efeito moralizante:
> "O inc. IX contém uma norma de cunho moral, sobremaneira subjetiva e dificilmente avaliável quanto aos seus exatos limites. Vai do senso pessoal de cada servidor a avaliação de se o cargo que desempenha lhe está ou não servindo para auferir proveito pessoal, ou de outrem, e se esse proveito está ou não ferindo a dignidade da mesma função pública. Não resta dúvida de que apenas em casos gritantemente lesivos a esta ordem poderá haver coibição eficaz contra quem pratique o excesso" (IVAN BARBOSA RIGOLIN - Comentários ao Regime Único dos Servidores Públicos Civis, 2ª edição, atualizada, São Paulo, Saraiva, 1993, p. 211).
> 7. Proveito próprio é toda e qualquer vantagem, pecuniária ou não, pessoal ou de outrem. No caso dos autos, houve vantagem pecuniária em proveito próprio. O nexo causal entre a obtenção da vantagem e o exercício do cargo ficou evidente. (Parecer AGU nº GQ-124/1997. *DOU*, 30 maio 1997)

Vamos a outro exemplo: chefe da repartição de gestão de pessoas consegue a senha de subordinados e concede benefícios em seu próprio contracheque. Comprovado que agiu dessa forma e que os benefícios são indevidos e causaram prejuízo ao erário, e o ilícito provoca a comoção na comunidade de servidores, está configurado o ilícito e, após o processo, não afastado o dolo do infrator, a penalidade será a demissão.

Em todos os casos dados como exemplo, além da penalidade administrativa, o servidor pode vir a ser responsabilizado civil e criminalmente pelos seus atos.

3.5.3 Participação em gerência ou administração de empresas

Proíbe a legislação federal o servidor de "participar de gerência ou administração de sociedade privada, personificada ou não personificada, exercer o comércio, exceto na qualidade de acionista, cotista ou comanditário".

A redação atual foi dada pela edição da Lei nº 11.784/2008. Visa o legislador evitar a vida dúbia do agente público, que, por vezes, faz verdadeira confusão (no sentido de fundir duas coisas) da função pública com seus interesses privados.

É óbvio que o servidor público não pode dirigir ou administrar uma empresa em seu funcionamento diário e, ao mesmo tempo, prestar serviços de quarenta horas semanais na repartição.

No princípio, ou seja, na redação original do *Estatuto*, era proibida apenas a participação do servidor como sócio-gerente ou administrador de empresa privada, exceto na qualidade de mero cotista, acionário ou comanditário.

Atualmente, a empresa pode até não estar personificada, *i.e.*, não estar devidamente constituída e registrada nos órgãos competentes (Junta Comercial, fisco estadual, municipal, distrital e federal, e órgãos de controle: ambiental, trabalhista etc.). Comprovada detidamente a gerência ou administração da sociedade particular em concomitância com a pretensa carga horária da repartição pública, deve ser aplicada a penalidade de *demissão*.

Erradas as comissões de processo administrativo disciplinar que levam em consideração apenas o texto frio dos estatutos constitutivos da empresa na Junta Comercial para configurar a penalidade de demissão. Existem casos e casos. É muito comum o caso do particular que possui empresa privada e passa em concurso público; após, o que abandona a vida do comércio e se conduz como excelente servidor. Por muitos motivos, pode acontecer de não ter conseguido extinguir a dita empresa ou mesmo não tenha sido feita a sua exclusão do quadro societário. Entendo que o mero texto do estatuto empresarial não induz a aplicação da penalidade, mormente uma penalidade tão grave como a expulsória. Há que restar comprovada, por documentos plausíveis e por farta prova testemunhal, que o agente continua exercendo a função de gerente ou administrador da empresa.

Também excluem a incidência do inciso X, não sendo caso de aplicar pena de demissão, as seguintes situações:

a) participação de servidor nos conselhos de administração e conselho fiscal de empresas ou entidades em que a União detenha, direta ou indiretamente, participação no capital social ou em sociedade cooperativa constituída para prestar serviços a seus membros; e
b) quando estiver no gozo de licença para o trato de interesses particulares na forma do art. 91 da Lei nº 8.112/90 e desde que observada a legislação que regule o conflito de interesses (parágrafo único do art. 117, incluído pela Lei nº 11.784/2008).

Mais uma vez, verificamos que a norma, nesse caso, não é absoluta e apriorística. Há que haver potencial de dano no comportamento, existindo a averiguação do caso concreto para irrogar-se uma sanção como a demissória.

3.5.4 Advocacia administrativa

É vedado ao servidor de carreira "atuar, como procurador ou intermediário, junto a repartições públicas, salvo quando se tratar de benefícios previdenciários ou assistenciais de parentes até o segundo grau, e de cônjuge ou companheiro".

É a famosa advocacia administrativa, que configura igualmente ilícito penal, mas que será analisada aqui tão somente no seu viés de ilícito administrativo.

O costume segundo o qual, quando se tem um amigo na repartição, tudo se resolve deve acabar. Esse vício é por demais execrando. Todos são iguais perante a lei e, perante a Administração, com muito mais força, esse direito tem que ser respeitado.

O legislador com sabedoria peculiar proibiu a *advocacia administrativa*. O servidor não pode representar interesses de terceiros na sua repartição, e a força da proibição é revelada na medida em que se proíbe que o mesmo servidor represente interesses em qualquer outra repartição.

Excepciona-se apenas o caso de o servidor pleitear direitos previdenciários ou assistenciais de parentes até o segundo grau e de seu cônjuge ou companheiro. Parentes em até segundo grau são filhos, pais (primeiro grau), netos e avós (segundo grau), parentes estes em linha reta e por consanguinidade.

Sogro, sogra e enteados que lhe advenham do cônjuge mantêm o parentesco por afinidade. Primo em primeiro grau, como costumeiramente se denomina, não mantém parentesco de primeiro grau com ele. O grau de parentesco, em linha colateral, é contado em escala, de grau em grau, até o ascendente comum e descendo também de grau em grau até o descendente comum em análise.

Assim, de um primo a outro primo, conta-se: um grau dele até seu pai, daí mais um grau até o avô (que é o ascendente em comum com o outro primo). Daí se desce até o genitor do primo procurado (tio do primo originário), isto é, mais um grau. Em seguida até ao filho deste, que é o primo, somando mais um grau. O parentesco entre primos *primeiros*, portanto, é de 4º grau na linha colateral.

Disso decorre que o servidor não pode representar tio ou primo *primeiro*, ainda que seja para concessão de benefício previdenciário, sob pena de incidir na violação da advocacia administrativa.

Afora os casos previdenciários e assistenciais, o servidor não pode representar ninguém, seja filha, filho, pai ou mãe, sogro e sogra, mulher ou companheira, em repartições públicas.

3.5.5 Recebimento de propina, comissão, presente ou vantagem

É terminantemente proibido "receber propina, comissão, presente ou vantagem de qualquer espécie, em razão de suas atribuições". O servidor que, em razão de suas atribuições, recebe propina, comissão, presente (este com a regulamentação legal sobre alçada, que deve ser considerada não como presente) ou vantagem de qualquer espécie deve ser demitido, pois o comportamento corrupto traz sérios problemas para a Administração.

A lei tentou descrever todas as possibilidades de percepção de vantagem por parte do servidor público que a recebe em razão das funções de que são titulares dentro da estrutura da Administração. Não há, na lei, qualquer diferenciação quanto à regularidade ou irregularidade do ato praticado ou que se deixou de praticar pelo servidor peitado. O fato é que o servidor sabe que, independentemente de qualquer situação, não pode receber dinheiro em razão de suas atribuições.

Pecou o Código de Ética da Alta Administração Pública Federal ao considerar lícito o recebimento de presentes ou brindes.

Tratando do assunto, começou muito bem o Código de Ética quando estabeleceu ser "vedada à autoridade pública a aceitação de presentes, salvo de autoridades estrangeiras nos casos protocolares em que houver reciprocidade".

Mais à frente, entretanto, o parágrafo contradiz o *caput* e atropela a própria lei, estabelecendo que "não se consideram presentes para os fins deste artigo os brindes que: I - não tenham valor comercial; ou II - *distribuídos por entidades de qualquer natureza a título de cortesia, propaganda, divulgação habitual ou por ocasião de eventos especiais ou datas comemorativas, não ultrapassem o valor de R$100,00 (cem) reais*".

> B - Quanto à violação do art. 117, XII.
> 8. A Subchefia para Assuntos Jurídicos da Presidência da República, vai além e diz que houve, também, violação da norma inscrita no inciso XII do mesmo art. 117: receber propina, comissão, presente ou vantagem de quaisquer espécie, em razão de suas atribuições. Tem razão a Subchefia. Ao efetuar, em flagrante, a prisão dos servidores, a Polícia Federal apreendeu um envelope contendo a importância de CR$1.000.000,00 (hum milhão de cruzeiros reios, como consta do auto de apreensão, cuja cópia se encontra às fls. 78, e verso, do Processo nº 02.006.001.135/03-95. Para o Direito Penal, se o funcionário exige a vantagem, pratica o crime de concussão (Código Penal, art. 316); se solicita, ou se recebe, ou se aceita a promessa de vantagem indevida, comete o crime de corrupção passiva (Código Penal, art. 317). No Direito Administrativo, não importa se a propina (ou a comissão, ou o presente ou a vantagem de qualquer espécie) foi exigida ou se foi solicitada ou se foi simplesmente aceita. Basta que tenha sido recebida. E, no caso em pauta, os servidores a receberam. Tanto que a quantia foi apreendida pelos policiais federais. Os servidores receberam a quantia porque deixaram de autuar a madeireira do empresário. (Parecer AGU nº GQ-124/1997. *DOU*, 30 maio 1997)

De maneira que não concordamos, *data venia*, com o entendimento que, em construção doutrinária, se posiciona no sentido de que o recebimento de propina somente se configura se o ato praticado for regular. Regular ou irregular, o servidor público não pode receber dinheiro de terceiros. A interpretação de que a expressão *em razão de suas atribuições* teria a conotação de que, apenas em situação de ato regular, responderia o infrator não pode prevalecer, sob pena de o agente que agiu de forma mais gravosa, *i.e.*, tendo recebido dinheiro para prática de ato irregular, seja beneficiado com o afastamento do inciso XII citado.

A verdade é que a lei não diz isso. Regular ou irregular seu proceder, o servidor que recebe propina incide na violação do art. 117, inciso XII. Note-se que pode o ilícito estar associado à omissão, a qual, de regra, seria irregular. Registre-se, inclusive, que o servidor que recebeu a vantagem pode sequer ter praticado qualquer ato, regular ou irregular, mas, se auferiu a propina em razão de suas atribuições de servidor, pode ser demitido.

De regra, a propina é oferecida para consecução de fins escusos ou *favorecimentos* e sempre em razão das atribuições do servidor.

3.5.6 Aceitação de comissão, emprego ou pensão de Estado estrangeiro

Desde muito tempo, os Estados nacionais proíbem ao seu preposto *aceitar comissão, emprego ou pensão de Estado estrangeiro*. É questão de soberania nacional que o servidor ou empregado público não se vincule a nenhum Estado estrangeiro.

Aceitando a comissão, o emprego ou a pensão de Estado estrangeiro, deve o servidor público federal ser processado e demitido do quadro de pessoal da União. Viola-se presumidamente o dever de fidelidade, e antevê o legislador a possível violação do dever de sigilo e outros mais, de sorte que, em caso de choque de interesses entre o Brasil e o Estado estrangeiro concessor, grande é a possibilidade de que o beneficiário ceda a interesses desse mesmo país.

Fique bem claro que, para a configuração do ilícito, não é necessário que o beneficiário do Estado estrangeiro viole sigilo ou pratique ato de deslealdade para ser demitido. O dispositivo é direto e não exige resultado fático, bastando tão somente a aceitação de comissão, emprego ou pensão do Estado alienígena para que reste configurada a hipótese de demissão.

Com a adoção cada vez maior do teletrabalho no setor público, principalmente após a pandemia de COVID-19, a Administração passou a admitir, quando preenchidos os requisitos regulamentares, o trabalho no exterior, de maneira que esse lícito pode aparecer na realidade do direito disciplinar.

3.5.7 Prática da usura

O servidor que "praticar usura sob qualquer de suas formas" está sujeito a ser punido com demissão. *Praticar usura* não é botar olho gordo nas coisas do colega. *Praticar usura* é emprestar dinheiro a juros aos colegas ou usar de certa maneira sua postura de autoridade pública para praticá-la na repartição.

Embora abominável, é prática comum nas repartições. O servidor que tem o capital empresta a colegas endividados determinada soma em dinheiro, cobrando excessivo adicional de juros mensais, violando a legislação federal que regulamenta o contrato de mútuo.

Em alguns casos, o infrator chega até mesmo a esperar a entrada do salário *na boca do caixa* da entidade bancária para reter o valor emprestado ou os juros do período.

Há casos mais graves, em que o credor se apropria do próprio cartão bancário do devedor para receber a dívida, num claro exercício *arbitrário das próprias razões*.

Para evitar tal problemática, a lei prevê a penalidade de demissão para quem emprestar dinheiro a juros, evitando casos mais graves de ameaças e até de homicídios que tal procedimento proporciona aos envolvidos.

3.5.8 Proceder de forma desidiosa

Vamos analisar agora um ilícito de cunho culposo, cuja natureza está impregnada da figura da negligência: a *desídia*.

A desídia pode ser definida como um relaxamento, um descuido no trato do serviço público – a lentidão, a leniência ou mesmo o erro cometido por um comportamento do servidor carecedor da diligência exigida para o exercício do cargo.

A desídia tão somente não enseja a penalidade de demissão. O *Estatuto* pune com *demissão* o *proceder de forma desidiosa*. Diz a lei que ao servidor é proibido: "XV - proceder de forma desidiosa" (art. 117).

Equívoco corriqueiro é tentar tipificar a irregularidade como sujeita à demissão quando a conduta do servidor se resume a um erro apenas. Parafraseando um ditado popular: um erro só não faz *demissão*. A menos que seja provada má-fé ou fraude. O que ocasiona a demissão, pela incidência do art. 132, XV, da Lei nº 8.112/90, é a reiteração de erros, de natureza culposa. Daí o conceito legal de *proceder de forma desidiosa*.

O Superior Tribunal de Justiça, no Mandado de Segurança nº 7.795/DF, trata do assunto de maneira correta, como de costume, asseverando que:

> 4. Em havendo a autoridade administrativa acatado o relatório final elaborado pela comissão processante, na forma do artigo 168 da Lei 8.112/90, não há que falar em ilegalidade da portaria que cassou a aposentadoria da servidora por ausência de motivação.
> 5. Inexiste a violação do princípio da proporcionalidade e da individualização da pena insculpido no artigo 5º, inciso XLVI, da Constituição da República, também aplicável na esfera administrativa (cf. MS 6.663/DF, Relator Ministro Fernando Gonçalves, in DJ 2/10/2000; MS nº 7.005/DF, Relator Ministro Jorge Scartezzini, in DJ 4/2/2002), quando mesmo consideradas as circunstâncias atenuantes em favor da impetrante, bem como os seus antecedentes funcionais, em estrita observância ao artigo 128 da Lei 8.112/90, a autoridade administrativa reconhece a desídia da servidora, tendo em vista o grande número de irregularidades (32) na contratação de serviços e aquisição de produtos, sem a observância da Lei de Licitações (Lei 8.666/93), bem como a permissão de uso de área de propriedade do Instituto de forma irregular e contrária às normas e legislação que regem a matéria.
> 6. A desídia, por si só, tal como reconhecida pela autoridade administrativa, pode ensejar a aplicação da penalidade disciplinar de cassação de aposentadoria, conforme o disposto nos artigos 134 e 132, combinado com o artigo 117, inciso XV, todos da Lei 8.112/90. (MS nº 7.795/DF, 3ª Seção. Rel. Min. Hamilton Carvalhido. *DJ*, 24 jun. 2002)

Na esfera administrativa, há um belo trabalho de hermenêutica da Advocacia-Geral da União, na pessoa dos antigos consultores da Consultoria-Geral da República e da novel Consultoria-Geral da União, que nos municia de argumentos robustos para a melhor interpretação da matéria. Vejamos:

> Não se caracteriza o procedimento desidioso quando o servidor, ao afastar-se do serviço, durante o horário normal de expediente, com o intuito de preservar o normal atendimento aos segurados, assina fichas de concessão de benefícios previdenciários, sem o necessário preenchimento. O ato punitivo é fundamentado num só dispositivo legal nos casos de infração singular e de as plurais possuírem as mesmas características. Impõe-se a fundamentação múltipla na hipótese em que os fatos ilícitos

apresentem diferenciação em suas conotações intrínsecas. (Parecer AGU nº GQ-140)
À constatação da prática de infração "proceder de forma desidiosa", a imputar-se em razão de fatos ligados à titularidade de cargo de confiança, é necessário o exame do método e volume dos trabalhos e das condições de funcionamento e acesso de servidores às dependências em que funciona a unidade administrativa dirigida pelo indiciado, na hipótese em que, no caso em apreciação, esses aspectos sejam considerados de relevo à formação do juízo de culpabilidade ou inocência. (Parecer AGU nº GQ-164)

Assim, faz-se necessário avaliar todas as circunstâncias que envolvem o erro ou erros cometidos de forma culposa. Não levar em consideração os fatos pode acarretar nulidade da pena por ferir o princípio da proporcionalidade.

3.5.9 Utilização de pessoal ou bens da União para fins particulares

O derradeiro inciso do art. 117 que implica na aplicação de demissão ou cassação de aposentadoria é o inciso XVI, que proíbe ao servidor "utilizar pessoal ou recursos materiais da repartição em serviços ou atividades particulares".

Todo dispositivo jurídico merece interpretação. Cuidado redobrado na interpretação do inciso XVI. Utilizar pessoal ou recursos materiais da repartição em serviços ou atividades particulares realmente merece a aplicação de penalidade rígida, mormente quando a referida utilização visa ao *locupletamento ilícito* do agente.

Levar material de expediente para casa visando custear a necessidade de material escolar de seus filhos configura o ilícito.

Habitualmente, um servidor fotocopia livros para instrução própria. Tais livros tratam de uma área do conhecimento que nada tem que ver com os assuntos da repartição. O agente passa então a vender as cópias a terceiros. Tal conduta se encaixa no *tipo* proibitivo e tem como consequência a demissão.

Exemplificando mais uma vez: dado secretário de obras de autarquia federal, encarregada de prestação de serviços de saneamento básico, utiliza tratores e motoristas da entidade de direito público para fazer um açude em sua propriedade rural – incide a norma demissória.

Determinado professor de uma universidade pública utiliza projetores e materiais privativos da fundação da qual é servidor para ministrar aulas em seu curso particular de pré-vestibular – além de imoral, a conduta incide na proibição em comento.

Em situações de menor relevância, é necessário cautela para que não se faça incidir tal norma em casos cuja notória irrelevância não mereça a atenção do poder público.

Para coadunar nosso entendimento, cito a passagem da apostila de texto da Controladoria-Geral da União escrita por Marcos Salles Teixeira, sob a supervisão do jurista Kleber Balsanelli, que, comentando o inciso XVI do art. 117, nos ensina que: "Como é um ilícito ensejador de pena capital, o enquadramento deve ser criterioso, de bom senso, razoável e proporcional. *A priori*, não se justifica a instauração de sede administrativa, com vista a tal enquadramento, em virtude de atos insignificantes".

Nessa esteira, a utilização moderada do computador ou mesmo o café e a água que se consomem na repartição, por óbvio, não podem sequer ser ventilados como irregularidades por fazerem parte dum salutar ambiente laboral. Entender-se contrariamente é contrariar a razoabilidade que deve reger todas as relações submetidas ao crivo do jurista.

3.6 Elenco taxativo das infrações que implicam demissão

Continuando o comentário dos dispositivos disciplinares que ocasionam a aplicação de penalidade de demissão, entramos numa análise do art. 132 da Lei nº 8.112/90.

Como vimos no item anterior, algumas proibições do art. 117 (incisos IX a XVI) causam a expulsão do servidor do quadro de pessoal a que pertence, consoante dispõe o art. 132, no seu inciso XIII.

Vale transcrever alguns entendimentos da Advocacia-Geral da União sobre o assunto:

> Configurada a infração disciplinar prevista no art. 132 da Lei n. 8.112, de 1990, a apenação expulsiva torna-se compulsória. Os fatores de graduação de pena, enumerados no art. 128 da Lei n. 8.112, podem justificar punição mais grave que a expressamente cominada para o ilícito praticado. (Parecer AGU nº GQ–167)

> É compulsória a aplicação da penalidade expulsiva, se caracterizada infração disciplinar antevista no art. 132 da Lei n. 8.112, de 1990. (Parecer AGU nº GQ-183)
> Verificadas a autoria e a infração disciplinar a que a lei comina penalidade de demissão, falece competência à autoridade instauradora do processo para emitir julgamento e atenuar a penalidade, sob pena de nulidade de tal ato.
> Na hipótese em que o processo disciplinar seja nulo, deve assim ser declarado pela autoridade julgadora, vedado receber pedido de atenuação da penalidade como de revisão processual, pois é dever da Administração revisar seus atos inquinados de ilegalidade e o processo disciplinar é revisto quando há elemento de convicção capaz de demonstrar a inocência do servidor punido ou a inadequação da pena infligida. O entendimento externado por Consultoria Jurídica, no respeitante a processo disciplinar, constitui-se em simples ato de assessoramento e não se reveste do poder de vincular a autoridade julgadora. (Parecer AGU nº GQ-177)

Assim, tanto os pareceres da Advocacia-Geral da União quanto os mais recentes julgados do Superior Tribunal de Justiça vêm afirmando a vinculação da prática de atos graves à aplicação da penalidade prevista na norma, qual seja, a demissão.

Prescreve o art. 132 do *Estatuto*:

> Art. 132. A demissão será aplicada nos seguintes casos:
> I - *crime contra a administração pública;*
> II - abandono de cargo;
> III - inassiduidade habitual;
> IV - *improbidade administrativa;*
> V - incontinência pública e conduta escandalosa, na repartição;
> VI - insubordinação grave em serviço;
> VII - ofensa física, em serviço, a servidor ou a particular, salvo em legítima defesa própria ou de outrem;
> VIII - *aplicação irregular de dinheiros públicos;*
> IX - revelação de segredo do qual se apropriou em razão do cargo;
> X - *lesão aos cofres públicos e dilapidação do patrimônio nacional;*
> XI - *corrupção;*
> XII - acumulação ilegal de cargos, empregos ou funções públicas;
> XIII - transgressão dos incisos IX a XVI do art. 117.[34]

[34] Os grifos apontam os ilícitos que impedem o retorno ao serviço público do ex-servidor demitido (cf. parágrafo único do art. 137 da Lei nº 8.112/90).

Todos esses casos exigem a prova de que o servidor agiu com dolo, com má-fé, com deliberação no sentido da prática do ilícito.

A melhor interpretação dos pareceres retrocitados é no sentido de que, ainda que a conduta do servidor gramaticalmente se insira em um dos incisos do art. 132, deve ser verificada a real gravidade da infração, os danos causados ao erário, e deve ser sempre perquirido o elemento subjetivo da má-fé. Sem sopesar essas situações, não cabe o enquadramento mecânico na penalidade capital, porquanto as proibições capitais de regra exigem comprovação da gravidade dos fatos e o elemento subjetivo do dolo, embora tenha havido recentemente alguns retrocessos pela reafirmação em julgados do STJ da obrigatoriedade de aplicação da demissão, caso haja violação do art. 132, ao revés da tendência anterior do próprio STJ de sopesar sempre a interpretação do art. 132 com o art. 128, ambos do *Estatuto*, quando se mandava observar a proporcionalidade na aplicabilidade das sanções disciplinares.

3.6.1 Crime contra a Administração Pública

Não há dúvida de que quem comete *crime contra a Administração Pública*[35] deve ser demitido do serviço público.

Entretanto, a jurisprudência dos tribunais superiores é assente de que só se aplica a penalidade de demissão por cometimento de *crime contra a Administração Pública* após o trânsito em julgado da sentença penal condenatória.

Antes da *coisa julgada* no foro criminal, é temerário falar-se no bojo do processo administrativo disciplinar da existência formal de crime perpetrado pelo servidor.

Quem define a prática ou não de crime é o Poder Judiciário. Não cabe à Administração a jurisdição criminal. Em razão disso, não pode a comissão de processo disciplinar nem a autoridade julgadora falar em crime sem que já tenha adentrado à repartição a sentença ou o acórdão com a condenação criminal transitada em julgado.

[35] Os crimes praticados por servidor público contra a Administração constam do Código Penal Brasileiro, sendo os principais: peculato, extravio, sonegação ou inutilização de livro ou documento; emprego irregular de verbas ou rendas públicas; concussão; excesso de exação; corrupção passiva; facilitação de contrabando ou descaminho; prevaricação; condescendência criminosa; advocacia administrativa; violência arbitrária; abandono de função; exercício funcional ilegalmente antecipado ou prolongado; violação de sigilo funcional; violação de sigilo de proposta de concorrência; entre outros previstos na legislação penal especial.

Ainda sob a vigência do estatuto anterior, o DASP formulou entendimento sumular no mesmo sentido. Prescrevia a Formulação nº 128: "Demissão. Não pode haver demissão com base no item I do art. 207 do Estatuto dos Funcionários, se não precede condenação criminal".

É óbvio que a infração não ficará sem punição. Todo cometimento de *crime contra a Administração Pública* se constitui também em infração de cunho administrativo. A recíproca não é verdadeira, mas é certo que, se o ato do servidor é um delito criminal, se encaixará quase sempre numa vedação administrativa.

A solução virá provavelmente através da incidência do inciso IX do art. 117 do *Estatuto,* que descreve a proibição do *valer do cargo*. É que a prática em tese de ilícito criminal pelo servidor, de ordinário, implica num *valer do cargo para lograr pessoal ou de outrem.*

O ilícito administrativo, quando também é um ilícito de natureza criminal, pode está descrito na proibição de *receber propina, comissão, presente ou vantagem de qualquer espécie, em razão de suas atribuições,* prevista no inciso XII do art. 117.

A iliceidade reside, por vezes, na *aplicação irregular de dinheiros públicos,* na *lesão aos cofres públicos* (incisos VIII e X do próprio art. 132) ou mesmo na *revelação de segredo do qual se apropriou em razão do cargo* (inciso IX do art. 132).

Alguns dos tipos penais acima descritos já estão previstos como meros ilícitos administrativos, como, por exemplo, a advocacia administrativa (art. 117, X, do *Estatuto*). A figura da corrupção administrativa é outro caso – o abandono de cargo, cuja definição administrativa é mais técnica que o tipo penal do abandono de *função,* outra hipótese, bem como a violação do sigilo.

Nesses casos, é melhor pecar por excesso do que por falta. Importante é não perder de vista que somente podemos aplicar a demissão por cometimento de crime contra a Administração após o trânsito em julgado da sentença penal condenatória.

Tratando da matéria, em que muitas vezes é de difícil visualização o que cabe ao direito disciplinar e o que deve ser deixado para a esfera criminal, a Advocacia-Geral da União assim se pronunciou:

> 35. Despiciendo realizar incursões nas normas de Direito Administrativo anteriores à Lei n. 1.711 e à Constituição de 1934, para demonstrar que o Direito Disciplinar rege-se por normas específicas e independentes do Direito Penal, sem a viabilidade de aproveitarem-se princípios criminais, interpretativamente (v. os arts. 188 e seguintes da Lei n. 1.711 e 116 e

seguintes da Lei n. 8.112; a Lei n. 8.027; e as Constituições Federais de 1934, art. 169; de 1937, art. 156, c; de 1946, art. 188; e de 1967, art. 99). Esses preceitos constitucionais já cuidavam da perda do cargo público e da ampla defesa. A ligação com a lei penal admitida pelas normas disciplinares é restrita, exclusivamente, ao afastamento da responsabilidade administrativa no caso de absolvição criminal que negue a existência do fato ou a autoria; a demissão decorrente de condenação por crime contra a Administração Pública; e ao prazo de prescrição (arts. 126, 132 e 142 da Lei n. 8.112).

36. Essa interdependência seria destoante do espírito e do sentido do art. 39 da C.F. e da Lei n. 8.112, de 1990, até mesmo porque o Direito Penal trata da restrição do direito de liberdade, cominando a pena de prisão simples, detenção e reclusão, embora existam a multa e as penas acessórias, como as interdições de direitos, quando o Direito Disciplinar não versa sobre a pena corporal, porém, no tocante às mais graves (é dispensável o enfoque das apenações mais brandas), prevê a desvinculação do servidor.

O primeiro ramo destina-se a proteger, de forma genérica, a sociedade, sendo que o último objetiva resguardar especificamente a Administração Pública e o próprio Erário. São áreas jurídicas distintas, com penalidades de naturezas e finalidades diversas.

37. A dissociação do Direito Disciplinar e do Direito Penal é consignada no voto do Ministro Rodrigues Alckmin, proferido em 23 de maio de 1975, na qualidade de Relator do RE n. 78.949-SP, *verbis*:

"Contudo, outro postulado assente da doutrina é a independência do direito administrativo e do seu ramo disciplinar. Por mais pontos de contato que se apontem, entre o direito penal e o direito disciplinar, as diferenças serão tais e tantas, pela natureza jurídica das penas e em razão das pessoas e órgãos estatais envolvidos, que sempre faltará aquela semelhança e razão suficiente, necessárias para a aplicação da analogia 'legis', ou mesmo da analogia juris, antes de um exame em profundidade de cada questão omissa que com a analogia se queira resolver."

38. Na seqüência de sua explanação, o Senhor Relator alude à doutrina: "Caio Tácito foi, nesse sentido, muito claro: 'Não colhe invocar, a esse respeito a sistemática penal, que obedece a outros pressupostos e obedece a bens jurídicos diversos. A autonomia do direito disciplinar é tema pacífico em matéria administrativa, não se conformando, em seus delineamentos essenciais, aos ditames da responsabilidade penal' (Pena Disciplinar, in Revista de Direito Administrativo 45-482)."

39. Quando o constituinte pretendeu inserir no Direito Administrativo instituto do Direito Penal, fê-lo expressamente no art. 5º, inciso LV, da atual Carta, estendendo a incidência do contraditório igualmente ao processo administrativo, antes restrito ao processo penal, nos termos do §16 do art. 153 da Constituição de 1967.

> 40. Enfatize-se que os doutrinadores, em sua grande maioria, não admitem a interpretação extensiva e a aplicação da analogia em matéria criminal. (Parecer AGU nº GQ-164)

Como se vê, não será difícil se chegar à correta tipificação de ilícito administrativo também previsto como crime. O importante é afastar-se, até que sobrevenha a sentença penal condenatória sem possibilidade de recursos, do enquadramento no inciso I do art. 132 da Lei nº 8.112/90.

Se a comissão enquadrar o servidor no inciso I do art. 132 do *Estatuto*, nessa hipótese, sem que tenha nos autos a sentença penal condenatória transitada em julgado e houver a aplicação de demissão, nula é a penalidade, e com riscos adicionais de responderem por danos morais a comissão de processo administrativo disciplinar e a autoridade julgadora.

De clareza solar o Parecer da Advocacia-Geral da União nº GQ-124/1997, que, resolvendo controvérsia entre o Ministério do Meio Ambiente e o entendimento da Subchefia de Assuntos Jurídicos da Presidência da República, emitiu este pronunciamento:

> 10. Para o Ministério, a demissão deve fundamentar-se no inciso I do art. 132; para a Subchefia para Assuntos Jurídicos, no inciso IV, do mesmo artigo.
> 11. Argumenta a Subchefia ser inaplicável ao caso o inciso I do art. 132, porque não há nos autos notícia de que os servidores já foram punidos na esfera criminal, por decisão transitada em julgado. Observe-se que os Projetos de Decretos mencionam expressamente: "... e por crime contra a administração pública: concussão...".
> 12. Na vigência do Estatuto revogado (Lei nº 1.711/52), cujo art. 207, I, tinha idêntica redação ao do disposto no inciso I do art. 132 da Lei atual, o antigo DASP expediu diversas Formulações, dentre as quais destaco:
> Formulação nº 128: "Não pode haver demissão com base no item I do art. 207 do Estatuto dos Funcionários, se não a precede condenação criminal".
> Formulação nº 30: "A absolvição Judicial só repercute na esfera administrativa se negar a existência do fato ou afastar do acusado a respectiva autoria".
> Formulação nº 278: "A absolvição do réu-funcionário por não provada a autoria, não importa em impossibilidade da aplicação da pena disciplinar".
> 13. Após a Carta de 1988, já na vigência da Lei nº 8.112/90, a mais alta Corte de Justiça do País teve oportunidade de apreciar, algumas vezes, a questão, muito embora não tenha, ainda, sedimentado sua posição. Com efeito, em 1992, funcionário público impetrou mandado

de segurança contra ato presidencial que o demitira, "... por se ter prevalecido abusivamente da condição de policial e cometido crime contra a administração pública" (Decreto publicado no *Diário Oficial da União*, ed. de 20.05.1991, seção II, p. 3326). Compulsando os autos do Processo, verifica-se que não há decisão judicial sobre a prática de crime contra a administração. O Supremo Tribunal Federal, indeferindo a segurança, decidiu, em sessão plenária, por unanimidade:
MS nº 21.332-9 - DF, relator Ministro Néri da Silveira: "Mandado de segurança, Servidor policial. Demissão por ter se prevalecido da condição de policial. O ato de demissão, após processo administrativo não está na dependência da conclusão de processo criminal a que submetido o servidor, por crime contra a administração pública. Independência das Instâncias. Constituição, art. 41, §1º. Transgressões disciplinares de natureza grave. Mandado de segurança indeferido" (Decisão em 27.11.1992; DJ 07.05.1993; Ementário STF nº 1.702-2, p. 344 e segtes.). [...]
14. Posteriormente, em 25.11.1993, também por decisão unânime, em sessão plenária, a Corte Suprema, concedendo a segurança, decidiu de modo diverso:
MS nº 21.310-DF, relator Ministro Marco Aurélio: "Servidor. Responsabilidade administrativa, civil e penal. Demissão: Estando o decreto de demissão alicerçado em tipo penal, imprescindível é que haja provimento condenatório trânsito em julgado. Se de um lado, é certo que a jurisprudência sedimentada do Supremo Tribunal Federal indica o caráter autônomo da responsabilidade administrativa, a não depender dos procedimentos cível e penal pertinentes, de outro não menos correto, é que, alicerçada a demissão na prática de crime contra a administração pública, este há que estar revelado em pronunciamento do Judiciário coberto pelo manto de coisa julgada" (DJ 11.03.1994, p. 4.096, Ementa, vol. 1.736-2, p. 263 e sg., RTJ 152/475). [...]
15. Tratava-se de servidor da Polícia do Distrito Federal, cujas infrações estavam previstas em lei específica. Depois de dizer que tais infrações se dividiam em duas categorias (as simplesmente administrativas e as que configuravam crime contra a administração pública), o Ministro relator afirmou:
"... como é o crime contra a Administração Pública definido no art. 318 do Código Penal e que serviu de base, como única e exclusiva motivação ao Decreto de demissão [...] forçoso é concluir que a Administração se antecipou ao provimento judicial definitivo [...]. Portanto, em penada única, procedeu-se como se já houvesse condenação criminal transitada em julgado e, o que é pior, colocando-se em plano secundário até mesmo a circunstância de o Impetrante não estar sendo processado pela prática de crime contra a administração pública" (RTJ 152, p. 479). [...]
16. Mais tarde, em 16.11.1995, também em deliberação do Pleno, por unanimidade, a Corte voltou à antiga posição, qual seja a de que a

ausência judicial com trânsito em julgado não torna nulo o ato demissório, Interessante ressaltar que o Decreto presidencial, publicado no *Diário Oficial da União*, edição II, p. 7.551, não teve por fundamento o inciso I do art. 132 e nem consignou que o funcionário havia cometido crime contra a Administração. O Egrégio Supremo Tribunal Federal, ao denegar a ordem decidiu:
MS nº 21.322-9 - SC, relator Ministro Maurício Corrêa: "Mandado de Segurança, Servidor Público - Demissão após processo administrativo disciplinar. Legalidade da punição. Aplicação do art. 41. §1º da Constituição Federal c/c art. 132, I, IV, X e XI, da Lei 8.112/90. 1. A materialidade e a autoria dos fatos ilícitos deverão ser apurados em processo administrativo disciplinar. [...] 2. A Administração deverá aplicar ao servidor comprovadamente faltoso a penalidade cabível na forma do artigo 41, §1º, da Constituição Federal c/c o art. 132, I, IV, X e XI da Lei nº 8.112/90. [...] 4. a ausência de decisão judicial com trânsito em julgado não torna nulo o ato demissório, pois a aplicação da pena disciplinar independe da conclusão dos processos civis e penais, eventualmente instaurados em razão dos mesmos fatos. 5. Segurança indeferida." (Decisão em 16.11.1995, DJ 26.04.1996; Ementário STF nº 1.825-01, p. 176 e sg.). [...]
17. Todo crime praticado por funcionário contra a administração pública (Código Penal, arts. 312 a 327, constitui uma infração administrativa, capitulada ou no art. 117 ou no art. 132 da Lei nº 8.112/90. A recíproca, porém, não é verdadeira: nem toda infração disciplinar configura crime. Essa conclusão e a independência das instâncias civil, penal a administrativa, constituem jurisprudência mansa e pacífica da Corte Suprema, sendo de ressaltar que a Lei nº 8.112/90, no art. 125, é expressa ao prever a independência das referidas instâncias.
18. Ora, se toda ação tipificada como crime no Código Penal constitui, também infração disciplinar, se diversos incisos do art. 132 da Lei nº 8.112/90 encontram correspondência no Código Penal, parece evidente que ao prever a demissão por crime contra a administração pública, a mens legis não pode ser outra senão a de que a demissão, com fundamento no inciso I do art. 132, deve ser precedida de decisão transitada em julgado. A Constituição assegura que "ninguém será considerado culpado até o trânsito em julgado de sentença penal condenatória" (art. 5º, LVII). Não pode, portanto a Administração demitir funcionário público por ter cometido crime contra a administração pública se decisão judicial transitada em julgado ainda não reconheceu a existência do fato e a sua autoria, condenando o servidor. (Parecer AGU nº GQ-124/1997. *DOU*, 30 maio 1997)

Dito isso, temos as seguintes situações que podem ensejar a demissão do servidor, após o trânsito em julgado da sentença penal condenatória, por prática de crime contra a Administração:

> *Peculato*
> Art. 312. Apropriar-se o funcionário público de dinheiro, valor ou qualquer outro bem móvel, público ou particular, de que tem a posse em razão do cargo, ou desviá-lo, em proveito próprio ou alheio:
> Pena - reclusão, de dois a doze anos, e multa.
> §1º Aplica-se a mesma pena, se o funcionário público, embora não tendo a posse do dinheiro, valor ou bem, o subtrai, ou concorre para que seja subtraído, em proveito próprio ou alheio, valendo-se de facilidade que lhe proporciona a qualidade de funcionário.
> *Peculato culposo*
> §2º Se o funcionário concorre culposamente para o crime de outrem:
> Pena - detenção, de três meses a um ano.
> §3º No caso do parágrafo anterior, a reparação do dano, se precede à sentença irrecorrível, extingue a punibilidade; se lhe é posterior, reduz de metade a pena imposta.
> *Peculato mediante erro de outrem*
> Art. 313. Apropriar-se de dinheiro ou qualquer utilidade que, no exercício do cargo, recebeu por erro de outrem:
> Pena - reclusão, de um a quatro anos, e multa.

Peculato é apropriação indevida de dinheiro, valor ou bem, público ou particular, que esteja sob a sua guarda ou, ainda, desviá-lo para proveito de terceiro. Exemplo: servidor de um museu federal, achando muito bonita determinada obra de arte, leva-a para a sua casa. Outro exemplo: servidor policial apreende grande carga de mercadorias que estavam em descaminho ou contrabando e leva para sua casa, usando, gozando e até vendendo as mesmas. Note-se que o ilícito é necessariamente doloso.

> *Inserção de dados falsos em sistema de informações (Incluído pela Lei nº 9.983/2000)*
> Art. 313-A. Inserir ou facilitar, o funcionário autorizado, a inserção de dados falsos, alterar ou excluir indevidamente dados corretos nos sistemas informatizados ou bancos de dados da Administração Pública com o fim de obter vantagem indevida para si ou para outrem ou para causar dano: (*Incluído pela Lei nº 9.983/2000*)
> Pena - reclusão, de 2 (dois) a 12 (doze) anos, e multa. (*Incluído pela Lei nº 9.983/2000*)

Modificação ou alteração não autorizada de sistema de informações (*Incluído pela Lei nº 9.983/2000*)
Art. 313-B. Modificar ou alterar, o funcionário, sistema de informações ou programa de informática sem autorização ou solicitação de autoridade competente: (*Incluído pela Lei nº 9.983/2000*)
Pena - detenção, de 3 (três) meses a 2 (dois) anos, e multa. (*Incluído pela Lei nº 9.983/2000*)
Parágrafo único. As penas são aumentadas de um terço até a metade se da modificação ou alteração resulta dano para a Administração Pública ou para o administrado. (*Incluído pela Lei nº 9.983/2000*)

Servidor federal insere dados fictícios no sistema do CNIS e concede aposentadoria para quem não teria direito. Note-se que o crime não exige o exaurimento, pois sua dicção fala em *com o fim de obter vantagem indevida*. O crime pode ser a própria inserção de dados falsos, como a facilitação para que outro servidor insira, bem como a exclusão de informações ou a alteração de informações. A finalidade pode ser para lograr vantagem indevida para si ou para terceiro, como também apenas para causar danos à repartição. Como falamos, para a perfeição do crime não se exige esse exaurimento.

Extravio, sonegação ou inutilização de livro ou documento
Art. 314. Extraviar livro oficial ou qualquer documento, de que tem a guarda em razão do cargo; sonegá-lo ou inutilizá-lo, total ou parcialmente:
Pena - reclusão, de um a quatro anos, se o fato não constitui crime mais grave.

Inutilizar, sonegar ou extraviar documentos ou livro de registro oficial, cuja guarda detenha o servidor em razão do cargo: com esse crime, o servidor, além do dano causado, viola a confiança nele depositada, porquanto os documentos lhe são confiados em razão do cargo que ocupa.

Emprego irregular de verbas ou rendas públicas
Art. 315. Dar às verbas ou rendas públicas aplicação diversa da estabelecida em lei:
Pena - detenção, de um a três meses, ou multa.

O orçamento é definido em lei própria, aprovada pelo Parlamento. Há, inclusive, uma luta político-partidária na formação do orçamento da nação. Vence no Parlamento a proposta que for aprovada pela maioria dos representantes do povo. Não daí o agente administrativo mudar a destinação legal do orçamento; se o fizer, de maneira dolosa, com desígnio e má-fé, incorrerá no tipo penal.

> *Concussão*
> Art. 316. Exigir, para si ou para outrem, direta ou indiretamente, ainda que fora da função ou antes de assumi-la, mas em razão dela, vantagem indevida:
> Pena - reclusão, de dois a oito anos, e multa.
> *Excesso de exação*
> §1º Se o funcionário exige tributo ou contribuição social que sabe ou deveria saber indevido, ou, quando devido, emprega na cobrança meio vexatório ou gravoso, que a lei não autoriza: (*Redação dada pela Lei nº 8.137/90*)
> Pena - reclusão, de três a oito anos, e multa. (*Redação dada pela Lei nº 8.137/90*)
> §2º Se o funcionário desvia, em proveito próprio ou de outrem, o que recebeu indevidamente para recolher aos cofres públicos:
> Pena - reclusão, de dois a doze anos, e multa.

Concussão é crime pelo qual o servidor exige vantagem indevida. Geralmente, é dinheiro, porém, pode ser qualquer vantagem indevida – um carro de luxo, uma fazenda. A concussão pode ser praticada antes mesmo do exercício da função, mas em razão dela.

> *Corrupção passiva*
> Art. 317. Solicitar ou receber, para si ou para outrem, direta ou indiretamente, ainda que fora da função ou antes de assumi-la, mas em razão dela, vantagem indevida, ou aceitar promessa de tal vantagem:
> Pena - reclusão, de 2 (dois) a 12 (doze) anos, e multa. (*Redação dada pela Lei nº 10.763/2003*)
> §1º A pena é aumentada de um terço, se, em conseqüência da vantagem ou promessa, o funcionário retarda ou deixa de praticar qualquer ato de ofício ou o pratica infringindo dever funcional.
> §2º Se o funcionário pratica, deixa de praticar ou retarda ato de ofício, com infração de dever funcional, cedendo a pedido ou influência de outrem:
> Pena - detenção, de três meses a um ano, ou multa.

A corrupção passiva se constitui quando o servidor solicita ou recebe (ainda que não tenha pedido), para ele ou para alguém, vantagem indevida ou aceita a promessa de tal vantagem. Chamada de peita, a corrupção está também explicada, em termos de ilícito administrativo, nas proibições dos incisos IX e XII do art. 117 e na análise do inciso XI do art. 132, ambos da Lei nº 8.112/90.

> *Facilitação de contrabando ou descaminho*
> Art. 318. Facilitar, com infração de dever funcional, a prática de contrabando ou descaminho (art. 334):
> Pena - reclusão, de 3 (três) a 8 (oito) anos, e multa. (*Redação dada pela Lei nº 8.137/90*)

O servidor não pode facilitar o contrabando ou o descaminho. De modo que já é naturalmente difícil se combaterem esses ilícitos pelo fato da fronteira do Brasil ser imensa, o servidor jamais pode se comportar violando seus deveres administrativos e permitir que tal crime aconteça.

> *Prevaricação*
> Art. 319. Retardar ou deixar de praticar, indevidamente, ato de ofício, ou praticá-lo contra disposição expressa de lei, para satisfazer interesse ou sentimento pessoal:
> Pena - detenção, de três meses a um ano, e multa.
> Art. 319-A. Deixar o Diretor de Penitenciária e/ou agente público, de cumprir seu dever de vedar ao preso o acesso a aparelho telefônico, de rádio ou similar, que permita a comunicação com outros presos ou com o ambiente externo: (*Incluído pela Lei nº 11.466/2007*)
> Pena: detenção, de 3 (três) meses a 1 (um) ano.

O crime de prevaricação consiste em retardar o ato que deveria ser expedido de ofício ou praticar ato contra a legislação para satisfazer interesses ou sentimento pessoal. O agente público é pago para praticar seus atos regularmente, dentro da legalidade e com respeito ao princípio da eficiência. Se deliberadamente não o faz, pode vir a sofrer as sanções legais.

> *Condescendência criminosa*
> Art. 320. Deixar o funcionário, por indulgência, de responsabilizar subordinado que cometeu infração no exercício do cargo ou, quando lhe falte competência, não levar o fato ao conhecimento da autoridade competente:
> Pena - detenção, de quinze dias a um mês, ou multa.

O art. 143 da Lei nº 8.112/90 determina que, conhecida uma infração disciplinar, deve a autoridade imediatamente apurar. Não fazê-lo propositalmente e para beneficiar, ainda que por indulgência, subordinado pode ensejar a aplicação da lei penal. Se a autoridade não possuir competência, deve comunicar à autoridade competente.

> *Advocacia administrativa*
> Art. 321. Patrocinar, direta ou indiretamente, interesse privado perante a administração pública, valendo-se da qualidade de funcionário:
> Pena - detenção, de um a três meses, ou multa.
> Parágrafo único. Se o interesse é ilegítimo:
> Pena - detenção, de três meses a um ano, além da multa.

Já descrevemos o presente ilícito na seção 3.5.4, *retro*.

> *Violência arbitrária*
> Art. 322. Praticar violência, no exercício de função ou a pretexto de exercê-la:
> Pena - detenção, de seis meses a três anos, além da pena correspondente à violência.

A utilização da violência tem no ordenamento pátrio muitas limitações, sendo permitida apenas em casos excepcionais, mormente para conter a violência de um particular. Se o uso da violência não for cabalmente justificável, o servidor que a utilizar incorre em crime, se o fato não tiver consequências mais graves, além da pena correspondente à violência. Normalmente, antes mesmo que o juízo criminal condene o infrator, a Administração deverá ter instaurado o PAD e, findo este, punido, após a comprovação da violência, com demissão o servidor por violação do inciso VII do art. 132.

> *Abandono de função*
> Art. 323 - Abandonar cargo público, fora dos casos permitidos em lei:
> Pena - detenção, de quinze dias a um mês, ou multa.
> §1º Se do fato resulta prejuízo público:
> Pena - detenção, de três meses a um ano, e multa.
> §2º Se o fato ocorre em lugar compreendido na faixa de fronteira:
> Pena - detenção, de um a três anos, e multa.

O ilícito de abandono de cargo será completamente explicado na seção 3.6.2, abaixo.

Exercício funcional ilegalmente antecipado ou prolongado
Art. 324. Entrar no exercício de função pública antes de satisfeitas as exigências legais, ou continuar a exercê-la, sem autorização, depois de saber oficialmente que foi exonerado, removido, substituído ou suspenso:
Pena - detenção, de quinze dias a um mês, ou multa.

O servidor, ainda na iminência de assumir determinada função pública, deve aguardar a publicação do ato de designação, nomeação ou o que seja e, após tomar posse, poderá praticar os atos inerentes ao cargo. É que, até que seja publicado o ato e que ele apresente a documentação exigida para a posse, muita coisa pode acontecer. Além de ser perigoso e também ilegal, o exercício antecipado pode expor a Administração a graves constrangimentos (nulidades, etc.). Outrossim, não pode o servidor que teve ciência de sua exoneração, remoção, substituição ou suspensão praticar atos sem a devida autorização para tanto.

Violação de sigilo funcional
Art. 325. Revelar fato de que tem ciência em razão do cargo e que deva permanecer em segredo, ou facilitar-lhe a revelação:
Pena - detenção, de seis meses a dois anos, ou multa, se o fato não constitui crime mais grave. [...]
§2º Se da ação ou omissão resulta dano à Administração Pública ou a outrem: (*Incluído pela Lei nº 9.983/2000*)
Pena - reclusão, de 2 (dois) a 6 (seis) anos, e multa. (*Incluído pela Lei nº 9.983/2000*)
Violação do sigilo de proposta de concorrência
Art. 326. Devassar o sigilo de proposta de concorrência pública, ou proporcionar a terceiro o ensejo de devassá-lo:
Pena - Detenção, de três meses a um ano, e multa.

Como já explicado, o servidor deve lidar muito bem com o dever de sigilo. Se a violação do sigilo não constituir crime mais grave, a pena vai até dois anos. Porém, se da violação do sigilo resultar danos, a pena vai de dois a seis anos de reclusão, e multa. Quando a violação é de sigilo de proposta nas concorrências públicas ou permitir que terceiro o devasse, detenção de três meses a um ano, e multa.

3.6.2 Abandono de cargo

O segundo caso de demissão previsto no comentado art. 132 do *Estatuto* é o do abandono de cargo, que também é previsto como crime, mas aqui o analisaremos como ilícito administrativo somente.

O *abandono de cargo* é um ilícito administrativo que exige dois requisitos para dar causa à demissão do servidor: um, chamamos de requisito objetivo e está descrito na norma; o outro é o requisito subjetivo estabelecido através de construção jurisprudencial e cognominado de *animus abandonandi*.

Sem a concorrência de ambos os requisitos, objetivo e subjetivo, não resta configurado o ilícito demissório de *abandono de cargo*. A Administração, se não justificadas as faltas, deve descontar os dias não trabalhados, mas não lhe é permitido aplicar o art. 132, II, da Lei nº 8.112/90.

Qual então o elemento objetivo do ilícito? Está descrito na lei. Reza o art. 138 da Lei nº 8.112/90 que "configura abandono de cargo a ausência intencional do servidor ao serviço por mais de trinta dias consecutivos".

Aqui está o requisito objetivo: ausência ao serviço por mais de trinta dias consecutivos. Contam-se os sábados, domingos e feriados intercorrentes. Entretanto, se o trigésimo primeiro dia se der num desses dias, há que se esperar o primeiro dia útil subsequente. Se o servidor se ausentar por mais de trinta dias, ou seja, trinta e um dias de ausência, não há dúvida de que o requisito objetivo do ilícito está configurado.

E está claro na dicção do dispositivo legal. O *Estatuto* prescreve que "configura abandono de cargo a ausência *intencional* do servidor ao serviço por mais de trinta dias consecutivos" (art. 138). Erra a comissão processante que assevera a ocorrência de abandono de cargo sem averiguar o elemento subjetivo: a intencionalidade. Esta pode se externar de várias maneiras e sua existência deve ser comprovada pela comissão processante.

A intencionalidade ou *animus*, como queiram, é a vontade livre e predeterminada de abandonar o cargo público. Qualquer fator que possa desviar a autonomia da vontade do servidor ausente desfigura o *abandono de cargo* e poderá até se configurar outro ilícito, como a falta do dever de assiduidade. Pode também a repartição cobrar os valores pagos por falta da prestação do serviço, mas não podem as autoridades processantes e mui menos a autoridade julgadora aplicar a pena de demissão porquanto não configurado o abandono.

Se, por exemplo, o servidor é vítima de sequestro ou cárcere privado e, em razão desse fato, coagido em sua vontade, deixa de comparecer à repartição por mais de trinta dias consecutivos, não praticou *abandono de cargo*, à míngua do elemento subjetivo.

Participando de um movimento paredista, um servidor não comparece à repartição por 50 dias seguidos. Não se configura o *animus abandonandi*. Podem ser descontadas todas as faltas ao serviço de sua remuneração, porém o exercício do direito de greve não se confunde com a vontade de abandonar o cargo. Ao contrário, faz parte da luta para valorizar a carreira.

O Superior Tribunal de Justiça, no julgamento do Mandado de Segurança nº 8.291/DF, assim se pronunciou:

> Mandado de segurança. Processo administrativo disciplinar. Demissão. Nulidades. Cerceamento de defesa. Inocorrência. Abandono de emprego. Ausência do animus específico do servidor. Precedente da 3ª Seção. Ordem concedida.
> 1. Identificados os membros da comissão processante, inclusive o seu presidente, o acusado e os fatos a serem apurados, não há que falar em ilegalidade da portaria instauradora do processo administrativo disciplinar.
> 2. A descrição circunstanciada dos fatos, com a tipificação da falta cometida, tem momento próprio, qual seja, o do indiciamento do servidor (artigo 161, *caput*, da Lei 8.112/90).
> 3. A 3ª Seção desta Corte Superior de Justiça firmou já entendimento no sentido de que "em se tratando de ato demissionário consistente no abandono de emprego ou inassiduidade ao trabalho, impõe-se averiguar o 'animus' específico do servidor, a fim de avaliar o seu grau de desídia" (cf. MS nº 6.952/DF, Relator Ministro Gilson Dipp, in DJ 2/10/2000). [...]
> 4. A cópia do inteiro teor do processo administrativo, que instrui a inicial, torna certa não só a obtenção pelo impetrante de licença médica de 90 dias, a partir de 1º de abril de 2001, período no qual foi indiciado por abandono de cargo, mas também, a inexistência de prova legal de que tenha sido intimado do parecer da Junta Médica Oficial da Universidade de Brasília, realizado no dia seguinte ao da obtenção da licença a que antes se aludiu.
> 5. Ordem concedida. (MS nº 8.291/DF, 3ª Seção. Rel. Min. Hamilton Carvalhido. *DJ*, 05 maio 2003)

Quanto ao tempo de ausência, motivado por greve de servidores, o Supremo Tribunal Federal decidiu recentemente que as faltas não podem configurar abandono de emprego, pois o *animus* de abandonar não se encontra presente na situação.

Aqui entra com muita justeza os casos de servidor que, por comprovado motivo justificador, é acometido de doenças mentais como depressão, ansiedade e outras quantas que excluam a possibilidade de o mesmo de agir com o equilíbrio normal de suas faculdades mentais.

Não pode se configurar o *animus* de abandonar nesses casos. Ainda que as faltas ocorram porque tenham sido violadas as normas internas para a concessão de licença médica, não se configura o *abandono de cargo*. Por serem descumpridas as normas de perícia médica, podem ser descontados os dias descobertos, nunca porém se irrogar a penalidade prevista para o abandono, porque, neste caso, evidentemente não se configurou o elemento subjetivo do tipo demissório.

Há casos, entretanto, que, durante o processo, o servidor declara que realmente não tem mais nenhuma vontade de permanecer no cargo, o que se configura em prova inconteste de que houve o ânimo de abandonar. Tal situação acha-se descrita no Parecer AGU nº GQ-210, segundo o qual:

> [...] por outro lado, há que considerar-se a manifestação expressa do servidor (fls. 34) no sentido de não desejar o retorno ao serviço público. Entendo que sua quota deve ser recebida como pedido de exoneração. A Lei nº 8.112/90, não veda, mas ao contrário, permite a apresentação do pedido de exoneração no curso do processo disciplinar (art. 172), embora só admita o deferimento "após a conclusão do processo e o cumprimento da penalidade, acaso aplicada". A quota de fls. 43, embora não seja pedido formal de exoneração, é uma manifestação do servidor exteriorizando sua intenção inequívoca de desligar-se do serviço público. (Parecer AGU nº GQ-210/1999. *DOU*, 23 dez. 1999)

Tal entendimento corrobora a tese de que é necessário provar elementos que configuram o ilícito, ou seja, a vontade livre e no sentido de abandonar a função pública por motivos particulares.

3.6.3 Inassiduidade habitual

A inassiduidade habitual é um ilícito com elementos parecidos com o do abandono. São, entanto, ilícitos bastante diferenciados.

A inassiduidade não exige a configuração do *animus abandonandi* analisado anteriormente. Entende-se "por inassiduidade habitual a falta ao serviço, sem causa justificada, por sessenta dias, interpoladamente, durante o período de doze meses" (art. 139 da Lei nº 8.112/90).

Erro basilar das comissões é contar sábados, domingos e feriados no cômputo dos sessenta dias. Não se contam sábados, domingos e feriados, porque, não havendo expediente nesses dias, não é possível acusar alguém de faltar ao serviço.

Note-se que o elemento objetivo do tipo do abandono é *ausentar-se por mais de trinta dias.*

A inassiduidade habitual é faltar a dias de efetivo expediente por sessenta dias ou mais, todavia de modo interpolado. Se a falta é por mais de trinta dias seguidos, pela especialidade, configura-se o abandono, e não a inassiduidade, desde que verificado o elemento subjetivo do *animus abandonandi.*

Assim, se o servidor desaparece por 180 dias sem aparecer no local da repartição onde deveria exercer suas funções, restará configurado o abandono desde o trigésimo primeiro dia de ausências ininterruptas. A partir daí, o ilícito é o mesmo até que cesse a ausência. Os efeitos são importantes, porquanto desde o trigésimo primeiro dia de ausência se conta o prazo prescricional.

A lei foi clara ao instituir o ilícito do abandono de cargo: ausência ao serviço por mais de trinta dias. Podem ser trinta e um, trinta e dois, quarenta, sessenta, setenta, oitenta, desde que seja ausência ininterrupta.

E se o servidor falta trinta dias e reaparece no trigésimo primeiro?

– Não se configura o abandono.

E se, após um ou dois dias de trabalho, novamente, falta mais trinta dias?

– Também não se configura o abandono.

Acaso se configuraria então a inassiduidade? Entendo que não, pois, se contarmos os dias úteis nesses sessenta dias de ausência à repartição, não se chegará aos sessenta dias de faltas ao serviço exigidos para a demissão por inassiduidade habitual. Pode parecer um absurdo, mas é o que consta da lei.

Há entendimento administrativo que conta como ausência a dia efetivo de trabalho os sábados, domingos e feriados. Não é isso o que está na lei. Temos que lembrar que, em matéria disciplinar, o princípio da legalidade é rígido. Então, devem-se contar apenas as faltas aos dias de trabalho em que a repartição funciona. Entendemos que os dias de ponto facultativo também não se prestam ao cômputo de 60 dias de ausência para fins de *inassiduidade habitual.*

Ressalte-se que, nesse exemplo fictício, se as faltas não foram justificadas, deve-se proceder ao desconto na remuneração do contracheque do servidor faltoso.

Quanto ao entendimento administrativo, temos o Parecer AGU nº GQ-160:

> 9. Já a imputação de responsabilidade administrativa a servidor regido pela Lei nº 8.112, de 1990, por ter praticado inassiduidade habitual, não prescinde obviamente da interpretação da norma de regência desse instituto, que possui o seguinte teor:
> "Art. 139. Entende-se por inassiduidade habitual a falta ao serviço, sem causa justificada, por sessenta dias, interpoladamente, durante o período de doze meses."
> 10. São, pois, elementos constitutivos da infração as sessenta faltas interpoladas, cometidas no período de um ano, e a inexistência da justa causa. Para considerar-se caracterizada a inassiduidade habitual é necessário que acorram esses dois requisitos, de forma cumulativa. O total de sessenta faltas, por si só, não exclui a verificação da justa causa.
> 11. Incumbe ao colegiado apurar se a conduta do servidor se ajusta ou não prescrições legais. Para tanto, deve pautar sua atuação pelo objetivo exclusivo de determinar a verdade dos fatos, razão por que lhe é atribuído o poder de promover a tomada de depoimentos, acareações, investigações e diligências, com vistas à obtenção de provas que demonstrem a inocência ou culpabilidade, podendo recorrer, se necessário, a técnicos e peritos. Ocupante do cargo de Auxiliar de Enfermagem, do Quadro Permanente do Ministério do Exército, faltou ao serviço por sessenta dias interpolados, no período de um ano, advindo, desse fato, a instauração do presente processo disciplinar.
> 12. Pareceu à comissão apuradora que o servidor teria incorrido na prática da infração denominada inassiduidade habitual, resultando dessa ilação o encaminhamento dos autos à Presidência da República, a fim de que fosse aplicada a penalidade expulsiva. Entretanto, a Subchefia para Assuntos Jurídicos da Casa Civil emitiu a Nota SAJ n. 623/97 - LR, contrária à caracterização do ilícito atribuído ao indiciado. 3. Face a essa divergência, é encarecido o pronunciamento desta Advocacia-Geral da União. (Parecer AGU nº GQ-160/1998. *DOU*, 12 ago. 1998)

3.6.4 Improbidade administrativa

O servidor que pratica ato ou omissão que fira gravemente a moralidade a ponto de ser enquadrado na Lei de Improbidade Administrativa (Lei nº 8.429/92) sairá do serviço público federal.

Diz a Lei nº 8.112/90: "Art. 132. A demissão será aplicada nos seguintes casos: [...] IV - improbidade administrativa; [...]".

Os abusos de enquadramento nesse inciso estão levando a jurisprudência a quase proibir a apuração em sede de procedimento administrativo da improbidade.[36]

Três incisos do art. 132 mantêm uma correlação e, por isso, merecem estudo interligado. Diz a lei que a demissão será aplicada nos casos de:

> V - incontinência pública e conduta escandalosa, na repartição;
> VI - insubordinação grave em serviço;
> VII - ofensa física, em serviço, a servidor ou a particular, salvo em legítima defesa própria ou de outrem; [...].

Citado pelo doutrinador André Pimentel Filho,[37] cristalino é o entendimento do ministro do Superior Tribunal de Justiça José de Castro Meira, que nos ensina a vedação à prática da improbidade administrativa:

> [...] visa a resguardar os princípios da administração pública sob o prisma do combate à corrupção, da imoralidade qualificada e da grave desonestidade funcional, não se coadunando com a punição de meras irregularidades administrativas ou transgressões disciplinares, as quais possuem foro disciplinar adequado para processo e julgamento. (REsp nº 1089911/PE, 2ª Turma. Rel. Min. Castro Meira. *DJe*, 25 nov. 2009)

A improbidade administrativa sofreu fortes impactos com a edição da Lei nº 14.230, de 2021, cujas principais alterações serão comentadas em capítulo apartado.

3.6.5 Incontinência pública e conduta escandalosa na repartição

São regras de civilidade e de hierarquia que devem ser cumpridas por aquele que deseja ser ou manter-se como um agente público.

Não são admitidas, em hipótese alguma, *a incontinência pública e a conduta escandalosa na repartição.*

Se o servidor, enquanto cidadão, praticar uma conduta escandalosa ou uma incontinência, que o faça em sua casa, o que já é moralmente reprovável.

---

[36] No capítulo 5, será estudado esmiuçadamente o tema da improbidade administrativa.

[37] Cf. PIMENTEL FILHO. Desafios na aplicação da Lei de Improbidade. *Jus Navigandi.*

Se o fizer na repartição, será passível de demissão.

Atos de despir-se em público e comportamentos quejandos, se ocorridos na repartição, ensejam a aplicação, após o devido processo legal, da penalidade de demissão.

A conduta escandalosa é inadmissível no âmbito da repartição.

Se o escândalo provier de uma insanidade mental, o servidor deve ser submetido com urgência à perícia médica para, em se consubstanciando a doença e a mesma for incurável, ser aposentado por invalidez mental.

3.6.6 Ofensa física, em serviço, a servidor ou a particular, salvo em legítima defesa própria ou de outrem

A ofensa física em serviço a colega de trabalho ou a administrado, indistintamente, causa a aplicação da demissão do agressor, salvo em legítima defesa própria ou de outrem.

Fique bem claro que demissível é o agressor.

Se o agredido usa de suas forças para se defender e não provocou a agressão, nenhum ilícito comete. Se o agredido provocou a situação e também chegou às vias de fato, ambos são passíveis de demissão pela agressão mútua, porquanto a lei proíbe agressões físicas perpetradas por qualquer servidor público.

Não é necessário para a configuração do ilícito de lesão corporal.

É indiferente se houve danos materiais ou não.

O servidor que desfere um tapa, um murro ou mesmo um empurrão de considerável força contra um colega que não o agrediu pratica falta disciplinar passível de *demissão.*

3.6.7 Insubordinação grave em serviço

A insubordinação grave em serviço difere das outras duas infrações, porque tem como característica a afronta grave, desproporcional e malévola do agente para com a autoridade a quem se encontra subordinado.

Note-se que a insubordinação há de ser *grave* ou *gravíssima,* em momento de prestação de serviço, ou em situação a este direta ou indiretamente relacionada. Quando escrevemos sobre os princípios, vimos que a hierarquia e a disciplina são a base do regime disciplinar. Se o agente viola com séria gravidade a disciplina e se insurge imotivadamente contra o superior em momento de prestação de serviço público, estará sujeito a ser demitido.

Prosseguimos a análise de infrações passíveis de demissão previstas na Lei nº 8.112/90.

Nos termos do *Estatuto*, também são causas de demissão:

a) a aplicação irregular de dinheiros públicos;
b) a revelação de segredo do qual se apropriou em razão do cargo;
c) a lesão aos cofres públicos e dilapidação do patrimônio nacional; e
d) a corrupção.

3.6.8 Aplicação irregular de dinheiros públicos

Pode parecer repetitivo e o é: aplicar irregularmente dinheiros públicos, além de ilícito penal, é de igual forma ilícito administrativo, sendo, nesse caso, passível de demissão.

Consiste, em suma, a conduta em aplicar irregularmente o numerário público, desviando-o de sua programação original.

Como os orçamentos públicos são de regra gigantescos e considerando que o mesmo é resultado, nas comunidades democráticas, de ampla discussão e votação no Poder Legislativo, o administrador não pode, de forma alguma, desviar a aplicação do numerário, podendo ser punido, após o devido processo, se assim o fizer.

Para a compreensão do orçamento público, ainda é de grande relevância observar o que prescreve a Lei de Contabilidade Pública, Lei Federal nº 4.320/64. Vejamos alguns conceitos que dela constam:

> Art. 14. Constitui unidade orçamentária o agrupamento de serviços subordinados ao mesmo órgão ou repartição a que serão consignadas dotações próprias.
> Parágrafo único. Em casos excepcionais, serão consignadas dotações a unidades administrativas subordinadas ao mesmo órgão.
> Art. 15. Na Lei de Orçamento a discriminação da despesa far-se-á no mínimo por elementos.
> §1º Entende-se por elementos o desdobramento da despesa com pessoal, material, serviços, obras e outros meios de que se serve a administração pública para consecução dos seus fins.

§2º Para efeito de classificação da despesa, considera-se material permanente o de duração superior a dois anos.

A regulamentação da Lei de Contabilidade especifica esses "elementos" (ver *caput* do art. 15), os quais, no momento da execução, são obrigatoriamente seguidos pelos órgãos da Administração.

Em algumas situações, já previstas na própria lei, quando há dificuldade de cumprimento, por elementos, ocorre uma autorização legal para que se faça a classificação por dotações globais, como no caso do art. 20 da Lei de Contabilidade Pública:

> Art. 20. Os investimentos serão discriminados na Lei de Orçamento segundo os projetos de obras e de outras aplicações.
> Parágrafo único. Os programas especiais de trabalho que, por sua natureza, não possam cumprir-se subordinadamente às normas gerais de execução da despesa poderão ser custeadas por dotações globais, classificadas entre as Despesas de Capital.

Nesses casos, a lei estabelece que haja a "especificação dos programas especiais de trabalho custeados por dotações globais, em termos de metas visadas, decompostas em estimativa do custo das obras a realizar e dos serviços a prestar, acompanhadas de justificação econômica, financeira, social e administrativa" (art. 22, IV).

3.6.9 Revelação de segredo do qual se apropriou em razão do cargo

É ilícito administrativo grave *a revelação de segredo do qual se apropriou em razão do cargo*. Implica demissão dada a importância da informação revelada e desde que bem sopesada a gravidade da infração.

É obrigação do Estado controlar o acesso e a divulgação de informações sigilosas produzidas por seus órgãos e entidades, dando-lhes a devida proteção. O acesso, a divulgação e o tratamento de informação classificada como sigilosa ficarão restritos a pessoas que tenham necessidade de obtê-los. Porém, como a todo direito corresponde uma obrigação, o que tem acesso à informação classificada como sigilosa fica obrigado a guardar o sigilo.

Talvez, o mais importante da Lei nº 12.527, de 2011, nesse aspecto, além, é claro, do direito de acesso às informações de cunho pessoal e de interesse público, seja a classificação da informação quanto ao grau e aos prazos de sigilo. Prescreve o citado diploma legal:

> Art. 23. São consideradas imprescindíveis à segurança da sociedade ou do Estado e, portanto, passíveis de classificação as informações cuja divulgação ou acesso irrestrito possam:
> I - pôr em risco a defesa e a soberania nacionais ou a integridade do território nacional;
> II - prejudicar ou pôr em risco a condução de negociações ou as relações internacionais do País, ou as que tenham sido fornecidas em caráter sigiloso por outros Estados e organismos internacionais;
> III - pôr em risco a vida, a segurança ou a saúde da população;
> IV - oferecer elevado risco à estabilidade financeira, econômica ou monetária do País;
> V - prejudicar ou causar risco a planos ou operações estratégicos das Forças Armadas;
> VI - prejudicar ou causar risco a projetos de pesquisa e desenvolvimento científico ou tecnológico, assim como a sistemas, bens, instalações ou áreas de interesse estratégico nacional;
> VII - pôr em risco a segurança de instituições ou de altas autoridades nacionais ou estrangeiras e seus familiares; ou
> VIII - comprometer atividades de inteligência, bem como de investigação ou fiscalização em andamento, relacionadas com a prevenção ou repressão de infrações.
> Art. 24. A informação em poder dos órgãos e entidades públicas, observado o seu teor e em razão de sua imprescindibilidade à segurança da sociedade ou do Estado, poderá ser classificada como ultrassecreta, secreta ou reservada.
> §1º Os prazos máximos de restrição de acesso à informação, conforme a classificação prevista no *caput*, vigoram a partir da data de sua produção e são os seguintes:
> I - ultrassecreta: 25 (vinte e cinco) anos;
> II - secreta: 15 (quinze) anos; e
> III - reservada: 5 (cinco) anos.
> §2º As informações que puderem colocar em risco a segurança do Presidente e Vice-Presidente da República e respectivos cônjuges e filhos(as) serão classificadas como reservadas e ficarão sob sigilo até o término do mandato em exercício ou do último mandato, em caso de reeleição. [...]
> §4º Transcorrido o prazo de classificação ou consumado o evento que defina o seu termo final, a informação tornar-se-á, automaticamente, de acesso público.

§5º Para a classificação da informação em determinado grau de sigilo, deverá ser observado o interesse público da informação e utilizado o critério menos restritivo possível, considerados:
I - a gravidade do risco ou dano à segurança da sociedade e do Estado; e
II - o prazo máximo de restrição de acesso ou o evento que defina seu termo final.

O grau de sigilo das informações no âmbito da Administração Pública federal ficou assim estabelecido:

- no grau de *ultrassecreto*, atos relativos às seguintes autoridades:
a) presidente da República;
b) vice-presidente da República;
c) ministros de Estado e autoridades com as mesmas prerrogativas;
d) comandantes da Marinha, do Exército e da Aeronáutica; e
e) chefes de missões diplomáticas e consulares permanentes no exterior;
- no grau de *secreto*, das autoridades referidas no inciso I, dos titulares de autarquias, fundações ou empresas públicas e sociedades de economia mista;
- no grau de *reservado*, das autoridades referidas nos incisos I e II e das que exerçam funções de direção, comando ou chefia, nível DAS 101.5, ou superior, do Grupo-Direção e Assessoramento Superiores, ou de hierarquia equivalente, de acordo com regulamentação específica de cada órgão ou entidade (art. 25 da Lei nº 12.527/2011).

Não custa insistir que o §2º do art. 31 da Lei nº 12.527/2011 diz: "Aquele que obtiver acesso às informações de que trata este artigo será responsabilizado por seu uso indevido".

Sempre há que se ponderar que, para a incidência de uma norma, com os efeitos de gravidade como esse aqui analisado, há que se perquirir que o sigilo que deve ser tutelado envolve riscos de Estado ou pode afetar gravemente a população. No mais, de regra, deve viger o princípio da transparência, não havendo pressuposto para aplicar-se penalidades sobre informação que é pública ou que deveria estar publicada na rede mundial de computadores, por exemplo, devendo o hermeneuta levar em consideração todas as circunstâncias do caso concreto.

3.6.10 Lesão aos cofres públicos e dilapidação do patrimônio nacional

Ilícito grave é a *lesão aos cofres públicos e dilapidação do patrimônio nacional*.

O servidor que subtrai da repartição valores ou permite que outrem o faça causa lesão aos cofres nacionais.

Não faz muito tempo em que as repartições guardavam seus créditos em cofres. Daí a necessidade de bem escolher o funcionário que ficava com a chave do cofre. Modernamente, dever-se-ia escolher com cuidado o servidor que administra a senha do sistema informatizado de liberação de pagamento, ainda que atualmente este seja feito através de ordem bancária.

No caso, se o prejuízo causado não é oriundo do desvio de verbas, tratando-se de bens que não o dinheiro, *dilapidação do patrimônio nacional*.

No caso de se tratar de desvio irregular de aplicação de verbas públicas, a lei prevê um ilícito próprio.

Note-se que a lesão aos cofres públicos ganhou uma conotação diferente nos dias atuais, porquanto todo o numerário do governo não é mais guardado em *cofres*, mas é confiado a um complexo sistema bancário, principalmente através de certificações digitais.

Outrora, muito dos valores era de fato confiado à segurança de cofres, cuja chave e segredo ficavam depositados com servidores responsáveis.

Hoje, a interpretação da lei se direciona para os casos em que o servidor faltoso, com seu comportamento culpável, cause prejuízos ao erário, sendo que esse dano pode ser configurado como, por exemplo, o pagamento de um bem ou serviço à empresa sem que esta preste efetivamente o serviço ou entregue o bem.

Já a dilapidação do patrimônio pode se configurar com a destruição do patrimônio e, igualmente, pela disposição indevida do bem. Nesse sentido, se o agente vende por valor irrisório bem de importante vulto econômico, incorre em dilapidação do patrimônio nacional.

3.6.11 Corrupção

A corrupção é abominável. A corrupção administrativa prevista no inciso XI do art. 132 não é a mesma prevista no inciso I do mesmo artigo c/c o art. 317 do Código Penal brasileiro.

A corrupção administrativa se configura, na modalidade passiva, ao solicitar ou apenas receber o servidor uma vantagem indevida, que pode ser em dinheiro ou de qualquer outra natureza, desde que indevida, ilícita ou imoral, mas em razão do cargo que ocupa.

Na forma ativa, o servidor oferece vantagens indevidas a outro colega com o objetivo de satisfazer algum interesse pessoal ou auferir também vantagem, ainda que lícita, porém eivada de imoralidade.

O servidor, obviamente, também pode ser demitido pela prática do crime de *corrupção passiva*, previsto no art. 317 do Código Penal. Porém, para esse caso, é necessário o trânsito em julgado da sentença penal condenatória, haja vista que cabe ao Poder Judiciário dizer que o funcionário realmente praticou o crime.

É por demais exemplificativo de nossa posição doutrinária o fato de que, no caso, a corrupção descrita como ilícito meramente administrativo admite diversas modalidades. Temos o Parecer AGU nº GQ-124, o qual nos ensina:

> 24. Vale, ainda, ressaltar que os atos praticados pelos servidores de que tratam estes autos, configuram, também, a infração administrativa prevista no inciso XI do art. 132: corrupção, expressão que tem significado mais amplo que o crime de corrupção capitulado no art. 317 do Código Penal: no campo do Direito Disciplinar, não importa se o funcionário exige, se solicita, se recebe ou se aceita a vantagem indevida. Se se pune o menos (se o funcionário recebe), deve-se punir o mais (se exige). Ao praticar uma ação, o funcionário pode infringir diversas normas, vários deveres ou violar diferentes proibições. Diz Rigolin:
> "A corrupção, por exemplo, referida singelamente no inc. XI, pode revestir formas infinitas, cujo aspecto multifário é a cada dia ampliado pela criatividade humana, que nesse terreno se demonstra mais fértil do que talvez em qualquer, outro. Parece com efeito inesgotável a imaginação corruptora do homem, muito mais célebre em evolução que aquela voltada a contê-la. Desse fato não pode descuidar a Administração, mas também não o pode com relação à ampla defesa que precisa garantir ao servidor dela acusado, antes de poder demiti-lo do serviço público" (*ob. cit.*, p. 229).
> 25. Por outro lado, embora também tal não tenha sido aventado quer pelo Ministério, quer pela Subchefia para Assuntos Jurídicos, tendo em vista que houve infração ao disposto nos incisos IX e XII do art. 117, o ato demissório pode fundamentar-se, ainda, no inciso XIII, além do XI (e do IV, conforme item 22 deste parecer), ambos do art. 132, *verbis*:
> "Art. 132. A demissão será aplicada nos seguintes casos: [...]
> XI - corrupção; [...]
> XIII - transgressão dos incisos IX e XVI do art. 117" [...].
> 26. Do exposto, podemos concluir:

> a) a demissão de servidor com base no inciso I do art. 132 da Lei nº 8.112/90, só deve embasar o ato presidencial na existência de decisão judicial transitada em julgado;
> b) no caso dos autos, os atos praticados pelos funcionários constituem infração do disposto nos incisos IX e XII do art. 117 e o ato demissório pode fundamentar-se nos incisos IV, XI e XIII do art. 132. (Parecer AGU nº GQ-124/1997. *DOU*, 30 maio 1997)

Deve ficar claro que a penalidade aplicada com base no art. 132, XI, não pode ser entendida como a mesma prevista no art. 132, I, ambos da Lei nº 8.112/90. Para esta, é indispensável o trânsito em julgado da sentença penal condenatória.

No que tange ao crime de corrupção passiva, proíbe o Código Penal ao funcionário:

> Art. 317. Solicitar ou receber, para si ou para outrem, direta ou indiretamente, ainda que fora da função ou antes de assumi-la, mas em razão dela, vantagem indevida, ou aceitar promessa de tal vantagem:
> Pena - reclusão, de 2 (dois) a 12 (doze) anos, e multa. (*Redação dada pela Lei nº 10.763/2003*)
> §1º A pena é aumentada de um terço, se, em conseqüência da vantagem ou promessa, o funcionário retarda ou deixa de praticar qualquer ato de ofício ou o pratica infringindo dever funcional.
> §2º Se o funcionário pratica, deixa de praticar ou retarda ato de ofício, com infração de dever funcional, cedendo a pedido ou influência de outrem:
> Pena - detenção, de três meses a um ano, ou multa.

Essa modalidade específica, quando enquadrada no art. 317 do Código Penal, nos remete para o art. 132, I, da Lei nº 8.112/90, sendo imprescindível o trânsito em julgado da sentença que declare a prática de crime contra a Administração Pública.

3.6.12 Acumulação ilegal de cargos, empregos ou funções públicas

A acumulação ilegal de cargos, empregos ou funções públicas é causa de demissão no serviço público.

Note-se que apenas a acumulação ilegal gera tal efeito expulsivo. Se a acumulação for legal, não se há falar em processo disciplinar ou aplicação de pena, porquanto o servidor estará num exercício regular de direito.

A Constituição da República de 1988 estabelece casos em que se permite a acumulação de cargos de forma regular e permitida:

> Art. 37. [...]
> XVI - é vedada a acumulação remunerada de cargos públicos, exceto, quando houver compatibilidade de horários, observado em qualquer caso o disposto no inciso XI: (*Redação dada pela Emenda Constitucional nº 19/98*)
> a) a de dois cargos de professor; (*Redação dada pela Emenda Constitucional nº 19/98*)
> b) a de um cargo de professor com outro técnico ou científico; (*Redação dada pela Emenda Constitucional nº 19/98*)
> c) a de dois cargos ou empregos privativos de profissionais de saúde, com profissões regulamentadas; (*Redação dada pela Emenda Constitucional nº 34/2001*)

Os cargos públicos podem pertencer à União, estados, Distrito Federal ou municípios. Porém, somente será caso de processo disciplinar regido pela Lei nº 8.112/90 se pelo menos um desses cargos for de origem federal.

A vedação de acumular estende-se a empregos e funções e abrange autarquias, fundações, empresas públicas, sociedades de economia mista, suas subsidiárias, e sociedades controladas, direta ou indiretamente, pelo poder público, seja municipal, estadual, distrital ou federal. Vejamos de novo o texto constitucional:

> Art. 37. [...]
> XVII - a proibição de acumular estende-se a empregos e funções e abrange autarquias, fundações, empresas públicas, sociedades de economia mista, suas subsidiárias, e sociedades controladas, direta ou indiretamente, pelo poder público; (*Redação dada pela Emenda Constitucional nº 19/98*)

O Supremo Tribunal Federal, quando da análise do RE nº 163.204-6/SP, decidiu: "A acumulação de proventos e vencimentos somente é permitida quando se tratar de cargos, funções ou empregos acumuláveis na atividade, na forma prevista na Constituição".

O §3º do art. 118 da Lei nº 8.112/90 (alterado pela Lei nº 9.527/97) entendeu que "se considera acumulação proibida a percepção de vencimento de cargo ou emprego público efetivo com proventos da inatividade, salvo quando os cargos de que decorram essas remunerações forem acumuláveis na atividade".

Qualquer situação fora da previsão constitucional adentra a margem da ilicitude e acarretará possivelmente a demissão do cargo federal ocupado. O processo administrativo disciplinar para a acumulação de cargo é regido pelo procedimento sumário, que permite a opção por um dos cargos até o último dia da defesa (art. 133, §5º, da Lei nº 8.112/90).

A Advocacia-Geral da União, em julgamento de processo disciplinar, analisou um caso muito interessante, segundo o qual:

> 24. Tem-se como ilícita a acumulação de cargos ou empregos em razão da qual o servidor ficaria submetido a dois regimes de quarenta horas semanais, considerados isoladamente, pois não há possibilidade fática de harmonização dos horários, de maneira a permitir condições normais de trabalho e de vida do servidor. (Parecer AGU nº GQ-145/1998. *DOU*, 1º abr. 1998)

Mais uma vez, percebemos que a razoabilidade deve guiar a interpretação do direito, mormente em ramo sensível como o direito administrativo disciplinar.

3.7 Demissão por incidir em conflito de interesses

A Lei nº 12.813/2013 trouxe a previsão de penalidade de demissão para a prática do ilícito de conflito de interesses. Anteriormente à sua promulgação, o conflito admitia apenas, e no máximo, penalidade de suspensão. Veja-se o que dispôs a Lei nº 12.813/2013:

> Art. 12. O agente público que praticar os atos previstos nos arts. 5º e 6º desta Lei incorre em improbidade administrativa, na forma do art. 11 da Lei nº 8.429, de 2 de junho de 1992, quando não caracterizada qualquer das condutas descritas nos arts. 9º e 10 daquela Lei.
> Parágrafo único. Sem prejuízo do disposto no *caput* e da aplicação das demais sanções cabíveis, fica o agente público que se encontrar em situação de conflito de interesses sujeito à aplicação da penalidade disciplinar de demissão, prevista no inciso III do art. 127 e no art. 132 da Lei nº 8.112, de 11 de dezembro de 1990, ou medida equivalente.

Os casos são enumerados no texto da Lei nº 12.813/2013, que adotou uma subdivisão em conflito praticado no exercício do cargo público (art. 5º) e conflito após o exercício do cargo público (art. 6º):

Art. 5º Configura conflito de interesses no exercício de cargo ou emprego no âmbito do Poder Executivo federal:
I - divulgar ou fazer uso de informação privilegiada, em proveito próprio ou de terceiro, obtida em razão das atividades exercidas;
II - exercer atividade que implique a prestação de serviços ou a manutenção de relação de negócio com pessoa física ou jurídica que tenha interesse em decisão do agente público ou de colegiado do qual este participe;
III - exercer, direta ou indiretamente, atividade que em razão da sua natureza seja incompatível com as atribuições do cargo ou emprego, considerando-se como tal, inclusive, a atividade desenvolvida em áreas ou matérias correlatas;
IV - atuar, ainda que informalmente, como procurador, consultor, assessor ou intermediário de interesses privados nos órgãos ou entidades da administração pública direta ou indireta de qualquer dos Poderes da União, dos Estados, do Distrito Federal e dos Municípios;
V - praticar ato em benefício de interesse de pessoa jurídica de que participe o agente público, seu cônjuge, companheiro ou parentes, consanguíneos ou afins, em linha reta ou colateral, até o terceiro grau, e que possa ser por ele beneficiada ou influir em seus atos de gestão;
VI - receber presente de quem tenha interesse em decisão do agente público ou de colegiado do qual este participe fora dos limites e condições estabelecidos em regulamento; e (Regulamento)
VII - prestar serviços, ainda que eventuais, a empresa cuja atividade seja controlada, fiscalizada ou regulada pelo ente ao qual o agente público está vinculado.
Parágrafo único. As situações que configuram conflito de interesses estabelecidas neste artigo aplicam-se aos ocupantes dos cargos ou empregos mencionados no art. 2º ainda que em gozo de licença ou em período de afastamento.
[...]
Art. 6º Configura conflito de interesses após o exercício de cargo ou emprego no âmbito do Poder Executivo federal:
I - a qualquer tempo, divulgar ou fazer uso de informação privilegiada obtida em razão das atividades exercidas; e
II - no período de 6 (seis) meses, contado da data da dispensa, exoneração, destituição, demissão ou aposentadoria, salvo quando expressamente autorizado, conforme o caso, pela Comissão de Ética Pública ou pela Controladoria-Geral da União:
a) prestar, direta ou indiretamente, qualquer tipo de serviço a pessoa física ou jurídica com quem tenha estabelecido relacionamento relevante em razão do exercício do cargo ou emprego;

> b) aceitar cargo de administrador ou conselheiro ou estabelecer vínculo profissional com pessoa física ou jurídica que desempenhe atividade relacionada à área de competência do cargo ou emprego ocupado;
> c) celebrar com órgãos ou entidades do Poder Executivo federal contratos de serviço, consultoria, assessoramento ou atividades similares, vinculados, ainda que indiretamente, ao órgão ou entidade em que tenha ocupado o cargo ou emprego; ou
> d) intervir, direta ou indiretamente, em favor de interesse privado perante órgão ou entidade em que haja ocupado cargo ou emprego ou com o qual tenha estabelecido relacionamento relevante em razão do exercício do cargo ou emprego.
> Art. 7º (VETADO).

De modo que a vedação de divulgação e utilização de informação privilegiada é um dos nortes da lei, e essa vedação se aplica mesmo quando não mais o agente ocupa o cargo.

De regra, o servidor não pode exercer uma atividade incompatível com o cargo ou função pública que ocupa; analisando-se o caso concreto, seu ato configura um conflito com os interesses da Administração. Essa atividade pode até ser exercida fora do horário da repartição, mas é a incompatibilidade dela com a função pública que a torna ilícita e suscetível, podendo ser apenada com demissão caso comprovada a exposição concreta da Administração ao conflito de interesses privados com os interesses públicos.

Exemplificando: se o servidor é chefe do departamento de cálculos judiciais ou de pagamento de precatórios de determinado tribunal regional federal e passa a prestar serviços de cálculo a escritórios de advocacia que militem contra a União. O serviço pode ser prestado à noite ou nos sábados e domingos; o servidor pode ter a formação contábil e a permissão do órgão de classe, porém será ilícita sua conduta, pois a conduta de fato colocou em choque o interesse público com o interesse privado. Sendo responsável pela função pública de fiscalizar os cálculos judiciais, não pode prestar serviços dessa natureza a particulares em processos que um dia virão a ser liquidados naquela mesma repartição.

É claro que a incorrência em conflito, por acarretar penalidade máxima, necessita ter comprovação do efetivo cometimento do ilícito, demonstrando-se, no caso concreto, a exposição ao conflito.

CAPÍTULO 4

RESPONSABILIDADES

4.1 Generalidades

A responsabilidade, em geral, nasce de um ilícito que poderá ser um ilícito civil, um ilícito administrativo ou um ilícito penal – daí ter-se a responsabilidade civil, a responsabilidade administrativa ou a responsabilidade criminal.

A responsabilidade objetivamente comprovada remete seu autor a uma *sanção*, a qual pode ter natureza cível (obrigação de fazer, obrigação de pagar, obrigação de dar alguma coisa), de natureza criminal (pena privativa de liberdade, pena restritiva de direito etc.) ou uma sanção de natureza administrativa.

Escrevendo a distinção entre o ilícito civil e o ilícito penal, ensina Aníbal Bruno que:

> [...] não há diferença em substância entre o ilícito penal e ilícito civil. O que os distingue é antes questão de grau que de essência. Todo ilícito é uma contradição à lei, uma rebelião contra a norma, expressa na ofensa ou ameaça a um bem ou interesse por esta tutelado.[38]

As responsabilidades do servidor por determinado ilícito cometido são tripartites: o servidor, por um mesmo ato ou omissão, pode responder civil, penal e administrativamente.

Essas responsabilidades são independentes umas das outras e podem ser exercitadas pelo sujeito ativo concomitantemente. A única

[38] BRUNO. *Direito penal*: parte geral, v. 1, p. 180-181.

exceção se dá quando, no foro criminal, o juiz declara a inexistência do fato ou nega a autoria do servidor. Nesse caso, a coisa julgada no crime faz desaparecer a responsabilidade administrativa.

O Supremo Tribunal Federal consignou que:

> [...] ilícito administrativo que constitui, também, ilícito penal: o ato de demissão ou de cassação de aposentadoria, após o procedimento administrativo regular, não depende da conclusão da ação penal, tendo em vista a autonomia das instâncias. (RMS nº 24.791/DF, 2ª Turma. Rel. Min. Carlos Velloso. *DJ*, 11 jun. 2004)

Daí a independência das instâncias, as três com sua principiologia específica, refletindo na esfera disciplinar a negativa da autoria ou da materialidade do ilícito em tese imputado ao infrator.

A seguir, passamos ao estudo das responsabilidades decorrentes da ação ou omissão do servidor público civil, ressaltando sempre que nosso estudo se atém à matéria do direito disciplinar, cujo ápice é a responsabilidade administrativa de ilícitos praticados por servidores na atividade.

4.2 Responsabilidade administrativa

A responsabilidade administrativa é a consequência da conduta ativa ou omissiva do servidor público, antijurídica e culpável:

a) antijurídica porque somente é punível a conduta do servidor que execute um ato ilícito ou cuja omissão viole um dever legal ou regulamentar de agir;
b) culpável porque inexiste no direito administrativo disciplinar a figura da responsabilidade objetiva ou responsabilidade sem culpa do servidor.

A responsabilidade é noção basilar do sistema jurídico, que, sem ela, ficaria sem proteção. No mundo republicano, é necessário deixar claro que todos devem responder por seus atos. Não fugindo desse tom, estabeleceu a Lei nº 8.112/90 que "o servidor responde civil, penal e administrativamente pelo exercício irregular de suas atribuições" (art. 121).

Ao tratar das responsabilidades, o *Estatuto* expressou textualmente a prevalência da teoria da responsabilidade subjetiva, amplamente dominante no direito pátrio, consignando que a responsabilidade decorre de ato omissivo ou comissivo, doloso ou culposo, que resulte em transgressão a uma norma de conduta administrativa.

As responsabilidades civil e administrativa, como também a criminal, são regidas pela teoria da responsabilidade subjetiva. O servidor somente pode ser apenado se agiu no mínimo com culpabilidade. Sua conduta tem que ser dolosa ou, pelo menos, culposa.

Nesse sentido, Cristiana Fortini entende que:

> [...] um outro princípio extremamente importante, e que se traz do processo penal para o processo administrativo, é o princípio da culpabilidade. O que significa dizer isto? Significa que o servidor público só poderá ser punido pela prática de um ilícito administrativo se restar configurada a presença de dolo ou de culpa, [...] tal qual acontece na órbita da responsabilidade penal e civil.[39]

Age com dolo o servidor quando sua ação ou omissão é fruto direto da vontade de assim se portar, perfazendo uma irregularidade ou deixando de agir quando deveria agir, realizando um ilícito administrativo.

Age culposamente o servidor quando sua ação ou omissão vêm acompanhadas da imprudência, da imperícia ou da negligência.

Imprudente é característica da ação impetuosa, irresponsável, desproporcional. Configura imprudência o excesso de velocidade na condução de automóvel, bem como o falar excessivamente sobre assuntos da repartição e em tom alto a ponto de poder ser ouvido por transeuntes (desde que essas ações não sejam dolosas).

A imperícia se configura quando o agente não detém o conhecimento técnico específico exigido para aquela atuação e, ainda assim, pratica a ação. Exemplos: o delegado da polícia federal que resolve ele próprio fazer uma perícia grafotécnica e erra na feitura da peça pericial, apontando conclusões danosas à instrução processual e ao acusado em questão.

Um contabilista que emite um parecer de cunho jurídico. Se errar em suas conclusões, fugindo de sua área meramente contábil, esse erro é uma irregularidade administrativa, respondendo culposamente o agente.

---

[39] FORTINI. Processo administrativo disciplinar & sindicância. *Boletim de Direito Administrativo*, p. 1.149.

Se um servidor especialista em segurança despacha um processo administrativo concessório de benefício a particular e comete erro, responde culposamente, se a infração não constituir infração mais grave.

A negligência se confunde com o descaso ou o desleixo, os quais podem vir a constituir-se num ilícito administrativo. De praxe, nas irregularidades por omissão é que mais comumente se encontra a culpa administrativa por negligência.

O servidor que tinha a obrigação legal de revistar e controlar a entrada de terceiros na repartição adormece e, durante seu *descanso* culposo, entra alguém e subtrai bens ou processo público. Se não for cúmplice do autor do delito, responde administrativamente por culpa na modalidade da negligência. Sua culpa, nesse caso, também o responsabilizará civilmente perante o erário.

Em todos os casos, verificam-se quatro elementos que devem estar presentes para a responsabilização administrativa:

a) materialidade do ilícito administrativo perpetrado;
b) constatação da autoria;
c) nexo causal entre a materialidade e a autoria do ilícito; e
d) prova da culpabilidade do infrator.

Todos esses requisitos se verificam através da prova.

A materialidade de uma infração administrativa pode estar na minuta de um contrato ou edital para contratação pela Administração Pública.

A autoria também se poderá provar por documentos assinados pelo causador da irregularidade ou através de prova testemunhal indicativa de que fora aquele servidor que originou o problema.

O nexo causal é a constatação de que a ação ou omissão do servidor foi causadora da irregularidade materialmente provada. Sem a demonstração do nexo causal, é temerária a acusação ao servidor envolvido, porquanto há de resplandecer claro o grau de sua responsabilidade e de sua participação no evento ilícito.

A culpabilidade, embora seja elemento subjetivo, deve sempre ser objetivada através da prova, seja por documentos, depoimentos, perícias, diligências, escutas telefônicas devidamente autorizadas para fins de investigação criminal e cujo empréstimo tenha sido permitido pelo juízo criminal para utilização no bojo do processo administrativo disciplinar.

4.3 Responsabilidade civil

O ilícito administrativo pode ser, a um tempo, um ilícito administrativo, um ilícito civil e um ilícito criminal – daí a tríplice responsabilização a que se sujeita o infrator.

Consta do texto da lei, como forma de normatizar o que a doutrina já previa como possibilidade prática, o que acabamos de dizer, que "as sanções civis, penais e administrativas poderão cumular-se, sendo independentes entre si" (art. 125). Fazendo referência ao art. 125 do *Estatuto*, o Supremo Tribunal Federal decidiu:

> A ausência de decisão judicial com trânsito em julgado não torna nulo o ato demissório aplicado com base em processo administrativo em que foi assegurada ampla defesa, pois a aplicação da pena disciplinar ou administrativa independe da conclusão dos processos civil e penal, eventualmente instaurados em razão dos mesmos fatos. Interpretação dos artigos 125 da Lei nº 8.112/90 e 20 da Lei nº 8.429/92 em face do artigo 41, §1º, da Constituição. Precedentes. 3. Mandado de segurança conhecido, mas indeferido, ressalvando-se ao impetrante as vias ordinárias. (MS nº 22.534/PR, Pleno. Rel. Min. Maurício Corrêa. *DJ*, 10 set. 1999)

A responsabilidade civil decorre de conduta culposa ou dolosa do servidor que, assim agindo ou deixando de agir quando tinha o dever para tal, causar prejuízo ao erário.

O servidor falta um dia de trabalho injustificadamente. Não faz qualquer comunicação à chefia imediata. No outro dia, o responsável indaga o motivo da ausência. Não é apresentada nenhuma justificativa plausível. Viola, assim, o dever de assiduidade contido no art. 116 do *Estatuto*. Configurou-se a irregularidade.

Verifica-se, posteriormente, que, naquele dia, vencia a fatura de pagamento de energia elétrica do prédio onde funciona a repartição. Essa tarefa a ele cabia executar. Feito o pagamento com multa, responde civilmente o servidor que tinha obrigação de proceder ao pagamento no vencimento.

O motorista de um ministério dirige o veículo da União de forma imprudente, não sinalizando ao fazer as convergências laterais, falando ao celular indistintamente e trafegando em velocidade acima da permitida na via de rolamento. Um belo dia, abalroa outro veículo, causando danos à viatura pública que conduzia. Além da responsabilidade administrativa, será responsabilizado civilmente pelo dano causado ao bem público que estava sob sua custódia.

Caso o terceiro ajuíze ação de danos contra a União e esta seja condenada a indenizar o particular pelo sinistro provocado por seu agente, a Advocacia-Geral da União deverá, no prazo de lei, ajuizar a ação de regresso, respondendo mais uma vez o servidor por ilícito civil e em razão de culpa civil.

O ilícito ora descrito pode configurar ilícito criminal, e também pelo crime responderá o servidor imprudente.

Falaremos dos casos mais ululantes da atualidade: o sumiço, furto ou quebra de aparelhos de informática ou telefonia portáteis.

Se determinado servidor que detém um aparelho dessa natureza para execução do serviço público que lhe caiba, por negligência, o deixa em local do qual pode facilmente ser subtraído, e isto venha realmente a ocorrer, responde civilmente pelo desaparecimento do valioso bem que estava sob sua responsabilidade.

Se, entretanto, o computador portátil estiver numa sala restrita e for furtado quando o servidor se dirigir ao gabinete ao lado despachar com seu chefe. Não há lugar para se atribuir responsabilidade civil ao servidor. Pode haver culpa civil do serviço de vigilância contratado pelo órgão, mas culpa administrativa do servidor não existe se não se portou com culpa.

O agente que, violando o dever de sigilo, divulga informação que interfere diretamente na economia, causando graves prejuízos, por exemplo, ao Banco Central, responderá civilmente pelo referido dano. Além disso, responderá administrativa e criminalmente pelo seu comportamento antijurídico e culpável.

O técnico agrícola que deveria tomar as medidas necessárias para a conservação de grãos armazenados em prédio do governo federal e deixa de fazê-lo. Apodrece toda a produção armazenada no celeiro em razão da omissão do servidor responsável. Além de responder administrativamente, responderá civilmente pelo dano.

Para iniciar um empreendimento em área de proteção ambiental, o particular peticiona para que o órgão competente vistorie a área e proceda às exigências legais prévias para a autorização da obra.

O servidor encarregado libera o empreendimento sem apontar as medidas protetivas que se faziam necessárias para o caso. Sobrevém o dano ambiental. O servidor responde civilmente, devendo indenizar, sem prejuízo das sanções administrativas e penais cabíveis.

Determinado técnico em mecânica do Ministério da Defesa em exercício na Força Aérea Brasileira deixa de proceder à manutenção do avião por esquecimento, embora a dita revisão estivesse prevista no manual da aeronave. Ao pousar, o avião não abre o trem de pouso e se danifica com perda total. Por sorte, o piloto não vem a falecer, salvando-se ileso do pouso de emergência. Se comprovado que o pouso nessas condições se deu pela negligência do técnico, que não lubrificou a engrenagem, responde o servidor pela falta administrativa e civilmente pelos prejuízos causados com a perda do avião. Se a conduta for dolosa, as consequências são muito mais graves para o infrator.

Inclusive, atualmente, com a possibilidade de propositura de TAC, principalmente para as infrações de menor potencial ofensivo, em geral, ilícitos cuja penalidade seja inferior à suspensão de 30 dias, há muita margem para o servidor pactuar como adimplirá sua responsabilidade civil.

4.4 Responsabilidade criminal

A regra é a independência entre as instâncias administrativa, civil e criminal. A única exceção é quando o juízo criminal absolve o acusado declarando a inexistência do fato ou que negue a autoria do servidor.

Daí vir decidindo o STF que:

> A ausência de decisão judicial com trânsito em julgado não torna nulo o ato demissório aplicado com base em processo administrativo em que foi assegurada ampla defesa, pois a aplicação da pena disciplinar ou administrativa independe da conclusão dos processos civil e penal, eventualmente instaurados em razão dos mesmos fatos. Interpretação dos artigos 125 da Lei nº 8.112/90 e 20 da Lei nº 8.429/92 em face do artigo 41, §1º, da Constituição. (MS nº 22.362/PR, Pleno. Rel. Min. Maurício Corrêa. *DJ*, 18 jun. 1999).

Diz o art. 126 da Lei nº 8.112/90 que "a responsabilidade administrativa do servidor será afastada no caso de absolvição criminal que negue a existência do fato ou sua autoria".[40] Também no Código Civil brasileiro consta norma de igual conteúdo:

---

[40] A respeito do tema, ver decisão do STJ: "A independência entre as instâncias penal, civil e administrativa, consagrada na doutrina e na jurisprudência, permite à Administração impor punição disciplinar ao servidor faltoso à revelia de anterior julgamento no âmbito

> Art. 935. A responsabilidade civil é independente da criminal, não se podendo questionar mais sobre a existência do fato, ou sobre quem seja o seu autor, quando estas questões se acharem decididas no juízo criminal.

Ao contrário, se o servidor for absolvido por insuficiência de provas, não há repercussão na esfera disciplinar:

> Administrativo e processual civil. Demissão de servidor público. Absolvição criminal. Ausência de provas. Efeitos sobre a esfera administrativa. Execução. Correção monetária. Juros de mora.
> - Pacífico o entendimento de que somente a absolvição criminal fundamentada na negativa da autoria ou da existência de crime faz, automaticamente, coisa julgada nas esferas cível e administrativa. (TRF2. AP. Cível nº 158972, 2ª Turma. Rel. Des. Federal Sérgio Feltrin Corrêa. *DJ*, 17 jan. 2002)

A propósito, temos a Súmula nº 18 do Supremo Tribunal Federal: "Pela falta residual, não compreendida na absolvição pelo juízo criminal, é admissível a punição administrativa do servidor público".

Logo, o ato irregular do servidor público pode ser mero ilícito administrativo e unicamente ilícito administrativo. Exemplo: o servidor resolve não cumprir uma ordem escrita que não era manifestamente ilegal por pura insubordinação. Dessa infração, não decorrem maiores efeitos que uma possível penalidade de advertência, não sobrevindo danos a serem ressarcidos nem ilícito criminal.

A irregularidade administrativa pode ser um ilícito administrativo e um ilícito civil. O servidor que detém um *notebook* não o guarda com os cuidados comuns ao homem médio, e este vem a ser furtado. Responde administrativamente e poderá ser apenado com uma advertência por falta de zelo. Deve ainda pagar o valor correspondente ao bem dissipado, indenizando o erário pelo prejuízo advindo de seu comportamento culpável.

O ilícito administrativo pode ser ilícito administrativo e ilícito criminal tão somente. Assim é o caso do abandono de cargo. O servidor

---

criminal, mesmo que a conduta imputada configure crime em tese. Somente em face da negativa de autoria ou inexistência do fato, a sentença criminal produzirá efeitos na seara administrativa, sendo certo que a eventual extinção da punibilidade na esfera criminal – *in casu* pela suspensão condicional do processo – não obsta a aplicação da punição na esfera administrativa. Precedentes" (RMS nº 18.188/GO, 5ª Turma. Rel. Min. Gilson Dipp. *DJ*, 29 maio 2006).

que intencionalmente abandona o cargo será punido com demissão e poderá ser condenado penalmente por abandono de função pública. Desse abandono, nenhum prejuízo sobreveio ao erário, não havendo falar-se em responsabilidade civil.

O fato ou ato de servidor pode ser, enfim, ilícito administrativo, ilícito civil e ilícito penal. Suponhamos que determinado servidor policial federal, em serviço, atira contra um colega de repartição por motivo fútil e de forma inescusável. Não é o caso de legítima defesa. A vítima é baleada, mas não morre, restando apenas ferimentos leves, dos quais em 15 dias está totalmente recuperado.

Perpetra o agente policial ilícito criminal: tentativa de homicídio qualificado, respondendo criminalmente por esse delito. Administrativamente, perderá o cargo por ofensa física na repartição. A legislação é clara. Uma ofensa desse quilate merece demissão. Civilmente, o servidor responderá por danos materiais e morais causados com o disparo contra o colega.

Para todas as modalidades de ilicitudes, é imprescindível a verificação da culpabilidade, haja vista a adoção no ordenamento jurídico brasileiro da teoria da responsabilidade subjetiva. Citando a professora Cristiana Fortini:

> [...] se por acaso houve a prática da infração administrativa, mas a prática não se deu pautada por dolo e nem por culpa, este servidor não será punível. Nós estamos transportando para cá a ideia de culpabilidade que não é só do processo penal, mas é também da responsabilidade civil prevista lá na Constituição.[41]

De maneira que sempre é necessário investigar o elemento subjetivo para fins de responsabilização do servidor.

4.5 Mecanismos para o ressarcimento do dano ao erário

Analisadas as situações de responsabilidade criminal, administrativa e civil, achamos interessante tecer rápidos comentários acerca do mecanismo de satisfação dos danos causados ao erário.

---

[41] FORTINI. Processo administrativo disciplinar & sindicância. *Boletim de Direito Administrativo*, p. 1.149.

Importa consignar que a Administração não tem poder de autoexecutoriedade da sanção civil. A União pode até efetuar uma cobrança administrativa, porém esta tem o caráter amigável, e não impositivo.

Falece competência à Administração federal adentrar ao patrimônio do servidor, substituindo-se ao Poder Judiciário, procedendo à constrição de bens, ainda que detentora de direito subjetivo, em face de ter sofrido um prejuízo. Nesse sentido é o julgado do Supremo Tribunal Federal, cuja ementa merece transcrição:

> Mandado de Segurança. Desaparecimento de talonários de tíquetes-alimentação. Condenação do impetrante, em processo administrativo disciplinar, de ressarcimento ao erário do valor do prejuízo apurado. Decisão da Mesa Diretora da Câmara dos Deputados de descontos mensais, em folha de pagamento, sem a autorização do servidor. Responsabilidade civil de servidor. Hipótese em que não se aplica a autoexecutoriedade do procedimento administrativo. A Administração acha-se restrita às sanções de natureza administrativa, não podendo alcançar, compulsoriamente, as consequências civis e penais. À falta de prévia aquiescência do servidor, cabe à Administração propor ação de indenização para a confirmação, ou não, do ressarcimento apurado na esfera administrativa. (MS nº 24.182/DF, Pleno. Rel. Min. Maurício Corrêa. *DJ*, 03 set. 2004)

A prisão, acompanhada do troféu representado e sacramentado com a colocação de algemas, já satisfaz o ego da população e, com muita sapiência, o Supremo Tribunal Federal vem limitando o uso abusivo do instrumento físico de contenção.

Quando era feito esse ritual de pirotecnia e, alguns dias depois, o caso desaparecia da mídia, muitas vezes o ressarcimento aos cofres públicos dos valores desviados ou dos prejuízos causados ilicitamente pelo agente público entrava para o esquecimento.

Prosseguindo, pode-se dizer, com tranquilidade, que os mecanismos de cobrança estão descritos claramente na legislação pátria.

Para tanto, a República Federativa do Brasil possui três órgãos muito bem aparelhados, que são:

a) Advocacia-Geral da União;
b) Procuradoria-Geral Federal; e
c) Ministério Público.

Diz a Carta Magna:

> Art. 129. São funções institucionais do Ministério Público: [...]
> III - promover o inquérito civil e a ação civil pública, para a proteção do patrimônio público e social, do meio ambiente e de outros interesses difusos e coletivos.

Configurado o ilícito civil, deve a Administração apurar o fato através de processo administrativo em que se conceda o direito à ampla defesa ao devedor.

Pode a apuração se realizar através de tomadas de conta especial. Não importa o nome que se denomine o procedimento, importante é que seja franqueada a ampla defesa ao devedor, por ditame constitucional (art. 5º, inciso LV, da Constituição da República de 1988).

Liquidado o *quantum* pelo perito contábil ou pela equipe técnica competente, segue-se a decisão administrativa definitiva que aponta a responsabilidade civil do devedor. Dessa decisão, cabe pedido de reconsideração e, em caso de denegação deste, recurso hierárquico.

Terminados os prazos de recurso administrativo, o devedor é chamado para que proceda, se assim o entender ou quiser, ao recolhimento dos valores devidos.

Não adimplida espontaneamente a obrigação civil, o órgão deverá enviar os autos do processo para a Advocacia-Geral da União[42] ou para a Procuradoria-Geral Federal (nos casos das autarquias e fundações) para providências judiciais.

---

[42] Diz a Constituição Federal: "Art. 131. A Advocacia-Geral da União é a instituição que, diretamente ou através de órgão vinculado, representa a União, judicial e extrajudicialmente, cabendo-lhe, nos termos da lei complementar que dispuser sobre sua organização e funcionamento, as atividades de consultoria e assessoramento jurídico do Poder Executivo".

CAPÍTULO 5

ILÍCITO ADMINISTRATIVO DE IMPROBIDADE

5.1 Generalidades

Pela especificidade da matéria, resolvemos tratar a improbidade administrativa separada dos demais ilícitos administrativos.

A aplicação da legislação que reprime a improbidade, de maneira exagerada e sem a devida cautela de aferição de culpabilidade, tem inclusive provocado uma tendência de entendimento no sentido de que a improbidade somente poderá ser declarada em sede judicial.

A utilização sem proporcionalidade da Lei de Improbidade Administrativa (LIA) levou à revisão da legislação com a edição da Lei nº 14.230/21. Nesta edição, os comentários à improbidade receberão algumas atualizações sobre o tema, ainda que as conclusões não sejam definitivas enquanto não julgado o mérito da ADI nº 7.236 no Supremo Tribunal Federal.

A Lei nº 8.429/92 veio estabelecer critérios para a responsabilização dos agentes públicos que eventualmente pratiquem conduta eivada de improbidade administrativa.

Em relação ao regime disciplinar dos servidores públicos, a Lei de Improbidade Administrativa há que ser tratada como lei especial, posto que a lei geral da disciplina dos servidores federais é a Lei nº 8.112/90.

Nesse sentido, o decisório do STJ:

> A chamada "Lei de Improbidade Administrativa", Lei 8.429/92, não revogou, de forma tácita ou expressa, dispositivos da Lei 8.112/90, que trata do Regime Jurídico dos Servidores Públicos Civis da União, das

> Autarquias e das Fundações Públicas Federais. Aquele diploma legal tão-somente buscou definir os desvios de conduta que configurariam atos de improbidade administrativa, cominando penas que, segundo seu art. 3º, podem ser aplicadas a agentes públicos ou não. Em conseqüência, nada impede que a Administração exerça seu poder disciplinar com fundamento em dispositivos do próprio Regime Jurídico dos servidores, tal como se deu no caso vertente. (MS nº 12.262/DF, 3ª Seção. Rel. Min. Arnaldo Esteves Lima. *DJ*, 06 ago. 2007)

Representa a Lei nº 8.429 a esperada e desejada regulamentação do espaço em branco que havia para os casos de maior gravidade na vida administrativa brasileira.

A Constituição da República de 1988 já indicava o caminho de sua repressão quando, no *caput* do art. 37, elevou à categoria de princípio expresso a moralidade administrativa e, em seu §4º, estabeleceu que "os atos de improbidade administrativa importarão a suspensão dos direitos políticos, a perda da função pública, a indisponibilidade dos bens e o ressarcimento ao erário, na forma e gradação previstas em lei, sem prejuízo da ação penal cabível".

Outrora, tinha o nosso ordenamento jurídico, de um lado, as sanções previstas para as infrações administrativas comuns (demissão, suspensão, advertência) e doutro, as sanções criminais para as infrações administrativas que também configurassem *crimes contra a Administração*.

As sanções criminais previam a privação da liberdade. Eram, sem qualquer dúvida, as mais fortes, mais ríspidas, acerbas, porém merecidas, para aquele que pratica delitos contra o Estado.

O processo penal, entretanto, é sabidamente de lenta condução, ensejando ao acusado várias vias recursais, inclusive as do recurso especial junto ao Superior Tribunal de Justiça e do recurso extraordinário para o Supremo Tribunal Federal.

As duas sanções, a penal e a administrativo-disciplinar, sozinhas, não satisfaziam a ânsia da sociedade brasileira por coibir as constantes malversações de verbas públicas.

A primeira, isto é, a sanção penal, quase sempre de difícil e lenta aplicação, necessita do trânsito em julgado da sentença penal condenatória; e a segunda (ainda que acarrete a demissão do envolvido) não punia devidamente o servidor que desfalcava os cofres públicos, haja vista a impossibilidade de se atingir seu patrimônio, pelos estreitos caminhos da Lei nº 8.112/90.

As leis anteriores, que tentaram reprimir o enriquecimento sem causa em prejuízo do Estado, bem como a ação popular, não surtiram os efeitos necessários. Segundo o professor Carlos Frederico Brito dos Santos:

> [...] por outro lado, dentre as considerações gerais acerca da Lei de Improbidade Administrativa cabe ainda apontar os seus avanços em relação à legislação mais conhecida até então, e que trata da ação popular, regulada pela Lei nº 4.717, de 29/06/1965, indubitavelmente de maior espectro que a Lei nº 2.164/57 ("Lei Pitombo-Godói Ilha") e a Lei nº 3.502/58 ("Lei Bilac Pinto"), antecessoras da Lei nº 8.429/92, pela qual foram expressamente revogadas (art. 25) e que tratavam um tanto timidamente do sequestro e do perdimento de bens por enriquecimento ilícito, por influência ou abuso de cargo ou função pública.[43]

Existem ilícitos administrativos que, além de se configurarem em frontais quebras da legalidade, proporcionavam *enriquecimento* do servidor infrator ou de terceiro e que, com isso, causava prejuízo e lesão ao erário.

A Lei de Improbidade abriu a oportunidade (dentro do nosso ordenamento jurídico) para que corregedorias e os órgãos do Ministério Público, das várias esferas políticas, pudessem lutar pela indenidade do patrimônio público.

Tais órgãos devem velar pela aplicação da Lei nº 8.429/92, envidando todo o seu trabalho no sentido de punir o agente público ímprobo e devolver ao *status quo ante* o patrimônio do Estado.

A ideia central da legislação é reprimir o enriquecimento dos agentes públicos que irregularmente se utilizam do *cargo*, da *função*, do *mandato* ou do *emprego público* para fins de locupletamento do dinheiro público.

Por essa razão, os dispositivos da lei analisada exigem a apresentação de declaração anual de imposto de renda, quer na posse, quer na exoneração, por parte do servidor. Não é o melhor meio de se evitar o desfalque do erário, mas é um forte mecanismo de controle.

---

[43] SANTOS. *Improbidade administrativa*: reflexões sobre a Lei nº 8.429/92: com as alterações mantidas pela Medida Provisória nº 2.225-45, de 04.09.2001, p. 2.

5.2 Conceito de improbidade

O conceito de *improbidade* é estritamente técnico, e não somente gramatical.

Improbidade, ao pé da letra considerada, significa o oposto de *probidade.* Segundo o *Dicionário Aurélio, probidade* vem a ser "qualidade de probo; integridade de caráter; honradez, pundonor".

Ora, a improbidade no direito administrativo não pode ser identificada com o conceito gramatical. Improbidade administrativa seria a ação ou omissão *desonesta, sem caráter, sem honradez* do servidor, porém dirigida ao fim execrando de lesar o erário, lesar o patrimônio do Estado, proporcionando o enriquecimento do próprio servidor ou de terceiros.

Também não podemos identificar a violação do princípio da moralidade com a improbidade administrativa. É certo que toda e qualquer ação ou omissão de improbidade é *imoral,* infringe a *moralidade administrativa.* A recíproca nem sempre é verdadeira.

O novo artigo 1º da LIA, com a redação conferida pela Lei nº 14.230/21, adotou um enunciado conceitual, diferente do artigo revogado, sendo seguido por vários parágrafos para delimitação de responsabilidades:

> Art. 1º O sistema de responsabilização por atos de improbidade administrativa tutelará a probidade na organização do Estado e no exercício de suas funções, como forma de assegurar a integridade do patrimônio público e social, nos termos desta Lei.

Em complementação ao artigo 1º, diversos dispositivos tentam conferir maior objetividade na avaliação do que pode ser configurado como ilícito ímprobo, principalmente no que se refere ao elemento subjetivo, que, no novo texto, necessita do dolo específico.

Por vezes, a violação da moralidade, em níveis de baixa periculosidade ou de efeitos mínimos, não deve ensejar o acionamento direto da Lei nº 8.429/92, porque esta visa à reparação do dano, do locupletamento ilícito, e à preservação dos princípios administrativos, sempre com consectários de índole patrimonial ou ao menos a tentativa de lesão.

Concluindo, a improbidade pode ser considerada a infração à lei ou aos princípios da Administração que geram o enriquecimento do servidor ou de terceiro, ou ainda quando não comprovado tal locupletamento, haja a violação frontal de princípios fundamentais que nos levam a crer que houve ao menos a intenção velada de causar o prejuízo ao erário.

5.3 Hipóteses de enquadramento da conduta ímproba

Juridicamente, a improbidade está conceituada na lei, que vem atender à vontade constitucional de sua repressão, e pode ser classificada em três categorias principais:

a) enriquecimento ilícito do servidor;
b) lesão ao erário; e
c) ofensa aos princípios da Administração.

5.3.1 Enriquecimento ilícito

As condutas mais graves são as que acarretam o enriquecimento ilícito do servidor, que se locupleta de bens que caberiam ao Estado e à comunidade.

No art. 9º, a Lei de Improbidade elencou as condutas mais execrandas que um agente público pode praticar, incluindo ilícitos de tamanha gravidade que implicam, em geral, na própria prática de crime.

Como não podemos curar dos crimes no nível do processo administrativo, reservada que é a matéria à jurisdição, o que resta para apurar é a responsabilidade administrativa e civil, dentro do Processo Administrativo Disciplinar. As condutas (todas constantes do art. 9º), consistentes em ato de improbidade administrativa com enriquecimento ilícito de agente, obtido com utilização do cargo, mandato, função, emprego ou atividade, estão previstas claramente na Lei de Improbidade Administrativa. Lembre-se, entretanto, que a responsabilidade no direito brasileiro, de regra, é de índole subjetiva. É necessário que se comprove o dolo para que se possa imputar ao servidor a prática de improbidade.

No art. 9º, estabelece a Lei nº 8.429/92 que constitui ato de *improbidade administrativa*, importando enriquecimento ilícito, "auferir, mediante a prática de ato doloso, qualquer tipo de vantagem patrimonial indevida em razão do exercício de cargo, mandato, função, emprego ou atividade nas entidades mencionadas no art. 1º desta lei, e notadamente":

> Art. 9º [...]
> I - receber, para si ou para outrem, dinheiro, bem móvel ou imóvel, ou qualquer outra vantagem econômica, direta ou indireta, a título de

comissão, percentagem, gratificação ou presente de quem tenha interesse, direto ou indireto, que possa ser atingido ou amparado por ação ou omissão decorrente das atribuições do agente público;
II - perceber vantagem econômica, direta ou indireta, para facilitar a aquisição, permuta ou locação de bem móvel ou imóvel, ou a contratação de serviços pelas entidades referidas no art. 1º por preço superior ao valor de mercado;
III - perceber vantagem econômica, direta ou indireta, para facilitar a alienação, permuta ou locação de bem público ou o fornecimento de serviço por ente estatal por preço inferior ao valor de mercado;
IV - utilizar, em obra ou serviço particular, qualquer bem móvel, de propriedade ou à disposição de qualquer das entidades mencionadas no art. 1º desta lei, bem como o trabalho de servidores públicos, empregados ou terceiros contratados por essas entidades;
V - receber vantagem econômica de qualquer natureza, direta ou indireta, para tolerar a exploração ou a prática de jogos de azar, de lenocínio, de narcotráfico, de contrabando, de usura ou de qualquer outra atividade ilícita, ou aceitar promessa de tal vantagem;
VI - receber vantagem econômica de qualquer natureza, direta ou indireta, para fazer declaração falsa sobre qualquer dado técnico que envolva obras públicas ou qualquer outro serviço, ou sobre quantidade, peso, medida, qualidade ou característica de mercadorias ou bens fornecidos a qualquer das entidades mencionadas no art. 1º desta lei;
VII - adquirir, para si ou para outrem, no exercício de mandato, de cargo, de emprego ou de função pública, e em razão deles, bens de qualquer natureza, decorrentes dos atos descritos no *caput* deste artigo, cujo valor seja desproporcional à evolução do patrimônio ou à renda do agente público, assegurada a demonstração pelo agente da licitude da origem dessa evolução;
VIII - aceitar emprego, comissão ou exercer atividade de consultoria ou assessoramento para pessoa física ou jurídica que tenha interesse suscetível de ser atingido ou amparado por ação ou omissão decorrente das atribuições do agente público, durante a atividade;
IX - perceber vantagem econômica para intermediar a liberação ou aplicação de verba pública de qualquer natureza;
X - receber vantagem econômica de qualquer natureza, direta ou indiretamente, para omitir ato de ofício, providência ou declaração a que esteja obrigado;
XI - incorporar, por qualquer forma, ao seu patrimônio bens, rendas, verbas ou valores integrantes do acervo patrimonial das entidades mencionadas no art. 1º desta lei;
XII - usar, em proveito próprio, bens, rendas, verbas ou valores integrantes do acervo patrimonial das entidades mencionadas no art. 1º desta lei.

Sempre há de se perquirir acerca da culpabilidade do servidor, exclusivamente na modalidade dolosa no novo sistema inserido pela Lei nº 14.230/21. Poucos são os casos em que o direito brasileiro estabelece a responsabilidade objetiva. Quando se fala em direito sancionador, é indispensável a verificação do elemento subjetivo do dolo.

Assim é que vêm decidindo os tribunais superiores. Vejamos:

> Improbidade administrativa. Art. 11, I, da LIA. Dolo. A Turma, por maioria, deu provimento ao recurso para afastar a condenação dos recorrentes nas sanções do art. 11, I, da Lei de Improbidade Administrativa (LIA) sob o entendimento de que não ficou evidenciada nos autos a conduta dolosa dos acusados. Segundo iterativa jurisprudência desta Corte, para que seja reconhecida a tipificação da conduta do agente como incurso nas previsões da LIA é necessária a demonstração do elemento subjetivo, consubstanciado pelo dolo para os tipos previstos nos arts. 9º (enriquecimento ilícito) e 11 (violação dos princípios da Administração Pública) e, ao menos, pela culpa nas hipóteses do art. 10º (prejuízo ao erário). No voto divergente, sustentou o Min. Relator Teori Zavascki que o reexame das razões fáticas apresentadas no édito condenatório pelo tribunal *a quo* esbarraria no óbice da Súmula n. 7 desta Corte, da mesma forma, a revisão da pena fixada com observância dos princípios da proporcionalidade e da razoabilidade. (STJ. REsp nº 1.192.056/DF, 1ª Turma. Rel. Min. Teori Albino Zavascki. Rel. p/ acórdão Min. Benedito Gonçalves. *DJe*, 26 set. 2012)

Desde a edição anterior, alertávamos para a importância do elemento doloso, da aferição da má-fé, para condenação em improbidade administrativa, como consta do julgado acima. A nova legislação aderiu ao que já vinha sendo debatido e fixado na jurisprudência.

5.3.2 Lesão ao erário

Nos casos do art. 10 da LIA, o servidor não enriqueceu seu patrimônio com a conduta ilegal, porém, com seu proceder, beneficiou a terceiros. Não auferiu proveito para si, mas o proporcionou a particulares.

É muito importante a repressão expressa a esse tipo de *improbidade*, haja vista que, muitas vezes, não se conseguirá provar que o servidor amealhou bens para si; entretanto, se terceiro foi beneficiado, incorrerá de igual sorte nas sanções da Lei nº 8.429/92.

É claro que a sanção para a *lesão* é menor que a sanção para o *enriquecimento*, mas o que se deve lembrar é que não se pode deixar de aplicar ao infrator a *sanção* cabível. Eis as condutas que são definidas pela lei como causadoras de lesão ao erário:

No art. 10, a Lei de Improbidade Administrativa fixa que:

> Art. 10. Constitui ato de improbidade administrativa que causa lesão ao erário qualquer ação ou omissão dolosa, que enseje, efetiva e comprovadamente, perda patrimonial, desvio, apropriação, malbaratamento ou dilapidação dos bens ou haveres das entidades referidas no art. 1º desta lei, e notadamente:
> I - facilitar ou concorrer por qualquer forma para a indevida incorporação ao patrimônio particular, de pessoa física ou jurídica, de bens, rendas, verbas ou valores integrantes do acervo patrimonial das entidades mencionadas no art. 1º desta lei;
> II - permitir ou concorrer para que pessoa física ou jurídica privada utilize bens, rendas, verbas ou valores integrantes do acervo patrimonial das entidades mencionadas no art. 1º desta lei, sem a observância das formalidades legais ou regulamentares aplicáveis à espécie;
> III - doar à pessoa física ou jurídica bem como ao ente despersonalizado, ainda que de fins educativos ou assistências, bens, rendas, verbas ou valores do patrimônio de qualquer das entidades mencionadas no art. 1º desta lei, sem observância das formalidades legais e regulamentares aplicáveis à espécie;
> IV - permitir ou facilitar a alienação, permuta ou locação de bem integrante do patrimônio de qualquer das entidades referidas no art. 1º desta lei, ou ainda a prestação de serviço por parte delas, por preço inferior ao de mercado;
> V - permitir ou facilitar a aquisição, permuta ou locação de bem ou serviço por preço superior ao de mercado;
> VI - realizar operação financeira sem observância das normas legais e regulamentares ou aceitar garantia insuficiente ou inidônea;
> VII - conceder benefício administrativo ou fiscal sem a observância das formalidades legais ou regulamentares aplicáveis à espécie;
> VIII - frustrar a licitude de processo licitatório ou de processo seletivo para celebração de parcerias com entidades sem fins lucrativos, ou dispensá-los indevidamente, acarretando perda patrimonial efetiva;
> IX- ordenar ou permitir a realização de despesas não autorizadas em lei ou regulamento;
> X - agir ilicitamente na arrecadação de tributo ou renda, bem como no que diz respeito à conservação do patrimônio público;
> XI - liberar verba pública sem a estrita observância das normas pertinentes ou influir de qualquer forma para a sua aplicação irregular;
> XII - permitir, facilitar ou concorrer para que terceiro se enriqueça ilicitamente;

XIII - permitir que se utilize, em obra ou serviço particular, veículos, máquinas, equipamentos ou material de qualquer natureza, de propriedade ou à disposição de qualquer das entidades mencionadas no art. 1º desta lei, bem como o trabalho de servidor público, empregados ou terceiros contratados por essas entidades.
XIV - celebrar contrato ou outro instrumento que tenha por objeto a prestação de serviços públicos por meio da gestão associada sem observar as formalidades previstas na lei;
XV - celebrar contrato de rateio de consórcio público sem suficiente e prévia dotação orçamentária, ou sem observar as formalidades previstas na lei.
XVI - facilitar ou concorrer, por qualquer forma, para a incorporação, ao patrimônio particular de pessoa física ou jurídica, de bens, rendas, verbas ou valores públicos transferidos pela administração pública a entidades privadas mediante celebração de parcerias, sem a observância das formalidades legais ou regulamentares aplicáveis à espécie;
XVII - permitir ou concorrer para que pessoa física ou jurídica privada utilize bens, rendas, verbas ou valores públicos transferidos pela administração pública a entidade privada mediante celebração de parcerias, sem a observância das formalidades legais ou regulamentares aplicáveis à espécie;
XVIII - celebrar parcerias da administração pública com entidades privadas sem a observância das formalidades legais ou regulamentares aplicáveis à espécie;
XIX - agir para a configuração de ilícito na celebração, na fiscalização e na análise das prestações de contas de parcerias firmadas pela administração pública com entidades privadas;
XX - liberar recursos de parcerias firmadas pela administração pública com entidades privadas sem a estrita observância das normas pertinentes ou influir de qualquer forma para a sua aplicação irregular. (Incluído pela Lei nº 13.019, de 2014, com a redação dada pela Lei nº 13.204, de 2015)
XXI - (revogado); (Redação dada pela Lei nº 14.230, de 2021)
XXII - conceder, aplicar ou manter benefício financeiro ou tributário contrário ao que dispõem o *caput* e o § 1º do art. 8º-A da Lei Complementar nº 116, de 31 de julho de 2003.
§ 1º Nos casos em que a inobservância de formalidades legais ou regulamentares não implicar perda patrimonial efetiva, não ocorrerá imposição de ressarcimento, vedado o enriquecimento sem causa das entidades referidas no art. 1º desta Lei.
§ 2º A mera perda patrimonial decorrente da atividade econômica não acarretará improbidade administrativa, salvo se comprovado ato doloso praticado com essa finalidade

Anote-se que muitos juristas, antes da promulgação da Lei nº 14.230/21, não admitiam a configuração da *improbidade* na modalidade *culposa*. Há bastante razoabilidade nesse posicionamento. As infrações são de natureza sobremaneira grave, em que, por vezes, a aplicação das sanções da Lei nº 8.429/92 pode configurar verdadeiro abuso e cruel injustiça. Ademais da leitura dos ilícitos previstos no art. 10 supracitado, temos que as condutas são não só graves, com a intencionalidade claramente deliberada de causar a lesão, o que as aproxima da ação dolosa. Vejamos os tipos punitivos: *facilitar, permitir, realizar operação, conceder benefício, frustrar licitação, ordenar realização de despesa, liberar verba pública, doar bens públicos*. O conteúdo desses ilícitos é altamente indicativo da presença de dolo, talvez até como um elemento do tipo delitivo, dada a proximidade da culpabilidade com o próprio tipo do ilícito administrativo aqui previsto.

A nova LIA expressamente aderiu a esse pensamento de maneira que apenas se configura a improbidade administrativa com ação ou omissão dolosa, e não mais por infração culposa.

5.3.3 Ofensa aos princípios

A última das espécies de condutas consideradas *improbidade* está no art. 11 da citada lei, e nos remete a conceitos gerais de honestidade, imparcialidade, legalidade e lealdade às instituições, sendo tipificadas como improbidade, desta estirpe, as seguintes condutas, desde que sejam condutas dolosas:

> Art. 11. [...]
> I - (revogado);
> II - (revogado);
> III - revelar fato ou circunstância de que tem ciência em razão das atribuições e que deva permanecer em segredo, propiciando beneficiamento por informação privilegiada ou colocando em risco a segurança da sociedade e do Estado;
> IV - negar publicidade aos atos oficiais, exceto em razão de sua imprescindibilidade para a segurança da sociedade e do Estado ou de outras hipóteses instituídas em lei;
> V - frustrar, em ofensa à imparcialidade, o caráter concorrencial de concurso público, de chamamento ou de procedimento licitatório, com vistas à obtenção de benefício próprio, direto ou indireto, ou de terceiros;

VI - deixar de prestar contas quando esteja obrigado a fazê-lo, desde que disponha das condições para isso, com vistas a ocultar irregularidades;
VII - revelar ou permitir que chegue ao conhecimento de terceiro, antes da respectiva divulgação oficial, teor de medida política ou econômica capaz de afetar o preço de mercadoria, bem ou serviço.
VIII - descumprir as normas relativas à celebração, fiscalização e aprovação de contas de parcerias firmadas pela administração pública com entidades privadas.
IX - (revogado);
X - (revogado);
XI - nomear cônjuge, companheiro ou parente em linha reta, colateral ou por afinidade, até o terceiro grau, inclusive, da autoridade nomeante ou de servidor da mesma pessoa jurídica investido em cargo de direção, chefia ou assessoramento, para o exercício de cargo em comissão ou de confiança ou, ainda, de função gratificada na administração pública direta e indireta em qualquer dos Poderes da União, dos Estados, do Distrito Federal e dos Municípios, compreendido o ajuste mediante designações recíprocas;
XII - praticar, no âmbito da administração pública e com recursos do erário, ato de publicidade que contrarie o disposto no § 1º do art. 37 da Constituição Federal, de forma a promover inequívoco enaltecimento do agente público e personalização de atos, de programas, de obras, de serviços ou de campanhas dos órgãos públicos.
§ 1º Nos termos da Convenção das Nações Unidas contra a Corrupção, promulgada pelo Decreto nº 5.687, de 31 de janeiro de 2006, somente haverá improbidade administrativa, na aplicação deste artigo, quando for comprovado na conduta funcional do agente público o fim de obter proveito ou benefício indevido para si ou para outra pessoa ou entidade. (Incluído pela Lei nº 14.230, de 2021)
§ 2º Aplica-se o disposto no § 1º deste artigo a quaisquer atos de improbidade administrativa tipificados nesta Lei e em leis especiais e a quaisquer outros tipos especiais de improbidade administrativa instituídos por lei.
§ 3º O enquadramento de conduta funcional na categoria de que trata este artigo pressupõe a demonstração objetiva da prática de ilegalidade no exercício da função pública, com a indicação das normas constitucionais, legais ou infralegais violadas.
§ 4º Os atos de improbidade de que trata este artigo exigem lesividade relevante ao bem jurídico tutelado para serem passíveis de sancionamento e independem do reconhecimento da produção de danos ao erário e de enriquecimento ilícito dos agentes públicos.

As sanções para essas ilegalidades são obviamente menos gravosas.

Não eram essas violações a *ratio essendi* da Lei de Improbidade. Sua *razão de existir* é expulsar do serviço público o fraudador ou aquele que dolosamente promove ou deixa acontecer a lesão do erário.

Todavia, não se provando ou não se configurando o *enriquecimento* ou a *lesão aos cofres públicos*, a conduta ímproba deve, ainda assim, merecer apenação. É o que se verá na exposição abaixo.

5.4 Interpretação e aplicação das normas da Lei de Improbidade

A compreensão do alcance e do sentido da Lei nº 8.429/92 exige que se perquiram todos os princípios administrativos que regem a matéria e o espírito do legislador incorporado nessa mesma lei.

Nota-se claramente uma gradação visando cumprir o princípio da proporcionalidade vigente no direito disciplinar: primeiramente, os atos e omissões mais graves, nos quais o servidor enriquece ilicitamente; em segundo lugar, estão os casos do art. 10, através do qual o servidor promove a lesão do erário não para si, mas para outrem; em terceiro grau, as violações dos princípios de direito público, casos em que não se *comprova* o enriquecimento ilícito ou a lesão ao erário.

Às vezes, afigura-se que uma mesma ação ou omissão poderia ser *enquadrada* em um e outro, ou em vários dispositivos simultaneamente, o que geraria um conflito aparente de normas. Entretanto, não há conflito de normas. A interpretação lógico-jurídica resolve facilmente o assunto. Senão vejamos.

Os casos do art. 11 são de caráter *altamente* subsidiário, ou seja, a sua configuração somente se dará se a conduta em si mesma não se constituir em fato mais grave. Isso quer dizer que, se um agente público revela a terceiro teor de medida política ou econômica capaz de afetar o preço de mercadoria determinada (art. 11, inciso VII) e, com isso, o agente logrou receber dinheiro de dada empresa interessada nessa informação, o servidor deve ser enquadrado no art. 9º, inciso I, cuja sanção é bem mais rigorosa.

Percebe-se que as condutas que, a princípio, pareciam se submeter a ambos os dispositivos legais pela gravidade do fato (receber propina) passaram a ser reguladas pelo dispositivo legal de maior gravidade, o que se denomina *subsidiariedade*.

Os outros dois princípios que têm aplicação de fundamental importância no enquadramento das infrações disciplinares são o da *especialidade* e o da *consunção*.

Se dada conduta ilícita puder ser em tese enquadrada em dois dispositivos legais, mas estes estiverem numa relação de gênero à espécie, prevalece o dispositivo especial, pelo princípio da especialidade.

Determinado fato, como deixar dolosamente de lançar tributo devido logrando proveito a outrem, sem que o agente tenha auferido vantagens. Mesmo que não se tenha comprovado a percepção de *propina*, há um grave dano ao erário, isto é, a omissão dolosa causou profunda perda patrimonial, haja vista que o contribuinte conseguiu se esquivar da obrigação fiscal.

A princípio, a conduta poderia ser enquadrada como violação ao art. 132, inciso X, da Lei nº 8.112/90 – "lesão aos cofres públicos". No entanto, se daquele fato houver prejuízo ao erário e o agente não agiu de má-fé, apenas com falta de cuidados básicos que qualquer outro agente tomaria, o ilícito deve ser enquadrado como violação ao art. 10, inciso X, da Lei nº 8.429/92, segundo o qual:

> Art. 10. Constitui ato de improbidade administrativa que causa lesão ao erário qualquer ação ou omissão dolosa, que enseje, efetiva e comprovadamente, perda patrimonial, desvio, apropriação, malbaratamento ou dilapidação dos bens ou os haveres das entidades referidas no art. 1º desta Lei, e notadamente: [...]
> X - agir ilicitamente na arrecadação de tributo ou renda, bem como no que diz respeito à conservação do patrimônio público.

É que a norma do art. 132, inciso X, do *Estatuto* é norma geral de direito disciplinar. A norma do art. 10, inciso X, da Lei nº 8.429 é regra especial e, por isso, sua aplicação deve prevalecer, porque coexiste nas duas situações "lesão aos cofres públicos", mas uma delas foi praticada com improbidade administrativa - daí a especialidade na incidência da norma.

O princípio da *consunção* significa que, quando na infração disciplinar principal o servidor praticou uma violação menor, com vistas ao sucesso daquela, o que se deve aplicar é tão somente a penalidade da infração principal.

O ilícito menor é absorvido pelo maior. Observe-se que essa absorção somente deve ser feita quando nitidamente o ilícito menor for um ilícito-meio para a perpetração do ilícito-fim.

O que o sistema não admite é que se perenize a situação de duas normas aparentemente contrapostas. Celso Antônio Bandeira de Mello explica muito bem a questão:

> Para a unidade e coerência do Direito não podem conviver normas (de um mesmo ordenamento jurídico) incompatíveis entre si, sejam elas de diferente ou igual hierarquia. O que o Direito não tolera é a coexistência de disposições que, na intimidade de um mesmo sistema, se antagonizem reciprocamente.[44]

Assim, vemos que o sistema da LIA foi modificado com a exigência de comprovação de elemento subjetivo doloso para fiz de configuração do ilícito.

5.5 Responsabilidade administrativa por improbidade

Por mais que pareça repetitivo, não será demais reiterar: a responsabilidade por ato de improbidade não é responsabilidade objetiva. Ora, se a responsabilidade não é de natureza objetiva, é *responsabilidade subjetiva*. A responsabilidade subjetiva é a que requer a constatação de culpa ou dolo na conduta ilícita para que a mesma possa ser penalizada, e, com as alterações mencionadas na LIA, o elemento subjetivo exigido é o dolo.

Não poderá o servidor responder e ser punido por improbidade por fato que ocorreu em sua repartição decorrente de caso fortuito ou de força maior, nem nos demais casos anteriores à vigência da Lei nº 14.230/21, que indicam responsabilidade por culpa simples.

Se um incêndio queima documentação fiscal a cargo do agente de arrecadação e este não teve como se lembrar do caso e retornar à empresa para refiscalizá-la, sua conduta não pode ser considerada sujeita às sanções da improbidade, muito embora sua omissão tenha causado prejuízo à arrecadação. Nesse caso, a sua omissão não foi sequer culposa.

Age dolosamente o servidor quando atua com deliberação, com desígnio, com má-fé. Sua ação ou omissão não é fruto de esquecimento, ou da pressa, ou da imperícia. Sua conduta é dolosa porque

---

[44] Cf. BANDEIRA DE MELLO. Conflito de normas jurídicas: critérios de solução: efeitos de ato controlado e de ato controlador: sujeição passiva em mandado de segurança de seus autores. *Boletim de Direito Administrativo*, p. 1-9.

há consciência da ilicitude do ato e, ainda assim, o agente dirige sua vontade para o ato de improbidade.

Executa seu ato com culpa o agente público quando se porta com imprudência, negligência ou imperícia. A imprudência é irmã do açodamento, da pressa, que vem a provocar vários erros administrativos.

A negligência, ao revés, é a falta de diligência, a falta de cuidado, é o relaxamento que pode vir a ocasionar o prejuízo.

A imperícia é a falta de habilidade técnica para cuidar de determinado assunto da repartição cuja resolução exige determinada formação técnica, a qual não possui o autor do ilícito administrativo.

Esclarecedor é o Parecer AGU nº GQ-200, que nos informa:

> Improbidade administrativa – Conceito – Dolo do agente.
> I - Improbidade administrativa é ato necessariamente doloso e requer do agente conhecimento real ou presumido da ilegalidade de sua conduta.
> II - Não provada a improbidade administrativa das servidoras, por conivência com as irregularidades praticadas pela Administração da entidade, não se há de aplicar as penas extremas de demissão às que se encontram na ativa e de cassação de aposentadorias às inativadas. [...]
> 37. De todo o exposto, embora compreenda a lisura do procedimento da Comissão processante e os altos propósitos de que estavam imbuídos seus membros, embora mereça registro o perfeito cumprimento das normas processuais e as diversas diligências determinadas, não posso concordar com a sua conclusão. Faltou à Comissão a exata percepção do conceito da infração de improbidade que exige do infrator o conhecimento real ou presumido das normas ditas violadas. Não vislumbro procedimento desonesto nem amoral na conduta das servidoras acusadas.
> 38. Em suma, cabe registrar que a conclusão da Comissão não está de acordo com as provas coletadas, sobretudo quando patentes a não publicação dos Planos de Cargos e Salários de 1978 e 1985 e a inexistência, no contrato de trabalho ou em qualquer outro documento entregue às servidoras, de menção aos requisitos exigidos para os cargos para os quais foram contratadas e/ou promovidas e enquadradas; quando inequivocadamente demonstrado o modo de atuar das diversas Administrações da entidade, que, tendo em vista a necessidade da instituição, valorizavam mais o requisito de experiência em detrimento da exigência de escolaridade. Não tendo ficado provada a desonestidade ou imoralidade no procedimento das servidoras, não se lhes há de aplicar a punição extrema.
> 39. Por último um registro: os atos irregulares eram passíveis de anulação independentemente do curso do processo administrativo. E isto foi sugerido ainda durante a Sindicância.

Como temos analisado, a nova sistemática implantada pela Lei nº 14.230/21 exige o elemento dolo para configuração da improbidade administrativa. Vejamos: "§ 2º Considera-se dolo a vontade livre e consciente de alcançar o resultado ilícito tipificado nos arts. 9º, 10 e 11 desta Lei, não bastando a voluntariedade do agente".

Mesmo antes da edição do novo normativo, diversas decisões exigiam a configuração do elemento subjetivo do dolo para condenação do agente.

5.6 Sanções decorrentes da prática de ato de improbidade

As responsabilidades que serão analisadas percutem na esfera pessoal do servidor ou agente, constituindo-se seus efeitos em sanções de índole administrativa e civil.

A Lei nº 8.429 estabeleceu uma gradação entre o tipo de ilícito conforme sua gravidade. Partindo da mais lesiva para a menos grave das infrações disciplinares, estatuiu a LIA quais condutas são consideradas *enriquecimento ilícito*, consoante os dizeres do art. 9º; em seguida, quais são consideradas *lesão ao erário* (art. 10); e, por fim, quais são consideradas violações dos princípios da Administração Pública (art. 11).

Sucessivamente elencada nos artigos 9º, 10 e 11, a conduta do agente vai se classificando da mais a menos lesiva à probidade administrativa.

O art. 12 da lei prescreveu as respectivas sanções.

Assim, as violações ao art. 9º, em que o servidor promove seu enriquecimento às custas do erário, implicam nas sanções do inciso I do art. 12. Para o agente que se locupleta dos bens públicos, são previstas as seguintes sanções: suspensão dos direitos políticos até 14 anos; perda do cargo; ressarcimento integral do dano; multa equivalente ao valor do acréscimo patrimonial; e proibição de contratar ou receber benefícios fiscais e creditícios do Estado pelo prazo não superior a 14 anos.

Se a violação for ao art. 10, pelo qual o servidor permite o enriquecimento alheio, corresponderá essa violação às sanções do inciso II do art. 12.

São aplicáveis as seguintes sanções: suspensão dos direitos políticos de até 12 anos; perda do cargo; ressarcimento integral do dano; multa equivalente ao valor do dano; e a proibição de contratar ou receber benefícios fiscais e creditícios do Estado por prazo não superior a 12 anos.

A terceira e última sanção estipulada no inciso III do art. 12, que pune a violação aos princípios sensíveis da Administração do Estado, é a seguinte:

> Art. 12 [...]
> III - na hipótese do art. 11 desta Lei, pagamento de multa civil de até 24 (vinte e quatro) vezes o valor da remuneração percebida pelo agente e proibição de contratar com o poder público ou de receber benefícios ou incentivos fiscais ou creditícios, direta ou indiretamente, ainda que por intermédio de pessoa jurídica da qual seja sócio majoritário, pelo prazo não superior a 4 (quatro) anos;

É evidente que tais sanções não podem ser aplicadas administrativamente, por evidentemente se tratar de casos que exigem o processo judicial, como a hipótese de declaração de suspensão dos direitos políticos.

Durante o período de suspensão dos direitos políticos, o ex-agente público os tem suspensos pelo tempo durante o qual se fixe a supressão da sua cidadania.

Seu *status* perante o ordenamento jurídico se modifica e, diante de tal gravidade, somente uma decisão judicial tem o poder para aplicar tal sanção.

Outrossim, o âmbito da Lei de Improbidade não se restringe à esfera dos servidores públicos civis da União e autarquias, mas a qualquer agente público que exerce, direta ou indiretamente, temporariamente ou não, *funções, empregos, cargos* ou *mandatos públicos.*

A comissão de processo administrativo disciplinar apenas pode sugerir a pena de demissão por prática de improbidade, embora haja uma tendência jurisprudencial a reservar a aplicação da Lei de Improbidade apenas ao Poder Judiciário.

Quanto ao ressarcimento do dano, deve solicitar as providências ao órgão jurídico para que ou retome o procedimento de *execução fiscal,* ou ajuíze a competente ação civil de reparação de danos.

No caso em que o servidor se enriqueça com a ilegalidade tributária praticada ou com uma omissão deliberada, viola-se o art. 9º da Lei nº 8.429, e devem-se incidir as sanções de maior gravidade.

Se o servidor não enriqueceu ilicitamente, mas beneficiou deliberadamente terceiros, causando grave lesão ao erário, incide em *improbidade dolosa* e responde pelo art. 10, inciso X, da Lei nº 8.429.

5.7 Considerações finais

A *improbidade* é ato ou omissão grave, que merece punição severa. Por essa razão é que a Lei nº 8.429/92 foi editada.

A Lei de Improbidade Administrativa não veio para perseguir o erro administrativo. Ela tem por escopo evitar a sangria do dinheiro público perpetrada por agentes inescrupulosos, os conhecidos infratores de colarinho-branco.

Esta é a *mens legis*: punir os agentes que causam dolosamente graves prejuízos ao erário.

Tanto isto é verdade que, quando ocorre a menor das lesões, ou seja, a simples lesão dos princípios (art. 11), a lei prevê a sanção de multa de até 24 vezes o valor da remuneração do agente.

Com isso, resta claro que a finalidade da lei é curar de casos de altíssima gravidade.

Por todo este capítulo, insistimos que os abusos de uma minoria, dentro da Administração, têm provocado a reação do Poder Judiciário a ponto de se discutir a vedação da aplicabilidade das sanções da *improbidade administrativa* no processo administrativo disciplinar presidido por órgão do Poder Executivo.

É por demais interessante um julgado do Supremo Tribunal Federal, editado em 2005. Para não tornar a leitura enfadonha, transcrevemos apenas um tópico da ementa do acórdão:

> Recurso em Mandado de Segurança. Servidor público. Processo administrativo. Demissão. Poder disciplinar. Limites de atuação do Poder Judiciário. Princípio da ampla defesa. Ato de improbidade. [...]
> 4. Ato de improbidade: a aplicação das penalidades previstas na Lei nº 8.429/92 não incumbe à Administração, eis que privativa do Poder Judiciário. Verificada a prática de atos de improbidade no âmbito administrativo, caberia representação ao Ministério Público para ajuizamento da competente ação, não a aplicação da pena de demissão. Recurso ordinário provido. (RMS nº 24.699/DF, 1ª Turma. Rel. Min. Eros Grau. *DJ*, 1º jul. 2005)

É importante citar esta passagem de Marcelo Harger:

> A Lei de Improbidade é uma ferramenta poderosa no combate à corrupção. Em que pese esse fato, ela tem sido interpretada desvinculadamente do conceito constitucional de improbidade administrativa e da finalidade para a qual foi criada.

> Os moldes traçados pela Constituição para a improbidade administrativa impedem que condutas culposas sejam punidas pela Lei de Improbidade.[45]

Foi uma reação ao excesso de utilização para configuração de improbidade administrativa em casos culposos que levou o legislador a testificar na Lei nº 14.230/21 que, para infração da LIA, será indispensável o infrator ter atuado com dolo ou má-fé em prejuízo da Administração Pública.

---

[45] HARGER. A inexistência de improbidade administrativa na modalidade culposa. *Boletim de Direito Administrativo*, p. 918.

CAPÍTULO 6

PENALIDADES

6.1 Generalidades

Neste capítulo, serão traçadas as linhas gerais das penalidades administrativas previstas na Lei nº 8.112/90, estipuladas para sancionar as infrações praticadas pelos servidores públicos civis da União e entidades da Administração indireta, exceção feita aos empregados públicos que são regidos pela Consolidação da Leis do Trabalho e regulamentos internos da entidade.

Nunca é demais relembrar que a referida lei instituiu *o Regime Jurídico dos Servidores Públicos Civis da União, das autarquias, inclusive as em regime especial, e das fundações públicas federais*.

Servidor público, nos termos do referido diploma legal, é aquele que regularmente ocupa cargo público (art. 2º). Cargo público é definido como o feixe de encargos e responsabilidades, contido no quadro ou estrutura organizacional de pessoal da repartição, responsabilidades e encargos esses atribuídos a um servidor em específico.

Os cargos públicos são acessíveis a todos os brasileiros, sendo criados por lei, com denominação própria e vencimento pago pelos cofres públicos. O provimento pode se dar em caráter efetivo ou em comissão.

O sentido da penalidade disciplinar é, num primeiro momento, corrigir, reprimir, admoestar o servidor que infringe a norma de conduta.

Entretanto, a comunidade de servidores, ao saber que o servidor passou pelo processo administrativo e, ao final, recebeu uma advertência ou uma suspensão, fica atenta para não incidir em futuros descumprimentos.

Quando o corpo de servidores sabe que um colega foi demitido, todos no local da repartição, se não já é zelosa de suas responsabilidades, passa imediatamente a tomar todas as precauções para que condutas indesejáveis não sejam praticadas.

Esse efeito da penalidade é de prevenção.

Segundo Izaías Dantas Freitas:

> Através da prevenção, que é o primeiro dos objetivos da pena, busca-se evitar o cometimento de faltas disciplinares por outros servidores, funcionando assim como elemento intimidativo geral. A administração precisa demonstrar que efetivamente está empenhada em eliminar do seu meio as falhas e as condutas reprováveis, por ser essa uma questão de relevante interesse público, impondo, desse modo, o respeito e a seriedade que deve haver no trato dos bens e serviços estatais.[46]

De modo que sempre existem valores contributivos na penalidade administrativa, mas há também o efeito psicológico de que o Estado está atento ao que acontece dentro do serviço público. Não se deve afastar que haja sido a repressão orientada pelo devido processo legal e se obedeceu à razoabilidade e à proporcionalidade.

Atualmente, a disciplina pode ser *restaurada* com a lavratura de TAC para infrações de menor potencial ofensivo; logo, todas as vezes neste livro em que se refere à aplicação de penalidades de pequena monta, pressupõe-se que seja possível também, se for o caso, a lavratura de TAC.

6.2 Penalidades administrativo-disciplinares

Para o servidor em geral, seja ocupante de cargo de provimento efetivo ou de provimento em comissão, aplicar-se-á a sanção disciplinar por violação a dever de conduta, cuja materialidade, autoria e culpabilidade deverão ser comprovadas por meio do *devido processo legal*. Tal assertiva não se aplica se o caso permitir a lavratura de TAC e o servidor queira assiná-lo para cumpri-lo.

Como informação preliminar, é importante ter em mente que "na aplicação das penalidades serão consideradas a natureza e a gravidade da infração cometida, os danos que dela provierem para o serviço

---

46 FREITAS. A finalidade da pena no processo administrativo disciplinar. *Boletim de Direito Administrativo*, p. 620.

público, as circunstâncias agravantes ou atenuantes e os antecedentes funcionais" (art. 128).

A professora Odete Medauar ensina que:

> O adágio *nulla poena sine lege* vigora em matéria de sanções disciplinares; daí ser vedada aplicação de pena não arrolada em texto legal, não podendo ser "inventada" modalidade punitiva. Quer dizer, também, que a sanção há de estar associada a uma infração, isto é, deve estar associada a uma conduta que traduz descumprimento de dever ou inobservância de proibição, de natureza funcional.[47]

As penalidades previstas na lei são: a advertência, a suspensão, a demissão, a cassação de aposentadoria, a destituição de cargo em comissão ou função comissionada.

O ressarcimento ao erário de valores não é punição disciplinar. Devolução de valores pecuniários decorre de sanção oriunda de obrigação civil. Embora eventual dano causado por infração administrativa possa agravar a penalidade, deve ficar claro que o ilícito civil não se confunde com o administrativo.

Nesse sentido, se o servidor recolhe aos cofres da União o valor equivalente a um objeto que sumiu da repartição e que estava sob a sua custódia, o pagamento efetuado é de natureza civil.

De igual sorte, se o setor de pessoal desconta do pagamento do servidor cinco dias de faltas ao serviço, o decréscimo na remuneração daquele mês é apenas uma obrigação civil que está sendo recomposta.

Então, concluído o estudo sobre a independência tripartite das responsabilidades (civil, criminal e administrativa), passamos ao enfoque específico da responsabilidade administrativa. Analisaremos a seguir, uma a uma, as modalidades legais de sanção disciplinar.

6.2.1 Penalidade de advertência

A advertência é a mais branda das punições administrativas. Consiste a sanção de advertência numa admoestação formal da Administração, que rechaça assim a irregularidade de natureza leve praticada pelo servidor.

---

[47] MEDAUAR. *Direito administrativo moderno*, p. 335.

O Superior Tribunal de Justiça, em decisão no Mandado de Segurança nº 5.935/DF, foi muito exemplificativo ao definir que:

> À inobservância de dever funcional (artigo 116, incisos I, III e IX, da Lei 8.112/90), aplica-se a pena disciplinar de advertência, desde que a conduta praticada pelo servidor não justifique a imposição de penalidade mais grave, conforme os critérios de conveniência e oportunidade da Administração Pública. (MS nº 5.935/DF, 3ª Seção. Rel. Min. Hamilton Carvalhido. *DJ*, 17 mar. 2003)

O caráter educativo da advertência é preponderante.

Pune-se a pequena falta administrativa para coibir a irregularidade, que é inadmissível no órgão público, visando à correção da conduta do servidor. Este, nas próximas ocasiões em que desempenhar suas atribuições, deverá se portar da maneira correta, não incidindo novamente em erro.

Inexiste, porém, a figura da advertência verbal enquanto penalidade formal. Não há lugar, outrossim, para a aplicação da *verdade sabida*, instituto informal não recepcionado pela Constituição Federal de 1988 que consistia em se aplicar penalidade administrativa diante da ciência pela autoridade de que o servidor praticou determinada irregularidade ou por se tratar de um fato de conhecimento notório acontecido na repartição.

Pode o superior advertir o servidor de ato irregular, recomendando verbalmente o comportamento adequado para fins de evitar a advertência escrita. Essa é a disciplina preventiva. Repita-se que a mera advertência somente pode ser oficialmente aplicada e registrada nos apontamentos funcionais após o devido processo legal.

É importante deixar claro que não é possível, sob pena de nulidade, a aplicação da penalidade de advertência sem o precedente processo legal em que seja assegurado o direito à ampla defesa e ao contraditório.

Para resumir, estabelece a lei que "a advertência será aplicada por escrito, nos casos de violação de proibição constante do art. 117, incisos I a VIII e XIX, e de inobservância de dever funcional previsto em lei, regulamentação ou norma interna, que não justifique imposição de penalidade mais grave" (art. 129).

Note-se o que disse a lei: *a advertência será aplicada por escrito*. A advertência verbal não é pena disciplinar nem poderá ter efeitos funcionais futuros.

Decorre a responsabilidade sancionada com *advertência* de inobservância de dever funcional estabelecido em lei ou norma interna e de violação das proibições dos incisos I a VIII e XIX do art. 117 do *Estatuto*, proibições essas já estudadas no capítulo 3. São as infrações menores ou de menor gravidade que merecem apenas a advertência; porquanto, se a situação configurar ilícito mais grave, outra penalidade poderá vir a ser aplicada, considerado o caráter altamente subsidiário das normas dos artigos 116 e 117, incisos I a VIII e XIX, da Lei nº 8.112/90.

6.2.2 Penalidade de suspensão

A suspensão é a pena de gravidade média.

Incide nessa sanção o servidor que se portar irregularmente, praticando as condutas descritas no art. 117, incisos XVII e XVIII, ou na situação no §1º do art. 130 do *Estatuto*, ou que praticar duas violações a deveres funcionais ou proibições contidas na legislação vigente.

Consta do *Estatuto* que "será punido com suspensão de até 15 (quinze) dias o servidor que, injustificadamente, recusar-se a ser submetido a inspeção médica determinada pela autoridade competente, cessando os efeitos da penalidade uma vez cumprida a determinação".

A suspensão tem natureza punitiva. Repercute em termos financeiros em razão de implicar o afastamento do servidor à repartição por período determinado, no curso do qual não será devida a remuneração. Do contrário, não seria penalidade, e sim uma benesse.

Com a evolução do entendimento nas práticas do direito disciplinar no serviço público, como já mencionado em tópicos anteriores, a Administração Pública instituiu a figura do TAC para corrigir e adequar a conduta e evitar o processo disciplinar. Logo, o TAC pode substituir o processo disciplinar e eventual penalidade para infrações de gravidades leve e média, como a advertência e a suspensão até 30 dias (como se encontra regulado na Advocacia-Geral da União).

Há que se ter em mente que infrações gravíssimas, cujo infrator seja indesejado para a sociedade e o serviço público, não admitiram a formulação do TAC, encontrando inclusive vedação na interpretação do art. 132 da Lei nº 8.112, de 1990.

Reza a Lei nº 8.112/90 que "a suspensão será aplicada em caso de reincidência das faltas punidas com advertência e de violação das demais proibições que não tipifiquem infração sujeita a penalidade de demissão, não podendo exceder de 90 (noventa) dias".

Visualizada a possibilidade de configuração da infração passível de ser apenada com suspensão, exsurge ao intérprete a única situação de dosimetria da sanção disciplinar, haja vista a irregularidade poder ter uma resposta oficial de um a 90 dias de suspensão.

Note-se que "na aplicação das penalidades serão consideradas a natureza e a gravidade da infração cometida, os danos que dela provierem para o serviço público, as circunstâncias agravantes ou atenuantes e os antecedentes funcionais" (art. 128 da Lei nº 8.112/90).

Assim como a *advertência*, a *suspensão* tem um caráter repressivo e, ao mesmo tempo, pedagógico.

Seguindo os estágios disciplinares, a Administração aplica num primeiro evento faltoso uma *advertência*. Repetida a falta, aplica-se a *suspensão*.

Embora não seja necessariamente essa ordem das coisas, deveria ser.

Contudo, nem sempre seguirá uma suspensão ao servidor que há menos de três anos sofreu pena de advertência.

Fixe-se que, após o decurso de três anos sem que o servidor advertido cometa nova irregularidade, o mesmo é considerado reabilitado, passando de novo à primariedade para todos os efeitos administrativos.

O servidor que, num primeiro processo administrativo disciplinar, recebeu uma suspensão de dez dias por violação do art. 117, incisos XVII ou XVIII, pode vir a responder por atraso a uma reunião de trabalho.

Por essa segunda violação, verificado no respectivo processo administrativo disciplinar que a ausência à reunião não causou problemas graves ao serviço, tendo apenas transparecido aos administrados que havia uma falta de pontualidade do servidor aos compromissos internos da repartição, entendemos que pode ser aplicada a penalidade de advertência por simples infração do art. 116, inciso X, do *Estatuto*.

Na dúvida, o princípio da razoabilidade e o da proporcionalidade devem prevalecer.

Pelo fato de se poder dosar a penalidade, no caso da pena de suspensão, que é uma sanção que realmente tem um caráter disciplinador e pedagógico, deveria ser mais explorado em seus meandros o instituto da razoabilidade e da proporcionalidade.

Pelo menos, atualmente, essa faculdade tem sido exercida pela instituição do TAC, que evita o constrangimento e o custo operacional de um processo administrativo disciplinar.

Ao revés, os operantes do direito disciplinar têm por vezes feito uma aplicação engessada do instituto. Há repartições em que, de regra, se aplicam 30, 60 ou 90 dias de suspensão, quando o lapso, em que a dosimetria poderia ter sido exercitada, é bem mais largo, indo desde um até o máximo de 90 dias.

Para confirmar a tese de que a sequencialidade das penas de advertência, suspensão e demissão não é a regra, pois decorridos cinco anos sem que o agente tenha incidido em nova infração, a suspensão terá seu registro cancelado nos assentamentos funcionais do servidor.

Nesse ponto, chamamos mais uma vez em nosso socorro as sábias palavras da professora Odete Medauar, que ensina:

> Nas hipóteses em que a sanção admitir dosagem, como na suspensão, já está assente, no ordenamento jurídico pátrio, a exigência de proporcionalidade entre a gravidade da falta e a severidade da sanção, possibilitando-se ao Judiciário verificar esse equilíbrio e anular a decisão que deixou de atendê-lo.[48]

Em sendo conveniente para a repartição, a suspensão deve ser convertida em multa, no percentual de 50% por dia de vencimento ou remuneração durante o qual estaria cumprindo suspensão, acaso aplicada. O servidor, por óbvio, fica obrigado a permanecer em serviço, conforme o disposto no art. 130, §2º, da Lei nº 8.112/90.

6.2.3 Penalidade de demissão

Neste ponto, adentramos ao estudo das penas capitais do direito disciplinar. É óbvio que a gravidade das infrações passíveis de demissão não admite a transação disciplinar com o instrumento do TAC. Se o legislador determinou que o servidor que as pratique seja retirado do serviço público, inviabiliza-se o oferecimento ou a propositura de TAC.

A penalidade de demissão é também denominada de demissiva, expulsiva ou expulsória. Independentemente de como se denomine a sanção excludente do serviço público, a demissão e a cassação de aposentadoria são as mais fortes sanções administrativas previstas na Lei nº 8.112/90.

---

[48] MEDAUAR. *Direito administrativo moderno*, p. 335.

Com a demissão, ocorre a exclusão do servidor do quadro de pessoal a que pertence. O servidor passa a ser ex-servidor, com o rompimento completo da relação de trabalho estatutária.

Concretiza-se a aplicação da penalidade demissória com a publicação no *Diário Oficial da União* do Decreto Presidencial ou da Portaria Ministerial que a determinou, acatando, em seu julgamento, a proposta sugerida pela comissão de processo administrativo disciplinar ou o contido no parecer da consultoria.[49]

É indispensável a publicação do ato no Diário Oficial.

A partir da publicação do ato, contam-se os efeitos da punição. O órgão de recursos humanos a que pertence o ex-servidor deve prontamente excluir o mesmo da folha de pagamento. Cessam-se benefícios como pensão alimentícia, salário-família, auxílio-creche, porquanto, em sendo acessórios, seguem o principal.

Segundo o ensinamento da professora Lúcia Valle Figueiredo: "A demissão é a pena mais grave que se pode aplicar ao funcionário, porque há um rompimento total da situação funcional, portanto a extinção da situação funcional".[50]

Com a publicação do ato, inicia-se a contagem do prazo para impetração do mandado de segurança, que é de 120 dias, para anular judicialmente a decisão do Poder Executivo.

Note-se que os efeitos se delineiam, no que tange à demissão, muito mais fortemente que os das outras penalidades. Para a suspensão e a advertência, a lei prevê até a figura da reabilitação. Esse instituto não tem cabimento nem utilização para o caso da penalidade de demissão.

A depender do ilícito, o servidor sai do serviço público, ficando por cinco anos impossibilitado a ele retornar; em outros casos, é banido para sempre da Administração Pública federal, efeito este bastante questionável em razão de dispositivo constitucional que veda penas de caráter perpétuo.

As situações em que cabe a aplicação de demissão estão descritas taxativamente no art. 132 da Lei nº 8.112/90, que determina:

> Art. 132. A demissão será aplicada nos seguintes casos:
> I - crime contra a administração pública;
> II - abandono de cargo;

---

[49] Súmula nº 20 do Supremo Tribunal Federal: "É necessário processo administrativo, com ampla defesa, para demissão de funcionário admitido por concurso".

[50] FIGUEIREDO. Processo disciplinar e sindicância. *Boletim de Direito Administrativo*, p. 271.

III - inassiduidade habitual;
IV - improbidade administrativa;
V - incontinência pública e conduta escandalosa, na repartição;
VI - insubordinação grave em serviço;
VII - ofensa física, em serviço, a servidor ou a particular, salvo em legítima defesa própria ou de outrem;
VIII - aplicação irregular de dinheiros públicos;
IX - revelação de segredo do qual se apropriou em razão do cargo;
X - lesão aos cofres públicos e dilapidação do patrimônio nacional;
XI - corrupção;
XII - acumulação ilegal de cargos, empregos ou funções públicas;
XIII - transgressão dos incisos IX a XVI do art. 117.

Os ilícitos dos incisos I, IV, VIII, X e XI impedem o retorno definitivamente ao serviço público do demitido ou do que teve a sua aposentadoria cassada, consoante o art. 137 da Lei nº 8.112/90.

Todos esses tipos foram comentados quando da análise do regime disciplinar. Neste capítulo, estuda-se a sistemática de aplicabilidade das sanções administrativas.

É entendimento dominante de que, configurada quaisquer das situações descritas no art. 132 da lei, a autoridade julgadora estará vinculada à aplicação da penalidade de demissão.

É conhecido o Parecer nº GQ-167 da Advocacia-Geral da União, cuja ementa resume: "Configurada a infração disciplinar prevista no art. 132 da Lei nº 8.112, de 1990, a apenação expulsiva torna-se compulsória. Os fatores de graduação de pena, enumerados no art. 128 da Lei nº 8.112, podem justificar punição mais grave que a expressamente cominada para o ilícito".

No entanto, há casos em que a aplicação rígida da lei leva o intérprete a cometer injustiça, condenando uma conduta não lesiva ou de gravidade pequena com a mais forte das sanções disciplinares. É de bom alvitre evitar exageros e desequilíbrios na exegese. Do contrário, pode-se incorrer no *summum ius, summa iniuria*.[51]

Atentar para o fato de que, quando o servidor sofre condenação penal, poderá perder o cargo público. Diz o Código Penal:

Art. 92 - São também efeitos da condenação:
I - a perda de cargo, função pública ou mandato eletivo:

---

[51] Do latim, "justiça extrema, extrema injustiça".

> a) quando aplicada pena privativa de liberdade por tempo igual ou superior a um ano, nos crimes praticados com abuso de poder ou violação de dever para com a Administração Pública;
> b) quando for aplicada pena privativa de liberdade por tempo superior a 4 (quatro) anos nos demais casos. [...]
> Parágrafo único - Os efeitos de que trata este artigo não são automáticos, devendo ser motivadamente declarados na sentença.

Embora nesses casos não se trate de *demissão*, ocorre o desligamento do servidor com a publicação de portaria declarando o perdimento do cargo.

A penalidade de demissão não sofre qualquer restrição da legislação eleitoral para a aplicação e consequente afastamento permanente do servidor. Entretanto, embora este não seja o tema do presente livro, a penalidade de demissão pode tornar o servidor punido inelegível consoante a legislação da *ficha limpa*.

A demissão sempre é precedida de processo administrativo disciplinar. A seriedade que envolve o instituto, escudado inclusive por princípios constitucionais, não permite uma interpretação de que as eleições impeçam a expulsão do serviço público, por exemplo, de um fraudador contumaz.

O STJ já se pronunciou nesse sentido: "A vedação contida na legislação eleitoral quanto à demissão de servidores públicos em época de eleições não abrange a hipótese em exame" (MS nº 7.275/DF, 3ª Seção. Rel. Min. Felix Fischer. *DJ*, 23 abr. 2001).

Na verdade, jamais outra poderia ser a interpretação. Vejamos o que diz a Lei nº 9.504/97:

> Art. 73. São proibidas aos agentes públicos, servidores ou não, as seguintes condutas tendentes a afetar a igualdade de oportunidades entre candidatos nos pleitos eleitorais: [...]
> V - nomear, contratar ou de qualquer forma admitir, demitir sem justa causa, suprimir ou readaptar vantagens ou por outros meios dificultar ou impedir o exercício funcional e, ainda, *ex officio*, remover, transferir ou exonerar servidor público, na circunscrição do pleito, nos três meses que o antecedem e até a posse dos eleitos, sob pena de nulidade de pleno direito.

Ora, a demissão disciplinar sempre vem acompanhada da justa causa. Decorre da aplicação da Lei nº 8.112/90 e é precedida de regular processo administrativo, com as garantias da ampla defesa e do contraditório.

6.2.4 Penalidade de cassação de aposentadoria ou disponibilidade

O servidor responde administrativamente por condutas que tenha cometido no exercício do cargo ou que tenha uma relação, ainda que indireta, com o cargo que ocupa.

Para a cassação de aposentadoria, o ilícito há que ser praticado enquanto o servidor ocupava o cargo, e o ilícito tem que ser de tal monta que implique na similitude de infração que acarreta a penalidade demissória.

É bem verdade que a legislação veda ao servidor que esteja respondendo a processo administrativo disciplinar o deferimento de sua aposentadoria. Ocorre que, na maioria das vezes em que se dá a cassação de aposentadoria, o servidor pratica a falta expulsiva e, após a concreção desta, requer a aposentadoria e entra para o quadro de inativos, sobrevindo a vacância do cargo que ocupava.

Embora controverso, porque muitos hão de arguir que o inativo mantém uma relação de natureza previdenciária com a União, o legislador foi sábio ao prever a figura da penalidade de cassação de aposentadoria.

Os servidores faltosos que se acham aposentados no curso do processo administrativo disciplinar não podem deixar de responder por seus atos ou omissões praticados enquanto na atividade. Do contrário, criar-se-á uma espécie de *imunidade* execranda, haja vista que seria fácil se esquivar da punição administrativa albergando-se o infrator no instituto da aposentadoria.

A legislação federal lhe dedica um dispositivo, o art. 134 do *Estatuto*, que estabelece a identidade de causas para a aplicação da demissão e da cassação de aposentadoria.

Estatui o art. 134 que "será cassada a aposentadoria ou a disponibilidade do inativo que houver praticado, na atividade, falta punível com a demissão". Para fixar o aprendizado, reproduziremos as hipóteses em que se aplica a *demissão*, constantes do art. 132, já transcritas, que são as mesmas da *cassação de aposentadoria*, a saber:

> I – crime contra a Administração Pública;
> II – abandono de cargo;
> III – inassiduidade habitual;
> IV – improbidade administrativa;
> V – incontinência pública e conduta escandalosa, na repartição;

VI – insubordinação grave em serviço;
VII – ofensa física, em serviço, a servidor ou a particular, salvo em legítima defesa própria ou de outrem;
VIII – aplicação irregular de dinheiros públicos;
IX – revelação de segredo do qual se apropriou em razão do cargo;
X – lesão aos cofres públicos e dilapidação do patrimônio nacional;
XI – corrupção;
XII – acumulação ilegal de cargos, empregos ou funções pública;
XIII – transgressão dos incisos IX a XVI do art. 117.

O Pleno do Supremo Tribunal Federal entendeu pela constitucionalidade da penalidade administrativa de cassação de aposentadoria, com base no art. 41, §1º, da Constituição da República.[52]

Em outro julgado, o Supremo Tribunal Federal decidiu:

> Constitucional. Administrativo. Servidor público. Processo administrativo disciplinar. Cassação de aposentadoria. Cerceamento de defesa. Alegação de inconstitucionalidade da cassação de aposentadoria: improcedência. Lei 8.112/90. I - Processo administrativo disciplinar: o quadro orgânico da legalidade no que toca à apuração de faltas disciplinares dos servidores públicos, na forma da Lei 8.112/90. II - Servidor público submetido a processo administrativo de forma regular, no qual foi-lhe assegurado o direito de defesa. Inocorrência de cerceamento de defesa. III - O Supremo Tribunal Federal assentou que não é inconstitucional a penalidade de cassação de aposentadoria: Lei 8.112/90, art. 127, IV: MS 21.948/RJ, Relator Ministro Néri da Silveira, Plenário, 29.9.94, "D.J." de 07.12.95. IV - Inocorrência de violação ao princípio da proporcionalidade na aplicação da penalidade. V - R.M.S. não provido. (RMS nº 24.557/DF, 2ª Turma. Rel. Min. Carlos Velloso. *DJ*, 26 set. 2003)

Também pode ser cassada a disponibilidade do servidor que em atividade praticou falta passível de demissão (art. 134). O que é, enfim, a disponibilidade? A rigor, não é a disponibilidade uma penalidade, embora possa ocasionar danos ao servidor a ela sujeitado. A figura da disponibilidade do servidor ocorre no serviço público quando, por exemplo, é extinto o cargo ou declarada sua desnecessidade no órgão ou entidade a que pertence o servidor estável.

Isso é comum quando sobrevêm as reorganizações ou as chamadas reestruturações administrativas, muito comuns em começo de

---

52 *Vide* STF. MS nº 21.948/RJ, Pleno. Rel. Min. Néri da Silveira. *DJ*, 07 dez. 1995.

mandatos, momento em que o chefe do Poder Executivo se erige em mandatário supremo da União com poderes quase que plenipotenciários, sugerindo ao Parlamento reformas, de regra e cumulativamente: *reformas administrativa, previdenciária* e *tributária*.

Se, por ocasião de uma reforma administrativa, o cargo é colocado em quadro em extinção ou é declarado desnecessário naquela entidade reformada, o servidor que não obtiver redistribuição para outro órgão poderá ficar em *disponibilidade*.

Se não for possível a redistribuição, o servidor poderá ser mantido sob responsabilidade do órgão central de pessoal da União e ter exercício provisório em outro órgão ou entidade até seu adequado aproveitamento.

Colocado em disponibilidade o servidor e verificada a prática de falta punível com demissão no período em que estava ele em atividade no órgão, aplica-se a penalidade de cassação de disponibilidade, excluindo o faltoso do serviço público. É o que diz a Lei nº 8.112/90: "Art. 134. Será cassada a aposentadoria ou a disponibilidade do inativo que houver praticado, na atividade, falta punível com a demissão".

Assim, com o fato de se encontrar fora do ambiente da repartição pública, se a infração foi cometida em atividade no momento anterior, ocorre a possibilidade, após o processo administrativo disciplinar, da aplicação da pena capital.

6.2.5 Penalidade de destituição de cargo em comissão

Respondem administrativamente o servidor público ocupante de cargo de provimento efetivo e o ocupante de cargo em comissão por atos e omissões perpetrados no exercício do cargo ou em razão dele.

Nesse sentido, o servidor ocupante tão somente de cargo em comissão não poderia ficar de fora do elenco de sanções administrativas previstas para quem viole a legislação.

A diferença é que o liame que une esse servidor à Administração é muito mais tênue que o liame do concurso público de provas e títulos a que se submetem os servidores de carreira.

O ocupante de cargo em comissão é demissível *ad nutum*. Sua nomeação, na grande maioria das vezes, segue orientações políticas, servindo muitas vezes apenas de apadrinhamento ou mesmo para facilitar a abominável prática do nepotismo, hoje vedado por decisão do Supremo Tribunal Federal.

Conforme lições da professora Lúcia Valle Figueiredo:

> Este Estatuto inova no problema da destituição do cargo em comissão, quando não se pode mais apenas exonerar em determinadas circunstâncias, mas teria de destituir. Portanto, na verdade, a destituição seria igual à demissão e com consequências jurídicas de monta. Antigamente o que se fazia, pura e simplesmente, sabendo-se de uma irregularidade muitas vezes séria, cometida por alguém em cargo em comissão, simplesmente se exonerava e a coisa parava por aí. Agora não: aquele detentor do cargo em comissão, fica sujeito ao processo disciplinar.[53]

Diante dessa citada fragilidade, o servidor não ocupante de cargo efetivo somente pode praticar uma falta punível com advertência, sob pena de, cometendo falta mais grave, ser destituído do cargo em comissão.

Tal entendimento é consequência da interpretação *a contrario sensu* da redação do art. 135 do *Estatuto*, o qual informa que "a destituição de cargo em comissão exercido por não ocupante de cargo efetivo será aplicada nos casos de infração sujeita às penalidades de suspensão e de demissão". Acaso já tenha sido exonerado do cargo, mesmo assim constatada a falta para a qual caiba suspensão ou demissão, a exoneração será convertida em destituição do cargo em comissão (parágrafo único do art. 135).

Se o ocupante de cargo comissionado (e que não detenha cargo efetivo) pratique ilícito que configure improbidade administrativa, como aplicação irregular de dinheiros públicos, lesão aos cofres públicos e dilapidação do patrimônio nacional ou corrupção, deverá ser obrigado a ressarcir os danos ao erário e poderá ter todos os seus bens gravados com a restrição da indisponibilidade. A demissão ou a destituição de cargo em comissão, nos casos dos incisos IV, VIII, X e XI do art. 132 da Lei nº 8.112/90, implica a indisponibilidade dos bens e o ressarcimento ao erário, sem prejuízo da ação penal cabível (art. 136).

Condenado por crime contra a Administração Pública ou por quaisquer das infrações acima transcritas, o servidor ficará impossibilitado de retornar ao serviço público.

Enquadrada a infração nos incisos IX e XI do art. 117 do *Estatuto*, o faltoso fica impossibilitado de exercer cargo público federal durante cinco anos, contados da data da publicação do ato de julgamento no

---

[53] FIGUEIREDO. Processo disciplinar e sindicância. *Boletim de Direito Administrativo*, p. 271.

Diário Oficial da União. Segundo o art. 137 da Lei nº 8.112/90, a demissão ou destituição do cargo, se violados os referidos dispositivos proibitivos, incompatibiliza o ex-servidor para o exercício de novo cargo público no lustro posterior à penalidade aplicada. E, se incidir no art. 132, incisos I, IV, VIII, X e XI, jamais poderá retornar ao serviço público. Vejamos a dicção do texto da lei:

> Art. 137. A demissão ou a destituição de cargo em comissão, por infringência do art. 117, incisos IX e XI, incompatibiliza o ex-servidor para nova investidura em cargo público federal, pelo prazo de 5 (cinco) anos.
> Parágrafo único. Não poderá retornar ao serviço público federal o servidor que for demitido ou destituído do cargo em comissão por infringência do art. 132, incisos I, IV, VIII, X e XI.

Mais uma vez indicamos que o disposto no parágrafo único, *data venia*, merece ressalvas, haja vista a vedação constitucional de penas de caráter perpétuo, e, em que pese o delinquente mereça a mais dura punição, deve haver um meio-termo entre algo além de cinco anos e aquém da eternidade.

Interessa notar que, ao revés da demissão, a destituição do cargo em comissão pode vir a ser aplicada se o ocupante do cargo em comissão pratica uma falta passível de *suspensão* ou duas faltas puníveis com *advertência*, haja vista que, pela sistemática adotada, mais de uma falta punível com a advertência dá margem à aplicação de *suspensão*.

A razão dessa maior abrangência da aplicabilidade da pena de destituição do cargo em comissão é que, para a Administração que nomeia em caráter precário o titular de cargo comissionado, seria ridículo manter o infrator nomeado enquanto cumpre uma suspensão disciplinar.

Entendeu o legislador corretamente destituir do cargo em comissão o servidor que, não merecendo a confiança nele depositada, viola a disciplina a ponto de ter que cumprir até 90 dias de suspensão. Fato inadmissível.

Na realidade da vida administrativa, o que se vê é a aplicação da penalidade de destituição quando o servidor processado já foi exonerado, o que tornaria logicamente impossível destituir do cargo alguém que não mais o ocupa. Daí, o ato punitivo fazer a conversão da exoneração em destituição do cargo em comissão, surtindo os efeitos consectários da possibilidade de serem tornados indisponíveis os bens do faltoso ou a proibição temporária ou permanente de retornar ao serviço público federal.

Previu o *Estatuto* a pena de destituição de função comissionada (art. 127, inciso VI), porém nada dispôs sobre ela em seus dispositivos, ficando, assim, o administrativista à mercê de suas próprias interpretações.

Pela sistemática da Lei nº 8.112/90, ocupará função comissionada apenas o servidor ocupante de cargo de provimento efetivo. Sem ter vínculo de caráter efetivo com a Administração, o particular poderá ser nomeado apenas para cargo público em comissão. É de se fazer referência que alguns órgãos não admitem a nomeação de terceiros não servidores para ocupar cargo comissionado de chefia e direção em seus quadros. Essa é uma tendência a que se tem de tecer elogios e à qual esperamos em breve seja a regra de fato, e não apenas de direito.

Enfim, não há claramente a previsão de quais as hipóteses legais que, se infringidas, devem ser sancionadas com a destituição da função comissionada. Pela lógica interpretativa, faltas puníveis com advertência proporcionariam já a aplicabilidade da destituição da função.

Todavia, inexiste previsão legal para tanto e, na seara disciplinar, vigora o princípio da legalidade estrita.

De fato, sabe-se que é cabível a apuração da falta através de processo de sindicância disciplinar.

O art. 146 da Lei nº 8.112/90 prescreve: "Sempre que o ilícito praticado pelo servidor ensejar a imposição de penalidade de suspensão por mais de 30 (trinta) dias, de demissão, cassação de aposentadoria ou disponibilidade, ou destituição de cargo em comissão, será obrigatória a instauração de processo disciplinar".

Dessume-se que a destituição de função comissionada não está incluída nesse rol, podendo ser aplicada por meio da *sindicância disciplinar*.

Entretanto, não adianta forçar a construção de previsão sancionatória quando a própria lei não previu. Pode-se utilizar a analogia e outros mecanismos integrativos para outras questões, nunca para aplicação de penalidade administrativa.

O Poder Judiciário, por autorização constitucional, pode analisar a correção da penalidade aplicada ao caso, segundo vemos na ementa do julgado da Apelação Cível nº 100.1131.417/DF:

Administrativo. Sanção disciplinar. Exame judicial. Possibilidade. Advertência. Ausência de indisciplina. Desvio de finalidade.
1. Cabe ao Poder Judiciário apreciar os atos administrativos, para aferir a sua conformidade com a lei, inclusive no que se refere ao mérito administrativo, desde que, sob esse rótulo "se aninhe qualquer ilegalidade resultante de abuso ou desvio de poder" (Hely Lopes Meirelles, 21ª edição, pg. 138).
2. Nulo, portanto, o ato administrativo consubstanciado na penalidade de advertência, se o julgamento não se ateve aos critérios objetivos fixados na Lei nº 8.112/90 (arts. 116, XI e 127 e 129).
3. Inexistência, outrossim, de elementos fáticos que autorizem, no caso, a caracterização de ausência de urbanidade no trato com as pessoas, a possibilitar a pena de advertência nos termos do art. 116, XI, da Lei 8.112/90.
4. Robusta prova testemunhal confirmando a lhaneza da servidora no trato social com seus colegas e superiores hierárquicos. (TRF1. Apelação Cível nº 100.1131.417/DF, 1ª Turma. Rel. Des. Federal Aloísio Palmeira Lima. Decisão de 27.04.2000)

De modo que o princípio da legalidade, democraticamente estabelecido na Constituição da República de 1988, exige técnica e razoabilidade para entender os limites que estão postos à Administração para punir o servidor.

6.3 Esclarecimentos finais

Neste capítulo, são indispensáveis alguns esclarecimentos dada a falta de maior elaboração da legislação que rege o direito disciplinar dos servidores públicos civis da União, autarquias e fundações públicas federais.

Durante toda a exposição, há que se lembrar de que as penalidades de gravidade leve ou média, ou seja, advertência e suspensão até 30 dias, por exemplo, podem ser evitadas caso o infrator firme TAC com a Administração.

A penalidade de advertência é a regra para as pequenas faltas, violações menores de deveres funcionais, exigindo um grande esforço para sua aplicação dada a brevidade de seu prazo prescricional, como se estudará no capítulo seguinte.

A Administração tem vários mecanismos para curar da disciplina funcional de seus servidores. O servidor que se ausenta injustificadamente deve ter a remuneração daquele dia descontada de seu pagamento, porém dificilmente se vê a disciplina prévia atuando internamente nos órgãos.

O art. 20 da Lei nº 8.112/90 regula a vida do neófito de forma clara, estabelecendo:

> Art. 20. Ao entrar em exercício, o servidor nomeado para cargo de provimento efetivo ficará sujeito a estágio probatório por período de 24 (vinte e quatro) meses, durante o qual a sua aptidão e capacidade serão objeto de avaliação para o desempenho do cargo, observados os seguinte fatores:
> I - assiduidade;
> II - disciplina;
> III - capacidade de iniciativa;
> IV - produtividade;
> V - responsabilidade.[54]

Essas normas podem disciplinar preventivamente o servidor já quando do início de sua vida funcional, evitando, *ad futurum*, o processo disciplinar. Na prática, porém, não são utilizadas as diversas ferramentas legalmente previstas para controle das condutas indesejáveis.

Resumindo o mecanismo sancionatório, diante de uma falta leve, a Administração deve aplicar uma penalidade de advertência. Repetida a falta punível com advertência, pode a Administração suspender por até 90 dias o servidor, observado sempre o princípio da proporcionalidade, estabelecido pelo art. 128 da Lei nº 8.112/90. Ultrapassado o limite, se o servidor infringir qualquer das normas tuteladas pelo art. 132, aplicam-se as penas expulsivas: demissão, cassação de aposentadoria, destituição do cargo, destituição de disponibilidade.

Anote-se que não existe a penalidade de cassação de pensão por morte. Vindo a falecer o infrator antes de sua condenação administrativa e do cumprimento da penalidade de demissão, que se concretiza com a publicação no *Diário Oficial da União*, é devida a pensão por morte aos seus dependentes, nos termos da legislação em vigor à época do óbito.

---

54 A Emenda Constitucional nº 19 ampliou o prazo do estágio probatório para três anos.

CAPÍTULO 7

EXTINÇÃO DA PUNIBILIDADE

7.1 Generalidades

Como explicado anteriormente, quando se tratou da estrutura da norma jurídica, ficou assentado que toda norma jurídica tem um preceito que, se descumprido, deve ocasionar a aplicação de uma sanção. Por diversas causas, a sanção à violação de um preceito legal às vezes não vem a ser concretamente aplicada.

Neste capítulo, estudaremos as causas extintivas da punibilidade do agente, indicando as que podem ser de uso comum no ramo disciplinar e as que não têm aplicabilidade em sede administrativa por ausência de previsão na legislação ou por impossibilidade lógica e principiológica de ser estendida às hipóteses de violação das normas punitivas.

7.2 Hipóteses de extinção da punibilidade

O decurso de prazo geralmente é a causa mais frequente de impossibilidade de sancionamento das infrações disciplinares. Ele é identificado como *prescrição*.

A decadência, que também é um prazo extintivo dos direitos, não tem, por ausência de previsão legislativa, aplicação no ramo do direito disciplinar dos servidores civis da União.

O perdão judicial, que é causa de extinção da punição no direito penal, não é causa extintiva no direito disciplinar, haja vista a separação e independência entre as responsabilidades administrativa e penal, como já estudado no capítulo 4.

A perempção, instituto pelo qual o direito decai por negligência processual, embora ocasione a extinção da punibilidade no processo criminal, no caso das ações penais de iniciativa privada ou *queixa*, não tem aplicabilidade no direito administrativo disciplinar.

A renúncia, que também é instituto aplicável ao processo penal, quando, nas ações penais em que é admitida, não provoca a vítima o processo punitivo, não tem aplicação no direito administrativo disciplinar. Pode a renúncia ser tácita ou expressa, sendo possível nas ações penais de iniciativa privada e nas ações penais públicas condicionadas à representação. Um exemplo de renúncia tácita se dá quando a vítima se casa com o agressor. Isso ocorre no direito penal.

Vistos os casos que não são enquadrados como causas extintivas da punibilidade, *disciplinarmente*, veremos os casos em que a punição do agente infrator deixa de ser aplicada em razão de alguma causa legal de extinção de punibilidade no direito administrativo.

7.3 Prescrição disciplinar

A prescrição ocorre por decurso de prazo. Acontece de o ilícito restar prescrito quando se esgota o prazo legal sem que o titular do poder de punir, que é a Administração federal, tome as providências legais e processuais para concretizar a sanção disciplinar.

Em direito administrativo, a autoridade, tomando conhecimento de qualquer infração à legislação, deve instaurar imediatamente o procedimento disciplinar cabível para apurar a situação irregular (art. 143 da Lei nº 8.112/90). Segundo esse dispositivo legal, "a autoridade que tiver ciência de irregularidade no serviço público é obrigada a promover a sua apuração imediata, mediante sindicância ou processo administrativo disciplinar, assegurada ao acusado ampla defesa".

A segurança jurídica, entretanto, impõe a necessidade de um prazo razoável em que seja processado, julgado e punido o infrator. E a lei estabelece os prazos extintivos, após os quais a Administração não pode mais punir os envolvidos. A ninguém é razoável ficar o resto da sua vida esperando que o poder público tome a iniciativa de processá-lo. A segurança jurídica impede tais absurdos, como já estudamos no capítulo em que tratamos dos princípios. E, como em matéria de segurança jurídica, sempre devemos insistir em preservá-la, temos que citar o ensinamento do professor Romeu Felipe Bacellar Filho: "O instituto da prescrição está destinado a tutelar a segurança jurídica e, por essa razão, encontra-se intimamente ligado ao estado democrático de direito".[55]

A principiologia do instituto da prescrição é de muita importância no ramo disciplinar, haja vista que a imediatidade, nessa área, deve sempre prevalecer. Em palestra, cujo texto foi publicado pelo *Boletim de Direito Administrativo*, o ministro José de Castro Meira discorre:

> [...] afinal, há a necessidade de se colocar um tempo. Esse justo equilíbrio entre a liberdade e a ordem, entre a justiça e a limitação ao direito, faz com que a busca desse direito faça surgir o instituto da prescrição; é o equilíbrio entre os princípios da justiça e da segurança.[56]

Isso é muito importante para a segurança jurídica e para a continuidade saudável das relações. O servidor que mudou seu comportamento durante longo tempo deve ter a estabilidade de que, após muitos anos de passado o seu erro (infração leve ou média, por exemplo), não tema uma persecução de processo administrativo disciplinar.

Ensina com bastante propriedade De Plácido e Silva:

> Prescrição. Na significação jurídica atual, a prescrição exprime o modo pelo qual o direito se extingue, em vista do não exercício dele, por certo lapso de tempo.
>
> Mas, a prescrição, prescrição pressupondo a existência de um direito anterior, revela-se propriamente, a negligência ou a inércia na defesa desse direito pelo respectivo titular, dentro de um prazo, assinalado em lei, cuja defesa é necessária para que não o perca ou ele não se extinga. [...]
>
> Questão de ordem pública, a prescrição é matéria que deve ser expressamente regulada em lei, onde se estabelecem as condições de sua efetividade, ou seja, os casos de sua aplicação.
>
> Assim, jamais pode ser interpretada extensivamente ou por analogia. Vem sempre consignada em disposição própria, onde se assinala o efeito que produz.[57]

---

[55] BACELLAR FILHO. *Processo administrativo disciplinar*, p. 451.

[56] MEIRA. Prescrição administrativa: sentido e alcance da expressão em face do direito positivo. *Boletim de Direito Administrativo*, p. 269.

[57] SILVA. *Vocabulário jurídico*, v. 3-4, p. 433.

Se a lei prevê que é de dois anos o prazo para a Administração aplicar a sanção de suspensão ao servidor, este não pode ser punido quando decorrer, sem interrupção do prazo extintivo, mais de dois anos.

Os prazos de prescrição, como todos os institutos de direito administrativo, estão previstos expressamente em lei. Quanto às prescrições de infrações disciplinares, prevê a Lei nº 8.112/90 todos os casos e hipóteses prescricionais, fixando-os de forma clara, havendo apenas alguma dificuldade de interpretação quanto à causa de interrupção da prescrição, o que explicaremos mais adiante.

Diz o *Estatuto*:

> Art. 142. A ação disciplinar prescreverá:
> I - em 5 (cinco) anos, quanto às infrações puníveis com demissão, cassação de aposentadoria ou disponibilidade e destituição de cargo em comissão;
> II - em 2 (dois) anos, quanto à suspensão;
> III - em 180 (cento e oitenta) dias, quanto à advertência.
> §1º O prazo de prescrição começa a correr da data em que o fato se tornou conhecido.

Esse é o marco inicial da prescrição disciplinar. Conhecido o fato por qualquer autoridade dentro da Administração, o prazo prescricional começa a correr.

Há outras formas de o fato se tornar conhecido, por exemplo, publicada a notícia de uma grande fraude contra os cofres públicos em jornal de grande circulação. Publicado o ato irregular no *Diário Oficial da União*, ninguém poderá dizer que esses fatos ou atos são desconhecidos da Administração.

Durante certo tempo, os órgãos correcionais federais entenderam que o prazo de prescrição iniciava com a entrada da denúncia ou da notícia de irregularidade no gabinete do corregedor. A verdade é que a lei estabeleceu que o prazo de prescrição começa a correr da data em que o fato se tornou conhecido. O administrador não pode inovar, criando situações para substituir o que a própria lei estatuiu.

A Advocacia-Geral da União, através da Nota DECOR/CGU/AGU nº 208/2009, vem sinalizando no sentido de uma melhor interpretação do texto da lei, sendo o estabelecimento como termo *ad quem* a data da entrada do processo no gabinete do corregedor ou na seção de quem detenha competência para instauração do PAD um entendimento muito frágil.

Embora o referido parecer com índole normativa encontre-se atualmente suspenso pelo Despacho nº 125/2011 SFT/CGU/AGU, aprovado pelo Despacho CGU nº 189/2012, não pode o exegeta fechar os olhos para o que diz a Lei nº 8.112/90, que determina que o prazo prescricional se conta a partir do conhecimento do fato.

Há bastante prazo para a Administração agir. Não é plausível a criação de artifícios que procurem fugir do princípio da legalidade estrita com vistas a alargar o prazo da lei.

Da leitura do art. 142 supracitado, fica claro que houve com bastante razoabilidade e proporcionalidade o legislador, determinando que a pena de advertência, por ser de natureza leve, prescrevesse em 180 dias.

A suspensão, por ser de gravidade média, prescreve em dois anos, prazo este bem equilibrado e dentro do qual são perfeitamente exequíveis o processo e o julgamento da conduta ilícita.

Para os casos de infrações graves e gravíssimas, estabeleceu a Lei nº 8.112/90 o prazo de cinco anos. Enquadram-se nesse prazo prescricional a *demissão*, a *cassação de aposentadoria ou disponibilidade* e a *destituição de cargo em comissão*.

Única exceção é aberta para o ilícito de abandono de cargo, cuja prescrição se dá, atualmente, em três anos, conforme o art. 142, §2º, do *Estatuto*, em combinação com o Código Penal brasileiro, como mais à frente explicaremos.

Há muitas vezes a aplicação da conversão da exoneração em destituição do cargo em comissão de servidores que não pertenciam ao quadro de pessoal efetivo da instituição e que saíram da Administração antes do processo disciplinar ser iniciado e julgado. Então, não se pode *destituir do cargo* quem já foi dele exonerado, por isso que se publica uma portaria convertendo a exoneração do infrator na destituição do cargo em comissão.

Entendemos que, embora a Lei nº 8.112/90 não cuide expressamente do prazo de prescrição para efeitos de conversão da exoneração em destituição do cargo em comissão, esse prazo é o mesmo aplicável à *penalidade de destituição*, ou seja, cinco anos.

Falaremos agora da causa de interrupção e da suspensão do prazo prescricional. A fim de fixar bem essa passagem da lei, daremos diversos exemplos em que não ficou colocado didaticamente o método de contagem do prazo extinto.

O prazo prescricional se inicia do conhecimento do fato, é o que diz a lei.

Quando o órgão público determina a instauração de sindicância ou processo administrativo disciplinar, ocorre a interrupção do prazo prescricional. O prazo prescricional interrompido é, para todos os efeitos, zerado. Inicia-se novamente a sua contagem. Ele, necessariamente, se renova.

Entretanto, no caso da prescrição das infrações disciplinares da Lei nº 8.112/90, antes que o prazo seja contado de novo por inteiro, este fica suspenso por até 140 dias, segundo a jurisprudência predominante.[58]

É que a Lei nº 8.112/90 fala em suspensão do prazo até a *decisão final proferida por autoridade competente*. A jurisprudência não aceitou a interpretação literal desse dispositivo, procedendo a uma interpretação de acordo com o sistema constitucional e que não chocasse com os princípios que regem a matéria (segurança jurídica).

Ora, o mesmo, durante vinte anos até que a autoridade resolvesse proferir o seu julgamento.

O prazo, então, é contado inicialmente do conhecimento dos fatos pela Administração. Instaurada a sindicância ou o processo administrativo, ocorre a sua interrupção, e fica suspensa sua contagem por até 140 dias. Finda a suspensão e por efeito da anterior interrupção, reabre-se novo prazo por inteiro, isto é, cinco anos para os casos de demissão, dois anos para suspensão e 180 dias para advertência.

A Advocacia-Geral da União há muito tempo tratou do assunto e pacificou essa questão, como consta do Parecer nº GQ-159/1998:

> 6. Exsurge do sentido literal do art. 142 da Lei nº 8.112 que a extinção da punibilidade, em relação à falta a que se comina a penalidade de demissão; ocorre em cinco anos, contados da data em que o ilícito torna-se conhecido.
> 7. Todavia, o prazo prescricional interrompe-se com a instauração do processo, "até a decisão final proferida pela autoridade competente", e sua nova contagem, por inteiro, recomeça da data em que cessa a interrupção.
> 8. São símiles as razões jurídicas balizadoras do resultado interpretativo a acolher-se, na espécie, e os de que: 1) a "designação de nova comissão

---

58 "Punição disciplinar: prescrição: a instauração do processo disciplinar interrompe o fluxo da prescrição, que volta a correr por inteiro se não decidido no prazo legal de 140 dias, a partir do termo final desse último" (STF. MS nº 23.299/SP, Pleno. Rel. Min. Sepúlveda Pertence. *DJ*, 12 abr. 2002).

de inquérito para prosseguir na apuração de irregularidade objeto do processo disciplinar inicial não interrompe, de novo, o curso do prazo prescritível, dado que a interrupção aludida no §3º do art. 142 da Lei nº 8.112, de 1990, no tocante ao mesmo fato, ocorre uma só vez"; e 2) a "decisão final que, a teor do §3º do mesmo art. 142, faz cessar a interrupção do transcurso do prazo de prescrição é pertinente ao processo disciplinar inicial válido, não repercutindo, como causa extintiva da ação disciplinar, aquela adotada em apuratório posterior, relativo à mesma irregularidade", entendimentos consubstanciados no Parecer nº AGU/WM-8/98, adotado pelo Parecer nº GQ-144, de 18 de março de 1998, desta Instituição.
9. Assim sendo, torna-se apropriado realçar os fundamentos da juridicidade da orientação supra, consistentes precipuamente em que "o art. 142 destina-se a beneficiar o servidor e o respectivo instituto da prescrição objetiva imprimir estabilização às relações que se estabelecem entre a Administração e os servidores públicos, obstando que se perpetue a viabilidade da sanção disciplinar". É ilação indutiva do raciocínio de que o término dos prazos de averiguação da falta, incluído o dilatório, e de julgamento, destarte, carecendo o processo de "decisão final", cessa a interrupção do transcurso do período prescricional, reiniciando a contagem de novo prazo, por inteiro.
10. Não obstante o recebimento do processo ser considerado como o marco da contagem dos vinte dias, estabelecidos para a autoridade competente proferir sua decisão sobre a culpabilidade ou inocência do servidor (art. 167 da Lei nº 8.112), é admissível presumir-se, com vistas exclusivamente à prescrição, que ele ocorreu imediatamente após o encerramento do processo e sua remessa para julgamento. E que o legislador fixou os prazos para apurarem-se os ilícitos e proferir-se a "decisão final", interruptiva do curso do prazo da prescrição, no pressuposto de que as medidas a eles ligadas são implementadas tempestivamente, sem contemplar a inércia administrativa de que provenha a subsistência do poder de punir, durante prazo superior ao prescricional.
11. Essa orientação é condizente com a maneira de pensar de Savigny: "nos casos duvidosos seguir a interpretação mais benigna é não só mais justo como também mais seguro", e de Carlos Maximiliano: "Prefere-se o sentido conducente ao resultado mais razoável, que melhor corresponda às necessidades da prática, e seja mais humano, benigno, suave", impedindo que a exegese proporcione a apenação de servidor, mesmo se transcorridos quase sete anos após o período fixado para apurar-se a irregularidade e adotar-se a "decisão final", como no caso (ambas as citações são contidas na Hermenêutica e Aplicação do Direito, do último doutrinador, Rio de Janeiro: Forense, 1979, 9ª ed., p. 165). [...]
12. É significativo o prisma de que, no caso sob exame, o processo foi instaurado em 28 de agosto de 1991 (data de publicação da portaria

> designativa da comissão – v. o art. 151, inciso I, da Lei nº 8.112), advindo a interrupção do curso do período prescritível, há quase sete anos, sem que tenha sido adotada a "decisão final" a que o referido art. 142 imprime a conseqüência de cessar essa interrupção e reiniciar fluxo de outro prazo.
> 13. Com o término dos prazos, estabelecidos para a apuração e o julgamento, no presente processo, cessou a interrupção e reiniciou-se o transcurso de um outro, também já expirado. A conseqüência imediata desse fato é a inocuidade do exame do mérito, restando o registro da conclusão da c.i. e da extinção da punibilidade, em decorrência do falecimento e da prescrição, conforme o caso, na pasta de assentamentos funcionais dos interessados.

A jurisprudência, de igual forma, admite apenas uma interrupção do prazo.

Se a Administração anular um processo e instaurar outro processo administrativo disciplinar um ano após a abertura do anterior, o prazo prescricional continua a fluir normalmente, sem qualquer alteração no termo *ad quem*, que permanece sendo o mesmo do anterior processo administrativo disciplinar ou sindicância.

Um dos melhores julgados sobre esse assunto é o da lavra do ministro Moreira Alves:

> Também não procede a alegação de ocorrência de prescrição. Do feito, em se tratando de infrações puníveis com a cassação de aposentadoria, como sucede no caso, a prescrição da ação disciplinar ocorre em 5 (cinco) anos (artigo 142, I, da Lei 8.112/90), a partir da data em que o fato se tornou conhecido (§1º do citado artigo). Ademais, rezam os §§3º e 4º desse mesmo dispositivo legal que "a abertura de sindicância ou a instauração de processo disciplinar interrompe a prescrição, até a decisão final proferida por autoridade competente" e que "interrompido o curso da prescrição, o prazo começará a correr a partir do dia em que cessar a interrupção". Em face do §3º desse artigo 142, não há como sustentar-se que, em se tratando de processo disciplinar, aberta a sindicância ou instaurado o processo disciplinar haja a interrupção do prazo de prescrição que começa a correr de novo e por inteiro a partir do próprio fato interruptivo, à semelhança do como sucede no direito penal. A interpretação mais consentânea com o sistema dessa Lei — que no artigo 169, §2º, admite que a autoridade julgadora, que pode julgar fora do prazo legal, seja responsabilizada quando der causa à prescrição de infrações disciplinares capituladas também como crime, o que implica dizer que o prazo de prescrição pode correr antes da decisão final do processo — é a de que, em se tratando de inquérito, instaurado este, a prescrição é interrompida, voltando esse prazo a correr novamente

por inteiro a partir do momento em que a decisão definitiva não se der no prazo máximo de conclusão do inquérito, que é de 140 dias (artigos 152, *caput*, combinado com o artigo 169, §2º, ambos da Lei 8.112/90). De qualquer sorte, em se tratando, como sucede no caso, de processo cuja nulidade total ou parcial foi declarada pela autoridade julgadora, e, em conseqüência, por força do disposto no artigo 169, *caput*, da mesma lei, teve de ser constituída nova comissão, para a instauração de novo processo, ainda que essa nova comissão ratifique os atos do processo primitivo que não foram atingidos pela declaração de nulidade parcial, o que é certo é que, declarado nulo o processo primitivo, desaparece a causa da interrupção da prescrição decorrente de sua instauração, e a prescrição volta a aferir-se do período entre a data em que o fato se tornou conhecido e a instauração do novo processo. Ora, no caso, entre essas duas datas não decorreram os cinco anos para a ocorrência da prescrição. Com efeito, como se vê do relatório da comissão processante, os fatos imputados à ora impetrante só se tornaram conhecidos em 27.05.91 quando relatada a auditoria objeto do processo primitivo, ao passo que o novo processo foi instaurado com o ato que constituiu a nova comissão (nos autos, a fls. 199, há alusão à sua designação por duas Portarias, a de nº 1.248, de 04.10.95, e a de nº 1.491, de 06.12.95). A prescrição em causa, portanto, não ocorreu, porque houve causa interruptiva antes do momento em que se verificaria, ou seja, antes de 27.05.96. (STF. MS nº 22.728/PR, Pleno. Rel. Min. Moreira Alves. *DJ*, 13 nov. 1998)

Exemplificando, numa segunda-feira, dia 1º de março de 2010, determinado servidor trata de forma rude e fora dos padrões de urbanidade um cidadão que veio solicitar informações sobre seu benefício previdenciário. Todos os demais colegas e o chefe do serviço presenciam a cena. O cidadão protocola no mesmo dia documento solicitando providências ao chefe da repartição.

Temos que o fato está por demais conhecido dentro da Administração. Inicia-se o prazo prescricional no dia 1º de março.

O chefe da repartição encaminha o caso para a Corregedoria Regional do Instituto de Previdência, que, em 2 de agosto de 2010, instaura sindicância para apurar o fato, com a publicação da portaria em veículo oficial de imprensa ou boletim de serviço local dentro da própria Administração.

A instauração da sindicância interrompeu o prazo prescritivo que já estava com 155 dias transcorridos, desde 1º de março até o dia 2 de agosto.

Como o caso é passível de advertência, ainda não havia sido tragado pela prescrição, porquanto o art. 142 da Lei nº 8.112/90 estabeleceu que a referida sanção se extingue no prazo de 180 dias.

Com a instauração da sindicância, ocorre a interrupção, e o prazo é contado novamente. Antes de voltar a contá-lo, o prazo ficará suspenso por 80 dias.[59]

No dia 22 de outubro de 2010, o prazo prescricional volta a correr.

Enquanto isso, a sindicância continua a ser processada, com a publicação de nova portaria, reconduzindo a comissão para conclusão dos trabalhos apuratórios.

Enfim, em 23 de dezembro de 2010, a sindicância é concluída com sugestão de aplicação de advertência ao servidor que não tratou com urbanidade o cidadão denunciante. A prescrição não está consumada ainda, pois, de 22 de outubro de 2010 a 23 de dezembro, transcorreram-se apenas 63 (sessenta e três) dias. Note-se que será necessário 260 dias (180 do prazo em si mais 80 dias da suspensão do processo) para se completar o prazo extintivo. A mesma se consumará apenas em 9 de julho de 2011.

Os autos vão para julgamento em Brasília.

Após os trâmites legais, em 15 de julho de 2011, o presidente da autarquia julga a conduta passível de advertência, porém deixa de aplicá-la, tendo em vista que já se encontrava prescrita a respectiva sanção.

Vamos a mais um exemplo. O agente de polícia rodoviária, ao abordar um motorista nitidamente embriagado, deixa de autuá-lo e adotar as demais providências legais, recebendo um cheque de R$1.000,00 (mil reais) da esposa do infrator, que apôs o número de seu telefone no verso do documento. Isto se passou no dia 1º de janeiro de 2002.

O cheque não foi pago pela agência bancária por insuficiência de fundos. Quinze dias depois, o agente de polícia telefona para a emitente do cheque para que lhe pagasse o valor. Após vários telefonemas intimidadores, a esposa do motorista infrator resolve relatar o fato, no dia 1º de março de 2002, à Superintendência de Polícia em que estava lotado o agente.

---

59 No caso de sindicância, o prazo prescricional fixa suspenso pelo prazo legal para conclusão dos trabalhos, ou seja, trinta dias, prorrogáveis por mais trinta, mais o prazo de vinte dias para o julgamento (art. 167 da Lei nº 8.112/90).

O fato é gravíssimo. A pena será, com certeza, a de demissão, se comprovadas, no bojo do processo, a autoria, a materialidade e a culpabilidade do acusado. O prazo de prescrição é de cinco anos, contado do conhecimento do fato (1º de março), porque, até então, o ilícito era de conhecimento apenas dos envolvidos. Com a denúncia formulada contra o policial, noticiada na repartição, torna-se o fato conhecido, e o prazo de cinco anos começa a correr.

O órgão de correição da polícia instaura processo administrativo disciplinar em 3 de junho de 2002. O prazo de prescrição, que estava em curso, é interrompido. Durante 140 dias, fica suspensa a contagem, voltando a correr em seguida, independentemente da conclusão do processo ou da decisão de julgamento.

Então, no dia 21 de outubro de 2002, volta a contar, de zero, o prazo quinquenal. A Administração terá até o dia 20 de outubro de 2007 para processar, julgar e publicar no Diário Oficial a portaria de demissão do infrator para que a punibilidade do agente não seja extinta por decurso de prazo.

Há bastante tempo para processar e punir. Se a Administração não o fizer, é por negligência de seus gestores, e não por estreiteza de prazo.

Quando ocorrer a não punição em face de prescrição da pena, a autoridade que lhe der causa será responsabilizada. A lei não fixou taxativamente a sanção prevista, porém esta deverá obedecer ao princípio da proporcionalidade. Como já estudamos no capítulo 6, toda sanção deve estar descrita num dispositivo legal. Para responsabilização da autoridade que deu causa à prescrição, há de se fazer o enquadramento nos artigos 116 ou 117 do *Estatuto*.

Comprovada a prescrição de uma penalidade de advertência, a autoridade julgadora responsável pela negligência poderá sofrer a penalidade de advertência, em face da violação do art. 116, inciso I, da Lei nº 8.112/90, por faltar com o dever de zelo para com as suas atribuições.

Note-se que, se o fato se repetir, a autoridade poderá sofrer a penalidade de suspensão, porque a suspensão deve ser aplicada no caso de reincidência na infração punível com advertência (art. 130 do *Estatuto*).

Além da responsabilidade disciplinar, responde a autoridade por responsabilidades civis e criminais decorrentes ou conexas.

Agora, se a autoridade utilizar-se do seu cargo e poder de mando, provocando de propósito o decurso de prazo prescricional de penalidade de demissão de outro servidor que fraudou o erário, responderá por infração ao art. 117, inciso IX, da Lei nº 8.112/90, devendo ser-lhe aplicada a pena de demissão. Neste caso, embora o fraudador não possa ser disciplinarmente punido porquanto prescrita a penalidade que lhe seria imposta, o superior hierárquico causador da prescrição receberá a pena máxima: demissão. Atente-se que, em todos esses casos, os princípios da razoabilidade e da proporcionalidade devem ser sopesados.

7.4 Prescrição nas infrações descritas como crime

A prescrição é instituto jurídico pelo qual, não exercido o poder de punir do Estado em determinado período temporal, a penalidade não poderá mais ser aplicada ao infrator.

Há uma exceção aos prazos prescritivos no âmbito geral da Lei nº 8.112/90. Quando o mesmo ato ou fato for ao mesmo tempo ilícito administrativo e criminal, a prescrição se regula pelo prazo do Código Penal. Prevê a Lei nº 8.112/90: "Os prazos de prescrição previstos na lei penal aplicam-se às infrações disciplinares capituladas também como crime" (art. 142, §2º).

A melhor jurisprudência entende pela aplicabilidade do §2º do art. 142 da Lei nº 8.112/90. Vejamos:

> III - Na hipótese de a infração disciplinar constituir também crime, os prazos de prescrição previstos na lei penal têm aplicação: Lei 8.112/90, art. 142, §2º. Inocorrência de prescrição, no caso. (STF. MS nº 23.242/SP, Pleno. Rel. Min. Carlos Velloso. *DJ*, 17 maio 2002)

Seria injusto que, pelo mesmo fato ilícito acarretador da aplicação de pena criminal e pena administrativa, o agente tivesse sua ação criminosa prescrita no processo penal e ainda fosse responder pelo ilícito administrativo – daí a previsão legal de que a penalidade administrativa prescrevesse no mesmo prazo da prescrição criminal.

Algumas situações são por demais interessantes. Em geral, a penalidade de demissão prescreve em cinco anos (Lei nº 8.112/90, art. 142, I). No caso específico de abandono de cargo, cuja penalidade administrativa é a de demissão, a sanção prescreve em três anos, não por força do art. 142, inciso I, da Lei nº 8.112/90, mas, sim, pela combinação do §2º desse mesmo artigo com os artigos 109 e 323 do Código Penal.

Nesse sentido, o Parecer da Advocacia-Geral da União nº GM-007 esclarece que:

4.3. Ocorre, todavia, que a ilicitude atribuída ao acusado — abandono de cargo — também figura como crime contra a Administração, nos precisos termos do art. 323 do Código Penal, cuja prescrição é de dois anos, a teor do comando inserido no art. 109, inciso VI, do retrocitado Código.
4.4. A referida prescrição, por força do disposto no §2º do art. 142 da Lei nº 8.112/90, é aplicável no presente caso, uma vez que o abandono de cargo em apreço restou configurado a contar do dia 1º de outubro de 1996, fls. 03, estando, por conseguinte, expirado o prazo de 2 anos.
5. É oportuno trazer à baila que a Advocacia-Geral da União, ao elucidar questão análoga procedente do próprio Ministério da Educação (Processo nº 23000.009699/91-06), concluiu pela necessidade de se declarar a extinção de punibilidade em favor do infrator, por prescrição, conforme se depreende do disposto no PARECER Nº AGU/WM-8/98 (Anexo ao Parecer GQ 144). [...].
4. Concluiu a Subchefia que o desfecho do processo seria a declaração de extinção da punibilidade em virtude da prescrição da correspondente ação disciplinar. Mas, considerando que estava sob exame desta Instituição proposta de revisão do entendimento que se vinha observando na Administração, sugeriu o encaminhamento dos autos a esta Advocacia-Geral.

É por demais importante, para os processantes e autoridades julgadores, atentar para os ilícitos mais graves dentro da Administração e, no caso de processos disciplinares demorados, não fixarem o prazo da demissão antes de analisarem com cuidado se o ilícito perpetrado não está também previsto como crime na legislação penal, porquanto muitas vezes o prazo pode ser superior a cinco anos, a depender do que conste do processo penal (art. 142, §2º, da Lei nº 8.112/90).

Assim, por exemplo, se um fiscal de tributos, valendo-se do cargo, deixa que o contribuinte sonegue informações à fiscalização e, em razão disso, recebe vantagem pecuniária, a pena de demissão do fiscal não prescreve em apenas cinco anos, haja vista que o ilícito, neste caso, também está descrito na lei penal. Nesse caso, configura-se claramente o crime de *corrupção passiva*. A prescrição administrativa nesse caso se dará apenas depois de 16 anos do conhecimento do fato, de acordo com o art. 142, §2º, da Lei nº 8.112/90 c/c art. 317 e art. 109, inciso II, do Código Penal.

7.5 Anistia

Embora pareça conflitante com o princípio geral da disciplina, a anistia, quando prevista em lei, pode extinguir a punibilidade do agente, como acontece no direito penal.

A lei que conceder a anistia leva em conta o princípio da moralidade. A moralidade é expressamente um princípio que vigora dentro da Administração Pública (art. 37 da CR/88). Não se deve, por conseguinte, isentar de responsabilização atos ilícitos de gravidade notória e que choquem o serviço público e a sociedade em geral.

Temos o exemplo do servidor que, condenado por ter sido sócio-gerente de uma empresa privada, pode vir a ser reintegrado se uma lei federal anistiar todos os servidores que tiverem incorrido nessa situação. Entendo que a lei deve ser de caráter geral, e não individual.

7.6 Lei nova que torna o fato lícito

Como espécie do gênero dos direitos punitivos, no direito disciplinar se uma lei nova tornar o fato outrora irregular como um fato lícito, estará extinta a punibilidade do fato anterior.

Repetindo o exemplo do ilícito de manter empresa na qualidade de sócio-gerente ou administrador da mesma. Advindo uma legislação tornando lícito ao servidor ser sócio-gerente de empresa ou seu administrador, desde que essa atribuição não seja exercida no horário de expediente, o servidor punido com demissão no passado deverá ser reintegrado ao serviço público.

Outro caso: há o ilícito punível com demissão para quando o agente ocupar dois cargos públicos (salvo ressalvas legais e constitucionais). Se uma nova lei passar a admitir a acumulação indistintamente, desde que não tenha havido concomitância de horários, entendemos que o servidor anteriormente punido deve ser reintegrado, retroagindo os efeitos da lei mais benéfica.

Se uma lei nova dispuser que o abandono de cargo deva fazer incidir uma penalidade de multa de até duas vezes a remuneração do infrator, acrescida obviamente dos descontos dos dias faltados, não mais elencado tal ilícito nas hipóteses de demissão do serviço público, a nosso ver, a lei nova deve vigorar indistintamente, quer para os casos pretéritos, quer para os emergentes.

7.7 Morte do servidor

A morte do servidor causa a extinção da punibilidade. Não se extingue o ato ilícito, que continua sendo ilícito; porém, como o agente é falecido, não se pode aplicar a punição administrativa.

No direito moderno, a pena não pode traspassar da pessoa do condenado. O princípio da pessoalidade da punição não admite que parentes do infrator respondam por atos que aquele praticou, de modo que, morto o agente, não se pode executar a penalidade que porventura lhe seria imposta.

Efeitos importantes sobrevêm nesse caso. Por exemplo, um servidor fraudou diversos benefícios em determinada autarquia previdenciária. Vem à tona a notícia das ilicitudes. Abre-se o processo disciplinar. No curso do processo, o indivíduo morre de acidente de trânsito. A penalidade a ser aplicada – no caso, demissão – resta automaticamente extinta pela morte do infrator. Se o ex-servidor falecido tiver dependentes (esposa, companheira, filho menor ou inválido), o órgão deverá conceder a pensão por morte a quem de direito.

Os danos de natureza civil deverão ser cobrados através de procedimento administrativo próprio, e não na esfera específica do processo administrativo disciplinar. Disciplinarmente, como está dito, a penalidade administrativa está extinta, e o processo administrativo disciplinar, nesse caso, deverá ser arquivado.

Após a cobrança administrativa, via de regra, após processo administrativo de tomada de contas, em não havendo sucesso, cabe ao órgão jurídico competente ajuizar a ação de cobrança cível perante o Poder Judiciário.

CAPÍTULO 8

REABILITAÇÃO

8.1 Generalidades

A reabilitação é instituto importante em todos os ramos dos direitos punitivos. Um dos objetivos da legislação disciplinar é prevenir, evitar as irregularidades no serviço público. O efeito psicológico na comunidade de servidores é importante, bem como é importante que o servidor punido anteriormente, demonstrado seu bom comportamento, em determinado espaço de tempo, seja reabilitado.

Reabilitar-se, para todos os efeitos, é voltar a ser primário.

Nos comentários da seção 8.4 – *Registro da penalidade prescrita nos assentamentos funcionais do servidor* –, tentaremos demonstrar uma inconsistência na legislação disciplinar federal, ou seja, o tratamento deve ser igual, no que tange ao instituto da reabilitação, tanto para a penalidade aplicada quanto para os casos de anotações de penalidades prescritas. Como veremos, a anotação da penalidade prescrita, também, deve ser retirada dos assentamentos funcionais do servidor após o prazo de reabilitação, sob pena de inconstitucionalidade.

8.2 Conceito de reabilitação

A reabilitação é, na prática, desconhecida dos órgãos aplicadores do direito disciplinar. De tão importante que é o instituto, vamos descer a comentários técnico-jurídicos para que seja fixada a noção exata de seu significado.

A Lei nº 8.112/90 dispõe:

> Art. 131. As penalidades de advertência e de suspensão terão seus registros cancelados, após o decurso de 03 (três) e 05 (cinco) anos de efetivo exercício, respectivamente, se o servidor não houver, nesse período, praticado nova infração disciplinar.

Não por insistência, trazemos mais uma vez à colação as lições de De Plácido e Silva. Conceitua o renomado professor:

> REABILITAÇÃO. De reabilitar, formado de habilitar e do prefixo re, que dá a ideia de ação retroativa ou retorno ao anterior, exprime, geralmente, o fato, que vem restituir a capacidade de uma pessoa ou que vem restabelecer uma situação anteriormente perdida.
> Juridicamente, pois, a reabilitação é a restituição de qualidades ou atributos, que se haviam perdido. E por ela se restabelece a situação anterior, para que possa a pessoa reintegrar-se na posição jurídica, de que fora afastada, readquirindo a plenitude de ação relativamente aos direitos, de que se privara.

Juridicamente, no direito disciplinar do serviço público federal, o servidor punido com advertência ou suspensão havia perdido a condição de primariedade. E, mais à frente, continua De Plácido e Silva:

> A reabilitação, portanto, restitui a capacidade, em virtude do que a pessoa está novamente habilitada a agir, segundo os direitos que lhe são assegurados por lei. Ou é recolocada na situação jurídica de que fora afastada.
> Em qualquer circunstância, a reabilitação traduz a ideia de uma interdição, anteriormente decretada, que foi afastada, pelo cumprimento de certos requisitos, para que o interditado retorne ao estado anterior.[60]

Recolocar na situação jurídica de que a pessoa foi afastada é, em suma, retomar a posição funcional de primariedade no direito administrativo disciplinar, de modo que, quando em possível futuro PAD, ainda que julgado culpado, na dosagem da penalidade, a condenação anterior da qual o servidor já foi reabilitado não deve, em hipótese alguma, ser utilizada para sopesar a conduta, nos termos do art. 128 do *Estatuto*. Na

---

60 SILVA. *Vocabulário jurídico*, v. 3-4, p. 27.

exegese dos antecedentes, não pode sequer haver referência à anterior punição que já teve seus efeitos tragados pela reabilitação.

8.3 Reabilitação no direito disciplinar

É importante proceder à reabilitação dos servidores. A lei disciplinar federal, em que pese tecnicamente não denomina essa função de *reabilitação*, prevê expressamente a sua hipótese.

Ressalve-se que são passíveis de reabilitação os atos ou fatos cuja sanção a eles prevista seja de advertência ou de suspensão.

O egrégio Tribunal Regional Federal da 5ª Região, no julgamento da Apelação Cível nº 83.553/PE, dirimiu com bastante clareza como se deve entender o instituto da reabilitação, no direito disciplinar federal:

> Administrativo. Cancelamento do registro de penalidades administrativas aplicadas a servidor. Hipótese restrita aos casos de advertência e suspensão. Art. 131 da Lei 8.112/90.
> 1. A teor do art. 131 da Lei 8.112/90, somente o registro das penalidades de advertência e suspensão aplicadas ao servidor público pode ser objeto de cancelamento, após o decurso de um triênio ou um qüinqüênio, respectivamente, se nesse período não ocorrer o cometimento de nova infração disciplinar.
> 2. É defeso ao juiz, que carece de potestade normativa, ampliar substantivamente o alcance de dispositivos de lei, a pretexto de interpretá-los, para nele incluir situações ou fatos que não foram no seu contexto insertos pelo legislador, ainda que a extensão da aplicação da regra lhe possa parecer conveniente ou justa.
> 3. Sentença mantida.

Para a demissão ou a cassação de aposentadoria, a lei não prevê a aplicabilidade do instituto. O servidor que pratica ilícito sujeito às penas expulsórias, ou seja, de demissão ou de cassação de aposentadoria, é excluído do serviço público federal, o que, na prática, torna impossível a incidência do instituto da reabilitação.

Dispõe a Lei nº 8.112/90 que "as penalidades de advertência e de suspensão terão seus registros cancelados, após o decurso de 3 (três) e 5 (cinco) anos de efetivo exercício, respectivamente, se o servidor não houver, nesse período, praticado nova infração disciplinar" (art. 131).

Ora, então após três anos sem faltas disciplinares, o servidor que fora punido com advertência tem direito a que esta punição seja riscada de seus assentamentos funcionais.

Outrossim, a penalidade de suspensão, decorridos cinco anos sem infrações disciplinares, deve ser retirada da sua *ficha* funcional.

A lei presume que o servidor esteja reabilitado, na medida em que, dentro de um período de tempo razoável, não volta a praticar irregularidades na repartição.

O registro deve ser apagado da vida funcional do servidor. No entanto, a lei previu que o referido cancelamento da penalidade não surtirá efeitos retroativos. Com isso, quis significar o legislador que se, no curso do prazo estipulado para a reabilitação, houver um processo de promoção funcional com a qual não fora agraciado o servidor, correto está a preterição do mesmo, que sequer poderá ser candidato à promoção. Isso é plenamente compreensível. Depois de reabilitado, inclusive, não há lugar para se requerer a mesma promoção retroativa, objeto daquele anterior concurso.

O que ocorrerá é que, após o prazo da reabilitação, sem que haja cometido novas faltas, o servidor não será impedido de ser promovido, haja vista a razão de a penalidade já estar cancelada pelo bom comportamento posterior.

8.4 Registro da penalidade prescrita nos assentamentos funcionais do servidor

Deixamos de propósito para comentar esse dispositivo legal após o exame da reabilitação.

Como vimos, passados três ou cinco anos, respectivamente, da punição de advertência ou suspensão, sem que nova falta seja cometida, a Administração cancela a penalidade e a exclui permanentemente dos assentamentos funcionais do servidor.

Para as penalidades que deixam de ser aplicadas pela prescrição, a legislação ordena que se anote o fato nos assentamentos do servidor.

Segundo o art. 170 do *Estatuto*, "extinta a punibilidade pela prescrição, a autoridade julgadora determinará o registro do fato nos assentamentos individuais do servidor".

Entretanto, não dispôs a lei sobre o decurso de prazo, inclusive para fins de eventual reabilitação, nos casos em que a penalidade de advertência e suspensão deixa de ser aplicada por estarem prescritas.

A maioria dos órgãos, em face da ausência de expressa disposição legal, deixa registrada a prescrição da penalidade na pasta pessoal do servidor, sem atentar para o efeito da reabilitação.

O pior é que a lei diz que a autoridade julgadora determinará o registro do *fato*, e não da penalidade prescrita.

Os órgãos fazem o contrário e registram o conteúdo cabal da penalidade, mencionando ao final que a mesma deixa de ser aplicada porque se encontra tragada pela prescrição.

Por analogia, poder-se-ia entender que o disposto no art. 170 deveria ser interpretado com bastantes restrições.

A boa hermenêutica faria a combinação do art. 170 com o art. 131 da Lei nº 8.112/90, donde, observado o efeito reabilitador do decurso de prazo sem novas faltas disciplinares, fosse cancelado o registro da penalidade prescrita, nos prazos de três ou cinco anos, respectivamente, conforme seja o caso de advertência ou suspensão.

No caso de demissão, cuja aplicação não ocorre em face de prescrição, estar-se-ia diante do entendimento absurdo de jamais o servidor ter a capacidade de obter a reabilitação funcional, haja vista que, para sempre, ficariam seus assentamentos funcionais com o registro do fato.

Diante desses excessos, a jurisprudência vem se posicionando pela impossibilidade de, em sobrevindo prescrição, serem registradas as ocorrências nas pastas, arquivos ou sistemas de gestão de pessoas.

O Superior Tribunal de Justiça assim tem se pronunciado:

> 7. A prescrição tem o condão de eliminar qualquer possibilidade de punição do servidor pelos fatos apurados, inclusive as anotações funcionais em seus assentamentos, já que, extinta a punibilidade, não há como subsistir os seus efeitos reflexos. (MS nº 14.446/DF, 3ª Seção. Rel. Min. Napoleão Nunes Maia Filho. *DJe*, 15 fev. 2011)

Esse é um problema sobre o qual vimos pensando há mais de uma década.

Realmente, a segurança jurídica não admite que, passados, por exemplo, trinta anos sem nenhuma falta funcional, um registro de uma penalidade prescrita permaneça a manchar a vida do servidor.

Ao argumento de que a lei manda registrar a penalidade prescrita, temos o sistema jurídico e constitucional que afasta a interpretação absurda, fruto de obtuso entendimento gramatical do art. 170 do *Estatuto*.

Essa querela encontra-se atualmente pacificada após diversos julgados das cortes superiores, não mais sendo possível o registro da penalidade de advertência prescrita.

CAPÍTULO 9

CONSIDERAÇÕES FINAIS

9.1 Generalidades

Para encerrar este ensaio, resumiremos: o direito disciplinar, sempre baseado na legalidade, utiliza-se de uma sistemática que é própria dos direitos de natureza punitiva, mas sendo independente do direito penal.

Após a primazia do princípio da legalidade e do interesse público, a hierarquia e a disciplina são as norteadoras da interpretação do sistema, e as regras de conduta prezam pela sua manutenção.

Como direito punitivo, encontra-se o direito disciplinar jungido ao princípio da reserva legal, de modo que toda e qualquer sanção deve constar expressamente do texto da lei que rege a matéria aqui estudada – a Lei nº 8.112, de 11 de dezembro de 1990.

A responsabilidade administrativo-disciplinar se faz valer quando a conduta do servidor viola dispositivo dessa legislação ou de qualquer outra norma regulamentar oficial.

As penalidades previstas para o desvio de comportamento vão de advertência, suspensão, demissão, cassação de aposentadoria e destituição de cargo em comissão ou função comissionada, devendo, quando de sua aplicação, serem aferidas a gravidade e a natureza do ilícito perpetrado.

Como já estudamos, se não aplicada a sanção no tempo em que a lei prevê, temos a prescrição, ficando extinta a punibilidade, e nada ocorrerá ao infrator.

9.2 Disciplina e hierarquia

Disciplina e sistema hierárquico são os pilares do processo e da sanção disciplinar.

A disciplina é o código de preceitos a que deve submissão o servidor. A hierarquia é o caminho pelo qual se faz cumprir a disciplina administrativa.

É pela hierarquia que se instaura o processo e, após seu término, é pela estrutura hierárquica que se cumpre efetivamente a punição do servidor. Atualmente, quando cabível o TAC, é pela via hierárquica que o mesmo é cumprido, em substituição à sanção disciplinar.

É óbvio que a hierarquia e a disciplina a que o sistema se refere não é a obediência cega às chefias. É, ao revés, a hierarquia e a disciplina da lei, democraticamente promulgada pelo Parlamento.

9.3 Preceito e sanção

O servidor não está adstrito aos caprichos de chefes e gestores. Seu comportamento se submete somente à lei.

A vontade pessoal e política de seus superiores, se fora dos dispositivos da Lei nº 8.112/90, é para ele letra-morta.

Os preceitos, *deveres* e *proibições*, é que devem ser à risca obedecidos, pois, se descumpridos, dão margem ao processo administrativo disciplinar, e sobrevém a sanção, se configuradas a materialidade, a autoria e a culpabilidade; caso seja uma infração de menor potencial ofensivo, cabe a lavratura de um TAC.

9.4 Princípios de regência

Além do princípio da hierarquia e da disciplina, o servidor deve atentar para o princípio da legalidade, pelo qual só lhe é permitido fazer o que consta da legislação federal.

Na vida privada, o que não lhe for proibido, pode fazer. Na repartição, não. Somente pode atuar segundo o texto legal afeto à sua área de atuação.

De ordem constitucional, o princípio da moralidade vai para coroar o movimento de bom trato com as coisas, o serviço e os recursos públicos, porquanto, ainda que legal, se o ato ferir a moralidade administrativa, estará eivado de nulidade.

Em termos de regime disciplinar, o princípio da prevenção, quase que esquecido e abandonado, deveria ser eleito como norte para o futuro da Administração, pois é melhor educar e corrigir no início de falhas administrativas do que posteriormente, através da correição (que é sempre repressiva), colher-se apenas uma portaria de punição publicada em diário oficial, quando o prejuízo aos cofres já vier a ultrapassar os milhões.

Em todos os casos de irregularidades, além do processo disciplinar, a Administração Pública, no exercício do princípio da autotutela, tem obrigação de sanar o ato irregular, anulando-o, para que a regularidade administrativa se mantenha dentro da indenidade. Ademais, vimos que os direitos de que é titular a Administração são de cunho indisponível.

Nesse ponto, é indispensável ter em vista que o princípio da eficiência no serviço público é de fundamental importância no funcionamento das repartições.

Na aferição da conduta ilícita, o princípio da razoabilidade e da proporcionalidade entre a rigidez da punição e a gravidade do ato irregular praticado deve sempre ser sopesado a fim de evitar exageros, passíveis de anulação na via judicial.

Os atos da Administração são submetidos ao princípio da publicidade. Os atos secretos, com a breve exceção dos casos que envolvam a segurança nacional, são execrandos, merecendo a mais forte das reprimendas. No caso disciplinar, até o julgamento final do processo, o princípio da publicidade sofre pequena limitação, porquanto o acesso aos autos deve se limitar aos envolvidos no feito punitivo. Após o julgamento, o processo torna-se acessível, desde que fundamentados a necessidade e o interesse pertinentes ao caso.

9.5 Regime disciplinar na Lei nº 8.112/90

O regime disciplinar dos servidores públicos civis federais consta dos deveres contidos no art. 116 e das proibições dos artigos 117 e 132, todos da Lei nº 8.112/90, e dispositivos esparsos. Redobre-se a atenção para o dever do art. 116, inciso III, segundo o qual é dever do servidor *observar as normas legais e regulamentares*. Com isso, o servidor deve seguir corretamente no cumprimento de toda a legislação legal e infralegal.

As infrações aos dispositivos do art. 116, do art. 117, incisos I a VIII e XIX, da Lei nº 8.112/90, indicam inicialmente a penalidade de *advertência*. No caso de reincidência, deve ser aplicada a penalidade de suspensão. A suspensão é passível de ocorrer por violação direta dos dispositivos contidos nos incisos XVII e XVIII do art. 117 e da violação do dever contido no §1º do art. 130, ambos da Lei nº 8.112/90.

A demissão consta do rol taxativo do art. 132, cuja transcrição e respectivos comentários estão na seção 6.2.3 do capítulo 6.

No campo da aplicação das penalidades, é fundamental a observância do art. 128 do *Estatuto*: "Na aplicação das penalidades serão consideradas a natureza e a gravidade da infração cometida, os danos que dela provierem para o serviço público, as circunstâncias agravantes ou atenuantes e os antecedentes funcionais".

9.6 Responsabilidade administrativa

Cometido o ilícito, com a violação da norma disciplinar, deve incidir a sanção, com exceção de infrações de menor potencial ofensivo que podem ser objeto de TAC. A sanção, como vimos, deve constar de texto de lei, devendo ser proporcional à gravidade do fato e de seus efeitos.

A sanção disciplinar se dirige à pessoa do servidor faltoso enquanto funcionário do Estado. Pelo princípio da pessoalidade, a penalidade não pode passar da pessoa do punido.

A responsabilidade administrativa é independente da responsabilidade civil pelos danos causados, que devem ser cobrados através de processo administrativo (não disciplinar) ou por meio de tomada de contas especial (TCE), e, não havendo ressarcimento espontâneo, os autos devem ir à Advocacia-Geral da União para ajuizar a ação de cobrança.

A exceção das independências entre a responsabilidade administrativa e a responsabilidade criminal é quando o juiz declara no crime a inexistência do fato ou ocorre a negativa da autoria.

Resumindo o que a legislação disciplinar dispõe na seara das responsabilidades, recomendamos a leitura dos seguintes artigos:

> Art. 121. O servidor responde civil, penal e administrativamente pelo exercício irregular de suas atribuições.
> Art. 122. A responsabilidade civil decorre de ato omissivo ou comissivo, doloso ou culposo, que resulte em prejuízo ao erário ou a terceiros. [...]
> Art. 123. A responsabilidade penal abrange os crimes e contravenções imputadas ao servidor, nessa qualidade.

> Art. 124. A responsabilidade civil-administrativa resulta de ato omissivo ou comissivo praticado no desempenho do cargo ou função.
> Art. 125. As sanções civis, penais e administrativas poderão cumular-se, sendo independentes entre si.

Do que acima está disposto, temos que a responsabilidade jurídica, no ordenamento brasileiro, é de natureza *subjetiva*, isto é, indispensável para responsabilização do servidor que este tenha agido com culpa ou com dolo (má-fé, de propósito, enfim, deliberadamente).

9.7 Prescrição do ilícito administrativo disciplinar

Prescreve em 180 dias a penalidade de advertência; em dois anos, a penalidade de suspensão; em cinco anos, prescrevem as penalidades de demissão, de cassação de aposentadoria e de destituição de cargo em comissão.

Atentar para os casos de abandono de cargo, pois o mesmo também está tipificado no Código Penal, e sua pena prescreve em três anos. Embora o abandono de cargo implique demissão, a sanção prescreve pelo prazo do direito criminal, segundo ditame do art. 142, §2º, da Lei nº 8.112/90.

A contagem do prazo prescricional tem como termo inicial o conhecimento do fato, que pode se dar de diversas maneiras, seja por denúncia, representação, veiculação em jornal, entre outros tantos meios.

Sobre a prescrição disciplinar, é de suma importância a consulta aos pareceres da Advocacia-Geral da União e, a título de sugestão, aos Pareceres nº GQ-55/1995, GM-1/2000, GM-007, GQ-159/1998, GQ-211/1999, GQ-164, GQ-207/1999, GQ-210/1999, e, mais recentemente, à Nota DECOR/CGU/AGU nº 208/2009, que veio para esclarecer o correto entendimento que se deve conferir ao Parecer nº GQ-55/1995 para fins de contagem do termo *a quo* do prazo prescricional.

9.8 Conclusões finais

Encerramos o trabalho na expectativa de sua utilidade aos operadores do direito administrativo e do direito administrativo disciplinar.

É fruto de nossa atuação na área disciplinar do Poder Executivo federal há 23 anos, na nobre carreira de procurador federal.

Na medida do possível, procuramos conservar intencionalmente o trabalho centrado apenas no direito material disciplinar.

As matérias atinentes ao processo administrativo disciplinar propriamente dito não foram esmiuçadas aqui, talvez num futuro momento, haja vista que, para esse mister, se requer um fôlego maior do escritor.

Assuntos conexos ao processo administrativo disciplinar somente foram citados quando necessários ao melhor entendimento do direito material.

Tomamos esse cuidado porquanto os publicistas ordinariamente cuidam de ambos os assuntos simultaneamente, dificultando o reconhecimento da autonomia científica de cada ramo isoladamente considerado.

Em nosso entendimento, os livros de processo administrativo em geral têm adentrado no campo do direito material disciplinar, o que causa uma dificuldade a mais para o estudioso do direito disciplinar.

Entretanto, a verdade é que o direito disciplinar ainda está em fase embrionária, merecendo, portanto, estudo próprio, exclusivo. Tão somente assim poderá um dia ser respeitado como ramo autônomo do direito.

REFERÊNCIAS

ATALIBA, Geraldo. *Hipótese de incidência tributária*. 5. ed. 5. tiragem. São Paulo: Malheiros, 1996.

AZEVEDO, Sylvio Ximenez de. *Direito administrativo disciplinar*: em perguntas e respostas. Rio de Janeiro: Ed. Trabalhistas, 1986.

BACELLAR FILHO, Romeu Felipe. *Processo administrativo disciplinar*. 3. ed. São Paulo: Saraiva, 2012.

BANDEIRA DE MELLO, Celso Antônio. Conflito de normas jurídicas: critérios de solução: efeitos de ato controlado e de ato controlador: sujeição passiva em mandado de segurança de seus autores. *Boletim de Direito Administrativo*, v. 12, n. 1, p. 1-9, jan. 1996.

BANDEIRA DE MELLO, Celso Antônio. *Curso de direito administrativo*. 11. ed. São Paulo: Malheiros, 1999.

BARRETO, Luiz Antonio. *Os vassalos do rei*. Aracaju: Sociedade Editorial de Sergipe, 1998. (Notas prévias para uma teoria da cultura brasileira, 2ª série).

BARROS JÚNIOR, Carlos Schmidt de. *Do poder disciplinar na Administração Pública*. São Paulo: Revista dos Tribunais, 1972.

BIELSA, Rafael. *Derecho administrativo*. 6. ed. Buenos Aires: La Ley, 1964.

BOMFIM, Manoel. *A América Latina*: males de origem. 2. ed. Rio de Janeiro: Topbooks, 1993.

BOMFIM, Manoel. *O Brasil nação*: realidade da soberania brasileira. 2. ed. Rio de Janeiro: Topbooks, 1996.

BRUNO, Aníbal. *Direito penal*: parte geral. 5. ed. rev. Atualizada por Raphael Cirigliano Filho. Rio de Janeiro: Forense, 2003.

CARVALHO, A. A. Contreiras de. *Estatuto dos funcionários públicos interpretado*. 3. ed. Rio de Janeiro: Freitas Bastos, 1964.

CARVALHO, Paulo de Barros. *Curso de direito tributário*. 12. ed. São Paulo: Saraiva, 1999.

CAVALCANTI, Themistocles Brandão. *Instituições de direito administrativo brasileiro*. Rio de Janeiro: Freitas Bastos, 1936.

CAVALCANTI, Themistocles Brandão. *Tratado de direito administrativo*. 4. ed. Rio de Janeiro: Freitas Bastos, 1961.

COSTA JÚNIOR, Paulo José da; COSTA, Fernando José da. *Curso de direito penal*. 12. ed. São Paulo: Saraiva, 2010.

COSTA, José Armando da. *Direito administrativo disciplinar*. Brasília: Brasília Jurídica, 2004.

COSTA, José Armando da. *Teoria e prática do processo administrativo disciplinar*. 3. ed. Brasília: Brasília Jurídica, 1999.

CRETELLA JÚNIOR, José. *Curso de direito administrativo*. 17. ed. Rio de Janeiro: Forense, 2000.

CRETELLA JÚNIOR, José. *Direito administrativo comparado*: para os cursos de pós-graduação. 4. ed. Rio de Janeiro: Forense, 1992.

CRETELLA JÚNIOR, José. *Prática do processo administrativo*. 8. ed. São Paulo: Revista dos Tribunais, 2011.

CRETELLA JÚNIOR, José. *Regime jurídico do pessoal extranumerário*. São Paulo: [s.d.], 1961.

CRETELLA JÚNIOR, José. *Tratado de direito administrativo*. 2. ed. Rio de Janeiro: Forense, 2002.

DALLARI, Adilson Abreu. *Aspectos jurídicos da licitação*. 7. ed. atual. 2. tiragem. São Paulo: Saraiva, 2007.

DELGADO, Mauricio Godinho. *Curso de direito do trabalho*. 10. ed. São Paulo: LTr, 2011.

DI PIETRO, Maria Sylvia Zanella. *Direito administrativo*. 12. ed. São Paulo: Atlas, 2000.

DUGUIT, Léon. *Traité de droit constitutionnel*. 3. éd. v. 2. Paris: Fontemoing, 1928.

FERRAZ JÚNIOR, Tércio Sampaio *et al*. *A norma jurídica*. Coordenação de Sérgio Ferraz. Rio de Janeiro: Freitas Bastos, 1980.

FIGUEIREDO, Lúcia Valle. Processo disciplinar e sindicância. *Boletim de Direito Administrativo*, v. 11, n. 5, p. 264-272, maio 1995.

FIGUEIREDO, Lúcia Valle. Responsabilidade dos agentes políticos e dos servidores. *Boletim de Direito Administrativo*, v. 10, n. 7, p. 381-386, jul. 1994.

FONSECA, Annibal Freire da. *O Poder Executivo na República brasileira*. Brasília: Câmara dos Deputados; UnB, 1981.

FORTINI, Cristiana. Processo administrativo disciplinar & sindicância. *Boletim de Direito Administrativo*, v. 27, n. 10, p. 1.141-1.156, out. 2011.

FREITAS, Izaías Dantas. A finalidade da pena no processo administrativo disciplinar. *Boletim de Direito Administrativo*, v. 17, n. 8, p. 618-625, ago. 2001.

FUSTEL DE COULANGES, Numa Denis. *A cidade antiga*: estudos sobre o culto, o direito, as instituições da Grécia e de Roma. Tradução de Jonas Camargo Leite e Eduardo Fonseca. São Paulo: Hemus, 1975.

GASPARINI, Diogenes. *Direito administrativo*. 5. ed. São Paulo: Saraiva, 2000.

GUIMARÃES, Francisco Xavier da Silva. *Regime disciplinar do servidor público civil da União*. Rio de Janeiro: Forense, 1998.

HARGER, Marcelo. A inexistência de improbidade administrativa na modalidade culposa. *Boletim de Direito Administrativo*, n. 8, p. 909-919, ago. 2010.

HOLANDA, Sérgio Buarque de. *Raízes do Brasil*. 26. ed. São Paulo: Companhia das Letras, 1995.

ISMAEL FILHO, Salomão Abdo Aziz. Princípios da razoabilidade e da proporcionalidade: critérios limitantes da discricionariedade administrativa através do controle judicial. *Boletim de Direito Administrativo*, v. 18, n. 9, p. 723-735, set. 2002.

KELSEN, Hans. *Teoria pura do direito*. Tradução de João Baptista Machado. 4. ed. Coimbra: A. Amado, 1976.

LOPES, Miguel Maria de Serpa. *Curso de direito civil*. Rio de Janeiro: Freitas Bastos, 1961. v. 5 - Fontes contratuais das obrigações: responsabilidade civil.

LUZ, Egberto Maia. *Direito administrativo disciplinar*: teoria e prática. 4. ed. Bauru: Edipro, 2002.

MACHADO NETO, Antonio Luiz. *Compêndio de introdução à ciência do direito*. 6. ed. São Paulo: Saraiva, 1988.

MACHADO NETO, Antonio Luiz. *Teoria da ciência jurídica*. São Paulo: Saraiva, 1975.

MARQUES, Raphael Peixoto de Paula. O instituto da prescrição no direito administrativo. *Boletim de Direito Administrativo*, v. 19, n. 12, p. 959-975, dez. 2003.

MEDAUAR, Odete. *Direito administrativo moderno*. 3. ed. São Paulo: Revista dos Tribunais, 1999.

MEIRA, José de Castro. Controles da Administração Pública: interno e externo. *Boletim de Direito Administrativo*, v. 12, n. 1, p. 10-15, jan. 1996.

MEIRA, José de Castro. O agente político como gestor de bens e serviços públicos. *Boletim de Direito Administrativo*, v. 10, n. 11, p. 682-686, nov. 1994.

MEIRA, José de Castro. Prescrição administrativa: sentido e alcance da expressão em face do direito positivo. *Boletim de Direito Administrativo*, v. 21, n. 5, p. 269-274, maio 2005.

MEIRA, José de Castro. Processo administrativo. *Boletim de Direito Administrativo*, v. 19, n. 3, p. 198-202, mar. 2003.

MEIRELLES, Hely Lopes. *Direito administrativo brasileiro*. 22. ed. Atualizada por Eurico de Andrade Azevedo, Délcio Balestero Aleixo e José Emmanuel Burle Filho. São Paulo: Malheiros, 1997.

MENEGALE, J. Guimarães. *O estatuto dos funcionários*. Rio de Janeiro: Forense, 1962.

OSÓRIO, Fábio Medina. *Direito administrativo sancionador*. São Paulo: Revista dos Tribunais, 2000.

PEREIRA, Caio Mário da Silva. *Instituições de direito civil*. 6. ed. Rio de Janeiro: Forense, 1995.

PIMENTEL FILHO, André. Desafios na aplicação da Lei de Improbidade. *Jus Navigandi*, Teresina, ano 16, n. 2955, 04 ago. 2011. Disponível em: http://jus.com.br/artigos/19692. Acesso em: 16 set. 2013.

PULINO, Daniel. *A aposentadoria por invalidez no direito positivo brasileiro*. São Paulo: LTr, 2001.

REIS, Palhares Moreira. *Processo disciplinar*. Recife: Consulex, 1997.

REZENDE, Adriana Menezes de. *Do processo administrativo disciplinar e da sindicância*. Rio de Janeiro: Lumen Juris, 2000.

RIGOLIN, Ivan Barbosa. *Comentários ao regime único dos servidores públicos civis*: Lei nº 8.112, de 11.12.1990. 7. ed. São Paulo: Saraiva, 2012.

SANTOS, Carlos Frederico Brito dos. *Improbidade administrativa*: reflexões sobre a Lei nº 8.429/92: com as alterações mantidas pela Medida Provisória nº 2.225-45, de 04.09.2001. Rio de Janeiro: Forense, 2002.

SILVA, De Plácido e. *Vocabulário jurídico*. 4. ed. Rio de Janeiro: Forense, 1996. 4 v.

TOLEDO, Francisco de Assis. *Princípios básicos de direito penal*: de acordo com a Lei nº 7.209, de 11.07.1984 e com a Constituição Federal de 1988. 5. ed. São Paulo: Saraiva, 1994.

VILANOVA, Lourival. *Lógica jurídica*. São Paulo: J. Bushatsky, 1976.

ANEXOS

Jurisprudência dos Tribunais Superiores

Superior Tribunal de Justiça

Administrativo. Servidor público. Processo disciplinar. Prescrição. Nulidades. Inocorrência. Período eleitoral. Incompetência. Prova ilícita. Cerceamento de defesa.

I - Inocorrência de prescrição, tendo em vista que, em se tratando de infrações disciplinares também capituladas como crimes, o prazo a ser observado é aquele previsto na legislação penal, na forma do art. 142, §2º, da Lei 8.112/90. *In casu*, o lapso temporal não foi extrapolado no curso do processo.

II - A vedação contida na legislação eleitoral quanto à demissão de servidores públicos em época de eleições não abrange a hipótese em exame.

III - Não há nulidade na demissão da impetrante por incompetência da autoridade impetrada, tendo em vista que o ato fora praticado por força de delegação expressa do Presidente da República, contida no Decreto 3.035/99.

IV - Impossibilidade de se reconhecer a violação ao direito da impetrante, em face da ausência de provas, por não ter demonstrado, de plano, a violação ao seu direito, no que tange à questão referente à origem ilícita das provas obtidas pela Comissão.

V - O indeferimento de pedido de produção de perícia, por si só, não se caracteriza como cerceamento de defesa, principalmente se a parte faz solicitação aleatória, desprovida de qualquer esclarecimento. Segurança denegada. (MS nº 7.275/DF, 3ª Seção. Rel. Min. Felix Fischer. *DJ*, 23 abr. 2001)

Agravo Regimental. Mandado de Segurança. Sindicância. Falta funcional passível de demissão. Prescrição. Interrupção. Instauração do processo administrativo disciplinar. Sentença de improcedência. Tutela antecipada anterior. Revogação. Apelação. Duplo efeito. Irrelevância.

I - A sindicância só interromperá a prescrição quando for meio sumário de apuração de infrações disciplinares que dispensam o processo administrativo disciplinar. Quando, porém, é utilizada com a finalidade de colher elementos preliminares de informação para futura instauração de processo administrativo disciplinar, esta não tem o condão de interromper o prazo prescricional para a administração punir determinado servidor, até porque ainda nesta fase preparatória não há qualquer acusação contra o servidor. Precedente.

II - Interrompido pela instauração do PAD, a Administração dispõe do prazo máximo de 140 dias para conclusão e julgamento, findo o qual reinicia-se a contagem do prazo prescricional. Precedentes.

III - Ainda que recebida no duplo efeito a apelação que julgou improcedente a demanda, não surte mais efeitos a decisão provisória que havia concedido a tutela antecipada. Agravo regimental desprovido. (AgRg no MS nº 13.072/DF, 3ª Seção. Rel. Min. Felix Fischer. *DJ*, 14 nov. 2007)

Administrativo. Mandado de Segurança. Servidor público. Cassação de aposentadoria. Prescrição da pretensão punitiva da administração. Início da contagem do prazo. Art. 142, §1º, da Lei nº 8.112/90. Data em que o fato se tornou conhecido pela administração, e não necessariamente pela autoridade competente para a instauração do processo administrativo disciplinar.

1. O art. 142, §1º, da Lei nº 8.112/90 — o qual prescreve que "O prazo de prescrição começa a correr da data em que o fato se tornou conhecido" —, não delimita qual autoridade deverá ter obtido conhecimento do ilícito administrativo. Dessa forma, não cabe ao intérprete restringir onde o legislador não o fez.

2. Ademais, consoante dispõe o art. 143 da Lei nº 8.112/90, qualquer autoridade administrativa que tomar conhecimento de alguma irregularidade no serviço público deverá proceder à sua apuração ou comunicá-la à autoridade que tiver competência para promovê-la, sob pena de responder pelo delito de condescendência criminosa.

3. Desse modo, é razoável entender-se que o prazo prescricional de cinco anos, para a ação disciplinar tendente à apuração de infrações puníveis com demissão ou cassação de aposentadoria, comece a correr da data em que autoridade da Administração tem ciência inequívoca do fato imputado ao servidor, e não apenas a partir do conhecimento das irregularidades pela autoridade competente para a instauração do processo administrativo disciplinar.

4. Na hipótese, admitida a ciência das irregularidades, pelo Superintendente Regional do INCRA, em maio de 1995 e sendo de 5 (cinco) anos o prazo para o exercício da pretensão punitiva do Estado, nos termos do art. 142, inciso I, da Lei nº 8.112/90, resta configurada a prescrição, já que o processo administrativo disciplinar que culminou com a aplicação da pena de cassação de aposentadoria do ora Impetrante foi instaurado apenas em 28.03.2005.

5. Segurança concedida. (MS nº 11.974/DF, 3ª Seção. Rel. Min. Laurita Vaz. *DJ*, 07 maio 2007)

Administrativo. Servidor público. Processo administrativo disciplinar. Cunho político-partidário. Ausência de prova pré-constituída. Impossibilidade de aferição do alegado direito líquido e certo. Impossibilidade de análise pelo poder judiciário do mérito administrativo. Independência das esferas administrativa e penal. Art. 147 da Lei 8.112/90. Afastamento do servidor. Motivação do ato. Prescrição da pretensão punitiva administrativa. Inocorrência. Art. 142 da Lei 8.112/90. Precedentes. Ordem denegada. [...]

II - Na hipótese dos autos, não há elementos capazes de comprovar a alegação de que o processo administrativo tem cunho eminentemente político-partidário, tendo sido motivado exclusivamente por interesse pessoal. Ademais, em relação ao controle jurisdicional do processo administrativo, a atuação do Poder Judiciário circunscreve-se ao campo da regularidade do procedimento, sendo-lhe defesa qualquer incursão no mérito administrativo a fim de aferir o grau de conveniência e oportunidade.

III - A sanção administrativa é aplicada para salvaguardar os interesses exclusivamente funcionais da Administração Pública, enquanto a sanção criminal destina-se à proteção da coletividade.

Consoante entendimento desta Corte, a independência entre as instâncias penal, civil e administrativa, consagrada na doutrina e na jurisprudência, permite à Administração impor punição disciplinar ao servidor faltoso à revelia de anterior julgamento no âmbito criminal, ou em sede de ação civil, mesmo que a conduta imputada configure crime em tese.

IV - Nos termos do art. 147 da Lei nº 8.112/90, como medida cautelar e a fim de que o servidor não venha a influir na apuração da irregularidade, a autoridade instauradora do processo disciplinar poderá determinar o seu afastamento do exercício do cargo, pelo prazo de até 60 (sessenta) dias, sem prejuízo da remuneração. Na hipótese dos autos, a Portaria que determinou o afastamento do servidor está suficientemente motivada, tendo em vista que houve a expressa remissão ao artigo em comento e ao processo administrativo disciplinar.

V - Consoante entendimento jurisprudencial e nos termos do art. 142 e parágrafos da Lei nº 8.112/90, não há a ocorrência da prescrição da pretensão punitiva da Administração se entre a data do conhecimento do fato pela autoridade competente e a da instauração do processo administrativo disciplinar contra o servidor não houve o transcurso de mais de cinco anos.

IV - Ordem denegada. (MS nº 8.998/DF, 3ª Seção. Rel. Min. Gilson Dipp. *DJ*, 09 dez. 2003)

Mandado de Segurança. Processo Administrativo Disciplinar. Demissão. Ato delegado a Ministro de Estado. Possibilidade. Nulidade da portaria de instauração do processo. Inocorrência. Portaria demissória suficientemente motivada. Ausência de violação do princípio da proporcionalidade na aplicação da penalidade administrativa. Prescrição. Inocorrência.

1. A Lei nº 8.112/90, na letra do seu artigo 141, inciso I, efetivamente declara ser da competência do Presidente da República, entre outras, a aplicação da penalidade de demissão de servidor, competência essa, contudo, delegável, como previsto no artigo 84, incisos IV e VI, e parágrafo único, da Constituição da República e nos artigos 11 e 12 do Decreto-lei nº 200/67.

2. Identificados os membros da comissão processante, inclusive o seu Presidente, o acusado, e os fatos a serem apurados, não há falar em ilegalidade da Portaria instauradora do processo administrativo disciplinar.

3. A descrição minuciosa dos fatos, com a tipificação da falta cometida, tem momento próprio, qual seja, o do indiciamento do servidor (artigo 161, *caput*, da Lei 8.112/90).

4. O julgamento do inquérito administrativo, enquanto ato decisório da autoridade competente, é integrado pelo acolhimento ou rejeição fundamentada do relatório final elaborado pela Comissão Processante e pelo ato formalizador de imposição da sanção disciplinar, sendo descabida e ilegal a sua pretendida cisão, para argüir-se a nulidade do ato de cassação da aposentadoria, ao argumento da não renovação da motivação da sanção, própria do acolhimento do relatório.

5. Em havendo a autoridade administrativa acatado o parecer elaborado pela Consultoria Jurídica da Advocacia da União, na forma do artigo 168 da Lei 8.112/90, não há falar em ilegalidade da Portaria que demitiu o impetrante por ausência de motivação.

6. Inexiste qualquer determinação legal no sentido de que o indiciado seja intimado pessoalmente do relatório final elaborado pela comissão processante, não havendo falar, assim, em violação do princípio do devido processo legal.

7. O ato punitivo, como se impunha, mereceu publicação na imprensa oficial, do que

resulta a inexistência de qualquer embaraço ao seu direito de recorrer.
8. A jurisprudência deste Superior Tribunal de Justiça, assim como a do Supremo Tribunal Federal, tem firme entendimento no sentido de que a nulidade do processo administrativo disciplinar é declarável quando restar evidente a ocorrência de prejuízo à defesa do servidor acusado, observando-se o princípio *pas de nullité sans grief*.
9. A lei faculta ao procurador do acusado a reinquirição tão-somente das testemunhas (artigo 159 da Lei 8.112/90).
10. Do eventual impedimento do procurador do impetrante de comparecer às oitivas dos demais acusados não lhe adveio qualquer prejuízo, por isso que a comissão processante se valeu de elementos outros de convicção para formar seu juízo acerca da autoria e materialidade dos fatos que lhe foram imputados, porque os confessou, na própria defesa.
11. Os fatos atribuídos ao impetrante, apesar de terem sido praticados há vários anos, só foram conhecidos pela Administração Pública após a conclusão do Relatório de Correição nº 016/2001, em 27 de abril de 2001. A portaria instauradora do processo administrativo disciplinar (Portaria Conjunta nº 50) foi publicada em 19 de outubro de 2001, interrompendo o curso da prescrição, que voltou a correr a partir de 15 de março de 2002 (fl. 265), data em que foi proferido o julgamento pela autoridade competente. Como o ato demissório foi publicado em 21 de março de 2002, não há falar em ocorrência de prescrição da ação disciplinar.
12. Ordem denegada. (MS nº 8.259/DF, 3ª Seção. Rel. Min. Hamilton Carvalhido. *DJ*, 17 fev. 2003)

Mandado de segurança. Servidora pública federal. Agente Administrativo do INSS. Processo administrativo disciplinar. Regularidade formal. Impossibilidade de análise de fato novo em sede mandamental. Comissão processante que opina pela pena de suspensão. Agravamento para a penalidade de demissão pela autoridade coatora. Ausência de adequada fundamentação (art. 168, parágrafo único da Lei 8.112/90). Sanção disciplinar que, no caso concreto, revela-se desproporcional à conduta apurada. Segurança concedida.
1. Não consta do mandado de segurança qualquer evidência de que o processo administrativo que culminou por concluir pela responsabilidade da impetrante estivesse viciado, ou contivesse alguma ilegalidade a ponto de poder ser anulado pelo Poder Judiciário.
2. Relativamente ao suposto fato novo a que se refere a impetrante na exordial, não cabe, na via estreita do mandado de segurança, realizar seu confronto com as provas obtidas pela comissão processante, porquanto tal questão demandaria a dilação probatória, proibida em sede de *mandamus*.
3. Afasta-se, de plano, a alegação de cerceamento de defesa, pelo simples fato de que o testemunho da servidora [...] não foi postulado pela impetrante por ocasião da defesa escrita, momento oportuno para se requerer tal providência.
4. É pacífico na Terceira Seção do Superior Tribunal de Justiça o entendimento de que a autoridade competente para a aplicação da sanção ao servidor pode dissentir das conclusões da comissão processante e decretar pena mais grave, desde que suficientemente justificada a majoração na reprimenda, com a descrição precisa da divergência do relatório em relação ao conjunto probatório do processo administrativo disciplinar, nos termos do art. 168, parágrafo único, da Lei 8.112/90.
5. No caso concreto, todavia, a necessidade do agravamento da penalidade imposta à impetrante não se encontra

suficientemente fundamentada, a teor do disposto no referido dispositivo da Lei 8.112/90, a inviabilizar a aplicação da penalidade de demissão à servidora.

6. Ademais, no exame da razoabilidade e da proporcionalidade da demissão da impetrante, verifica-se que a autoridade coatora se distanciou de tais postulados, pois, consideradas as particularidades da hipótese em apreço, aplicou penalidade desproporcional à conduta apurada, em desobediência ao comando do art. 128 do Regime Jurídico dos Servidores Federais.

7. Segurança concedida. (MS nº 8.693/DF, 3ª Seção. Rel. Min. Maria Thereza de Assis Moura. *DJe*, 08 maio 2008)

Administrativo – Direito de defesa – Impossibilidade de acesso aos autos – Ineficácia.

I - No processo administrativo, a intimação para a defesa visa três objetivos: fixar o início do prazo; delimitar a matéria a ser impugnada e, finalmente, determinar o local em que se encontram os autos, para exame.

II - É ineficaz a intimação, se o intimado não tem acesso aos autos porque eles foram remetidos a outro local que não aquele indicado. (MS nº 6.045/DF, 1ª Seção. Rel. Min. Helio Mosimann. Rel. p/ acórdão Min. Demócrito Reinaldo. *DJ*, 27 set. 1999)

Supremo Tribunal Federal

Mandado de Segurança. Processo administrativo. Cerceamento de defesa. - Em face da Lei n. 8.112, de 11 de dezembro de 1990, o procedimento do inquérito administrativo tem Disciplina diversa da que tinha na Lei no 1.711/52, em que a fase de instrução se processava sem a participação do indiciado, que apenas era citado para apresentar sua defesa, com vista do processo, após ultimada a instrução. Já pela Lei atual, o inquérito administrativo tem de obedecer ao princípio do contraditório (que e assegurado ao acusado pelo seu artigo 153) também na fase instrutória, como resulta inequivocamente dos artigos 151, II, 156 e 159. Somente depois de concluída a fase instrutória (na qual o servidor figura como "acusado"), e que, se for o caso, será tipificada a infração disciplinar, formulando-se a indiciação do servidor, com a especificação dos fatos a ele imputados e das respectivas provas (artigo 161, *caput*), sendo, então, ele, já na condição de "indiciado", citado, por mandado expedido pelo presidente da comissão, para apresentar defesa escrita, no prazo de 10 (dez) dias (que poderá ser prorrogado pelo dobro, para diligências reputadas indispensáveis), assegurando-se-lhe vista do processo na repartição (art. 161, *caput* e §§1º e 3º). Mandado de segurança deferido. (MS nº 21.721/RJ, Pleno. Rel. Min. Moreira Alves. *DJ*, 10 jun. 1994)

Pareceres da Advocacia-Geral da União

Parecer AGU nº GQ-55/1995 (*DOU*, 02 fev. 1995)
Referência: Processo nº 23123.002293/93-60
Origem: Ministério da Educação e do Desporto
Assunto: Contraditório, ampla defesa, prescrição e consequências do julgamento da regularidade de contas pelo Tribunal de Contas da União no processo administrativo disciplinar.

Adoto, para os fins e efeitos dos arts. 40 e 41 da Lei Complementar nº 73, de 10 de fevereiro de 1993, o anexo Parecer nº AGU/WM-01/95, da lavra do eminente Consultor da União, Doutor Wilson Teles de Macêdo.

Brasília, 30 de janeiro de 1995.

GERALDO MAGELA DA CRUZ QUINTÃO
Advogado-Geral da União

Parecer nº AGU/WM-01/95 (Anexo ao Parecer nº GQ-55)
Processo nº 23123.002293/93-60
Assunto: Contraditório, ampla defesa, prescrição e consequências do julgamento da regularidade de contas pelo Tribunal de Contas da União no processo administrativo disciplinar.

EMENTA: Em virtude dos princípios constitucionais do contraditório e da ampla defesa, o servidor que responde a processo disciplinar deve ser notificado da instauração deste imediatamente após a instalação da comissão de inquérito e, em qualquer fase do inquérito, cientificado dos atos processuais a serem praticados com vistas à apuração dos fatos, de modo que, tempestivamente, possa exercitar o direito assegurado no art. 156 da Lei nº 8.112, de 1990.

Na hipótese em que ressaia da apuração dos fatos a culpabilidade de servidor não acusado, no mesmo processo, deverá ser imediata e expressamente notificado quanto a esse aspecto e à faculdade incita ao art. 156, supramencionado, assegurando-se-lhe o direito ao contraditório e à ampla defesa.

A falta constatada no curso do processo deverá ser nele apurada, desde que conexa com as que ensejam o apuratório ou, se não houver conexidade, essa medida não resulte em danos consideráveis para a conclusão ágil dos trabalhos. Caso contrário, a c.j. deve alvitrar a designação de outro colegiado, incumbido de investigar a infração.

O prazo para a Administração exercer o poder-dever de infligir penalidade começa a correr da data em que tem conhecimento do fato delituoso.

O poder de julgar a regularidade das contas dos responsáveis por dinheiros, bens e valores públicos, inscrito na esfera de competência do colendo Tribunal de Contas da União, não inibe a ação disciplinar do Estado, salvo se for negada a existência do fato ou a autoria.

PARECER

Face à divergência de entendimentos verificada entre as doutas Consultorias Jurídicas do Ministério da Educação e do Desporto e da antiga Secretaria da Administração Federal da Presidência da República, transformada no Ministério da Administração Federal e Reforma do Estado pelo art. 17, III, da Medida Provisória nº 813, de 1º de janeiro de 1995, de ordem do Senhor Presidente da República, o Sr. Ministro-Chefe da Casa Civil da Presidência da República, o Sr. Ministro-Chefe da Casa Civil da Presidência da República submeteu o presente processo disciplinar à apreciação desta Instituição, a fim de serem dirimidos aspectos controversos.

O apuratório cuida da determinação da verdade sobre numerosas infrações em que são envolvidos treze servidores da Escola Técnica Federal de São Paulo, mas verificou-se divergência sobre sua validade jurídica, motivo por que impende dilucidar:

a) se o contraditório e a ampla defesa induzem à notificação do acusado imediatamente após a instauração do processo disciplinar e início dos respectivos trabalhos, com indicação das infrações imputadas, a fim de ser exercido o direito assegurado no art. 156 da Lei nº 8.112, de 1990;
b) se "o acusado deve ser informado do local e horário dos trabalhos bem como dos deslocamentos do colegiado", uma vez instalada a comissão processante;
c) se configura cerceamento de defesa a indiciação de servidor em relação ao qual inexistia indício de culpabilidade na oportunidade da notificação dos possíveis envolvidos nas irregularidades que justificaram a instauração do processo ou a indicação, no relatório, de ilícito não especificado na notificação a que se refere a alínea a, sem que a c.i. tenha providenciado "o aditamento da portaria inaugural, sua publicação e a notificação de todos os acusados" ou encerrado os trabalhos e sugerido a instauração de novo processo, na hipótese de encontrar-se em fase final a instrução ou denotar-se "impossibilidade absoluta na apuração dos fatos";
d) a data em que se começa a correr o prazo de prescrição da ação disciplinar, quanto às infrações disciplinares praticadas na vigência da Lei nº 1.711, de 1952, mas apuradas após a edição da Lei nº 8.112, de 1990.

3. Ainda, cumpre delimitar, na esfera de competência disciplinar do Poder Executivo federal, o alcance de decisão do Tribunal de Contas da União a respeito de irregularidade que aprecie e, a final, determine o arquivamento do processo, e baixa na responsabilidade.

II

4. Por imperativo dos arts. 153 da Lei nº 8.112, de 1990, e 5º, inciso LV, da Constituição Federal, o princípio do contraditório e a ampla defesa hão de ser atendidos na apuração de infrações disciplinares. É induvidoso que o acusado da prática de ilícito administrativo deve ser

notificado para comparecer, se o quiser, aos depoimentos pertinentes aos fatos irregulares, cuja autoria possivelmente ser-lhe-á atribuída.

5. Nesse sentido, são encontradas expressões de Celso Ribeiro Bastos, *ipsis litteris*:

> O conteúdo da defesa consiste em o réu ter iguais possibilidades às conferidas ao autor para repetir o que é contra ele associado. Essa igualação não pode ser absoluta porque autor e réu são coisas diferentes. Uma mesma faculdade conferida a um e a outro poderia redundar em extrema injustiça. A própria posição específica de cada um já lhes confere vantagens e ônus processuais. O autor pode escolher o momento da propositura da ação. Cabe-lhes pois o privilégio da iniciativa, e é óbvio que esse privilégio não pode ser estendido ao réu, que há de acatá-lo e a ele submeter-se. Daí a necessidade de a defesa poder propiciar meios compensatórios da perda da iniciativa. A ampla defesa visa pois a restaurar um princípio de igualdade entre partes que são essencialmente diferentes.
>
> A ampla defesa só estará plenamente assegurada quando uma verdade tiver iguais possibilidades de convencimento do magistrado, quer seja ela alegada pelo autor, quer pelo réu. Às alegações, argumentadas e provas trazidas pelo autor é necessário que responda uma igual possibilidade de geração de tais elementos por parte do réu.
>
> Há que haver um esforço constante no sentido de superar as desigualdades formais em sacrifício da geração de uma igualdade real.
>
> O contraditório, por sua vez, se insere dentro da ampla defesa. Quase que com ela se confunde integralmente na medida em que uma defesa hoje em dia não pode ser senão contraditória. o contraditório é pois a exteriorização da própria defesa. A todo ato produzido caberá igual direito da outra parte de opor-se-lhe ou de dar-lhe a versão que lhe convenha, ou ainda de fornecer uma interpretação jurídica diversa daquela feita pelo autor.
>
> Daí o caráter dialético do processo que caminha através de contradições a serem finalmente superadas pela atividade sintetizadora do juiz.
>
> É por isso que o contraditório não se pode limitar ao oferecimento de oportunidade para produção de provas.
>
> É preciso que ele mesmo (o magistrado) avalie se a quantidade de defesa produzida foi satisfatória para a formação do seu convencimento.
>
> Portanto, a ampla defesa não é daquela que é satisfatório segundo os critérios do réu, mas sim aquele que satisfaz a exigência do juízo. (*Comentários à Constituição do Brasil*. São Paulo: Saraiva, 1989. v. 2, p. 267)

6. O comando constitucional para que se observem o contraditório e a ampla defesa, no processo administrativo, é silente quanto à fase processual em que isto deve ocorrer (cfr. o art. 5º, LV). É tema disciplinado em norma infraconstitucional: a Lei nº 8.112, de 1990, assegura a ampla defesa no curso do processo disciplinar e, o contraditório, no inquérito administrativo (v. os arts. 143 e 153), que corresponde à 2ª fase do apuratório (art. 151, II).

7. O processo se instaura por intermédio da designação da comissão incumbida de promover, na fase do inquérito, "a tomada de depoimentos, acareações, investigações e diligências cabíveis, objetivando a coleta de prova, recorrendo, quando necessário, a técnicos e peritos, de modo a permitir a completa elucidação

dos fatos". Isto com o fito de apurar a inocência ou responsabilidade do acusado, para determinação dos art. 155 e 165, §1º, da Lei nº 8.112, de 1990.

8. Com o intuito de assegurar ao servidor o direito de acompanhar o desenvolvimento do processo, pessoalmente ou através de procurador legalmente constituído, e requerer ou praticar atos tendentes a salvaguardar sua defesa, na conformidade do art. 156 da Lei nº 8.112 de 1990, deve ser notificado a respeito do apuratório imediatamente após a instalação da comissão processante.

9. Não se coaduna com o regramento do assunto a pretensão de que se efetue a indicação das faltas disciplinares na notificação do acusado para acompanhar a evolução do processo, nem essa medida seria conveniente, eis que seria suscetível de gerar presunção de culpabilidade ou de exercer influências na apuração a cargo da comissão de inquérito. Essa atua pautada pelo escopo exclusivo de determinar a verdade dos fatos, sem o propósito de incriminar ou exculpar graciosamente o servidor faltoso. Essa a razão pela qual é-lhe atribuído o poder-dever de promover a coleta de depoimentos, acareações, investigações e diligências, a fim de obter provas que demonstrem a inocência ou culpabilidade. Nesse desiderato, pode recorrer, se necessário, a técnicos e peritos e, por fim, efetuar completa apuração dos fatos ilícitos e, em decorrência, indicar aqueles em relação aos quais se comprovem a existência de irregularidade e autoria. Essa investigação de desenvolve com independência e imparcialidade e, da mesma forma, se relacionam na indicação, ou dela se excluem, os envolvidos nas transgressões.

III

10. Compreende o contraditório a faculdade que se confere ao acusado, *ex vi* do supramencionado art. 156, para acompanhar o processo pessoalmente ou por intermédio de procurador, arrolar e reinquirir testemunhas, produzir provas e contraprovas e formular quesitos, quando se tratar de prova pericial.

11. São direitos que devem ser exercidos sem quaisquer óbices imputados à Administração ou, especialmente à C.I. cujo presidente, no entanto, poderá denegar os pedidos considerados impertinentes proletórios ou de nenhuma valia para elucidar a verdade.

12. É imprescindível que dos atos da comissão (se implicam apuração dos fatos) em qualquer fase do inquérito, seja notificado o acusado, de modo que tempestivamente possa aquilatar sobre o acompanhamento que pretenda desenvolver. Não dimana da positividade das normas de regência da matéria comando para que se forneçam ao acusado, uma vez instalada a comissão um rol do local e horário dos trabalhos e dos deslocamentos, pois há os atos que somente se evidenciam necessários em pleno curso do inquérito.

IV

13. Não raro durante a apuração das irregularidades exsurgem evidências quanto à autoria de forma a envolver outros servidores, ou emergem infrações disciplinares conexas, ou não com o objeto do processo disciplinar. São fatos que devem ser tidos como consentâneos com a finalidade da instauração do processo e incapazes de acarretar sua nulidade, desde que a c.i. adote as medidas procedimentais compatíveis com o contraditório e a ampla defesa, na execução dos trabalhos de apuração.

14. Em casos tais, a comissão deve possuir o discernimento necessário para adotar os atos que se impuserem com vistas a garantir ao servidor faltoso o exercício

do direito assegurado no art. 156, suso, mas sem descurar da agilidade processual. Assim, caso a c.i. não tenha concluído seus trabalhos deve ser notificado o novel acusado para que, se o pretender requeira o cumprimento de qualquer dos atos assegurados no art. 156. no respeitante á apuração já efetuada atentando-se destarte, para a faculdade atribuída ao presidente da comissão no parág. 1º do mesmo preceptivo. Já as infrações verificadas no curso do apuratório serão igualmente apuradas se conexas com as faltas objeto do processo ou, se inexistente a conexidade, a investigação não compromete a razoável agilidade da conclusão dos trabalhos. Senão, deve a c.i. propor a designação de outro colegiado, sem prejuízo de suas incumbências.

V

15. O sentido literal do parág. 1º do art. 142 da Lei nº 8112, de 1990, não admite ter diversações relativas a seu exato sentido, uma vez que, com clareza meridiana estabelece o marco do início do curso de prazo prescricional, *verbis*:

> Art. 142. [...]
> §1º O prazo de prescrição começa a correr da data em que o fato se tornou conhecido.

16. Essa regra se inseriu na ordem jurídica em 12 de dezembro de 1990 (data de vigência da Lei nº 8.112) À época em que se praticaram as infrações de que se cuidam, o regramento da matéria era silente no tocante ao início desse prazo.

17. No entanto, o sentido e finalidade do instituto da prescrição induzem a ilação idêntica à inserta no parág. 1º, transcrito, no que é pertinente com os prazos prescricionais das irregularidades praticadas pelos servidores públicos federais anteriormente à vigência desse decreto.

18. Assim é que:

> [...] a prescrição exprime o modo pelo qual o direito se exangue, e vista do não exercício dele. por certo lapso de tempo.
> Mas, a prescrição, pressupondo a existência de um direito anterior, revela-se propriamente, a negligência ou a inércia na defesa desse direito pelo respectivo titular, dentro de um prazo assinalado em lei, cuja defesa é necessário para que não o perca ou ele não se extinga.
> É assim, a omissão de ação para que se assegure o direito que se tem, no que se difere da decadência, fundada na falta de exercício que se faz mister para obtenção de um direito.
> Nesta razão, a prescrição é compreendida como a extinção de um direito conseqüente do curso de um prazo, em que se negligenciou a ação para protegê-lo, ou o próprio curso do prazo, em que o direito se extingue por falta de ação de seu titular.
> Praticamente, como modo extintivo de direito ou de obrigação, a prescrição manifesta-se como meio de se adquirir direito ou de se livrar de obrigação, pelo transcurso de certo tempo, segundo as condições estabelecidas pôr Lei.
> Nesta razão, determinada a prescrição pela negligência ou pela inércia a respeito da ação protetora de um direito, no prazo assinalado pôr lei, é princípio assente que não prevalece a omissão ou a falta relativamente à pessoa que não possa agir ou esteja impossibilitada de agir: *No valentem agere non currit praescriptio.*
> Aquele que não pode agir ou está impossibilitado de agir, não se mostra, na verdade, negligente ou omisso

acerca de seu direito. (SILVA, De Plácido e. *Vocabulário jurídico*)

19. A inércia da Administrativa somente é suscetível de se configurar em tendo conhecimento da falta disciplinar a autoridade administrativa competente para instaurar processo. Considerar-se a data da prática da infração como de início do curso do lapso temporal independente do seu conhecimento pela Administração, sob a alegação de que a aplicação dos recursos públicos são objeto de auditagens permanentes, beneficiaria o servidor faltoso, que se cerca de cuidados para manter recôndita sua atuação antissocial, viabilizando a mantença do proveito ilícito e a impunidade, bem assim não guardaria conformidade com a assertiva de que prescrição viria inibir o Estado no exercício do poder-dever de restabelecer a ordem social porque omisso no apuratório e apenação.

20. Praticadas as irregularidades em 1987, mas tão-só em agosto de 1990 se tornaram conhecidas, conforme ocorreu, na espécie, conta-se o prazo de prescrição a partir daquele mês o qual se interrompeu pela publicação do ato constitutivo da comissão apuradora, situação que persiste enquanto não proferida a decisão final sobre a aplicação da penalidade ou exculpação.

21. O prazo de prescrição concernente à infligição de penalidade em curso da data de vigência da Lei nº 8.112, de 1990, passou a ser por ela regido, descabendo acolher-se, nesses casos, a invocação da impossibilidade de a lei prejudicar direito adquirido.

22. Reveste-se de conotação relevante o aspecto de a sujeição dos servidores ao regime jurídico único e específico dos servidores do Estado haver decorrido de norma imperativa do Texto Fundamental (art. 39), preconizado com o intuito de elidir a duplicidade de regimes para os servidores públicos e igualizarem estes em direitos e deveres, sem tornar prevalente o interesse individual do servidor sobre o coletivo. Com esse propósito, o Estado editor unilateralmente leis e normas regulamentares disciplinando o regime jurídico do funcionalismo no qual se inserem condições para o deferimento de vantagens, sujeitando-se os servidores essas regras estatutárias suscetíveis de modificação, através de lei, nos direitos então prescritos. A faculdade de estabelecer e alterar unilateralmente as regalias originárias da relação jurídica que se constitui entre o servidor e o Estado com a nomeação ou admissão e posse ou exercício, atribui à Administração o poder de atuar com maleabilidade suficiente para implantar o sistema administrativo que atenda às suas peculiaridades e necessidades, normas estatutárias a que se subordinam os servidores. É defeso ao Poder Público jungir-se ao interesse específico do seu pessoal e abstrair-se da utilidade pública, com manutenção de normas disciplinares rígidas.

23. Em reiteradas decisões constitutivas de jurisprudência são encontradas asserções do Egrégio Supremo Tribunal Federal tendentes a dilucidar os limites legiferantes do Estado, em assuntos adstritos ao regime jurídico dos seus agentes, com o seguinte teor:

> EMENTA: Artigo 106 da Emenda Constitucional nº 1/69. – Inocorrência, no caso, de coisa julgada, até porque, na reclamação anterior, proposta antes da Lei 500/74 do Estado de São Paulo, essa Lei não foi levada em conta no reconhecimento, então da competência da Justiça trabalhista. – Em se tratando de servidor admitido, por Estado-membro, em serviços de caráter temporário, ou por ele contratado para funções de natureza técnica especializada, a lei especial

que estabelece seu regime jurídico (art. 106 da Emenda Constitucional nº 1/69) é a relação jurídica existente entre o Estado-membro e o servidor é de natureza administrativa e não trabalhista. – Inexistência de direito adquirido a regime jurídico de servidor público cuja modificação decorre de texto constitucional. – Compete para processar e julgar questões relativas a essa relação jurídica administrativa é a Justiça Estadual comum, e não a Justiça do Trabalho. (RE nº 100.144/SP, Rel. Min. Moreira Alves. *DJ*, 02 set. 1983)

EMENTA: Mandado de Segurança - Redução e percentual de gratificação extraordinária para o Ministério Público da União. Leis 7.761/89 e 7.961/89. Portaria do Sr. Procurador-Geral da República de nºs 255/89 e 772/89. – É firme o entendimento desta Corte de que não há direito adquirido a regime jurídico, e, portanto, o quantum de percentagem de que decorre o montante da gratificação. – Por outro lado, tendo havido diminuição nos vencimentos, não houve ofensa à garantia constitucional da irredutibilidade. (MS nº 21.086/DF, Rel. Min. Moreira Alves. *DJ*, 30 out. 1992)

Direito adquirido. Tempo de serviço público para efeito de enquadramento criado por lei nova. – Essa Corte já firmou jurisprudência no sentido de que não há direito adquirido a regime jurídico, o que implica dizer que pode a lei nova, ao criar direito novo para o servidor público, estabelecer exigência, quanto ao tempo de serviço exigido para a obtenção desse direito, que não observe o regime jurídico anterior no tocante ao âmbito de extensão da eficácia dos diferentes componentes que, pela lei antiga, integravam o tempo de serviço. público para todos os efeitos das leis então existentes. (RE nº 99.522/PR. *Revista Trimestral de Jurisprudência*, v. 107, fev. 1984)

Funcionário Público Estatutário – Enquadramento em novo plano de carreira – Discricionariedade da administração pública – Ausência de direito adquirido – Recurso extraordinário não conhecido. A administração Pública observados os limites ditados pela Constituição Federal atua de modo discricionário ao instituir o regime jurídico de seus agentes e ao elaborar novos Planos de Carreira não podendo o servidor a ela estatutariamente vinculado invocar direito adquirido para reivindicar enquadramento diverso daquele determinado pelo Poder Público com fundamento em norma de caráter legal. (RE nº 116.683/RJ, Rel. Min. Celso de Mello. *DJ*, 13 mar. 1992)

VI

24. Há o aspecto a esclarecer pertinente à repercussão de decisão do egrégio Tribunal de Contas da União na ação corretiva do Poder Executivo, quando julga a regularidade das contas prestadas por autoridade a quem se atribui a autoria de ilícito administrativo de que advém prejuízo para o Erário. É invocado o Parecer CGR nº R-010, de 12.03.1985, da extinta Consultoria Geral da República como supedâneo à exculparão de indiciado nos presentes autos, no qual se assere que, em havendo o TCU, "no uso de sua competência privativa, aprovado as contas, do requerente, como dirigente de entidade da administração indireta, aplicando-lhe

multa cabível já paga, pelas faltas formais a ele imputadas, não prevalece o fundamento do ato que o demitiu 'a bem do serviço público'. O ato demissório perde, em conseqüência, sua motivação jurídica, inexistindo resíduo na apuração da responsabilidade administrativa, se aquelas faltas foram as apuradas no processo disciplinar".

25. Em suporte a esse entendimento, são aduzidas as seguintes razões da ordem jurídica precípuas:

> Há de entender-se, por conseguinte, que na esfera do decisório do Colendo Tribunal de Contas, o Requerente satisfez suas obrigações de ordenador de despesas do órgão que dirigiu, não sendo mais possível à Administração reapreciar essa matéria: pelo contrário, *ex vi* da competência legal daquele Colegiado, seu julgamento produz todos os efeitos de direito, inclusive o de anular, ou tornar sem efeito, os atos contrários, anteriormente, praticados.
>
> A questão que se coloca, diante da decisão em tela, reside na possibilidade de aplicar sanções disciplinares e administrativas por aqueles fatos, objeto mesmo da decisão. Obviamente, se houver transgressões a outros preceitos estatutários, cabíveis serão as sanções: porém, se os fatos apenados administrativamente foram aqueles alcançados pela manifestação da Corte de Contas, será mister examinar a sua repercussão na relação jurídica do funcionário apenado com a Administração.
>
> Saliente-se a competência constitucional do Tribunal de Contas, que auxilia o Congresso Nacional no exercício do controle externo para a fiscalização financeira e orçamentário da União, consistindo ele no julgamento das contas dos administradores e demais responsáveis será baseado em levantamentos contábeis, certificados de auditoria e manifestações administrativas, sem prejuízo das inspeções necessárias (art. 70, parág. 4º, da Constituição).
>
> Em decorrência dessas prescrições constitucionais, o artigo 33 da Lei Orgânica do Tribunal de Contas da União, Decreto-Lei nº 199 de 25 de fevereiro de 1967, é peremptório ao definir a sua competência jurisdicional em matéria financeira e orçamentária, quando estipula:
>
> "Art. 33. O Tribunal de Contas tem jurisdição própria e privativa sobre as pessoas e matérias sujeitas a sua competência a qual abrange todo aquele que arrecadar ou gerar dinheiros, valores e bens da União ou pelos quais esta responda, bem como, quando houver expressa disposição legal, os administradores das entidades da Administração Indireta ou de outras Entidades. [...]
>
> Art. 34. estão sujeitos a tomada de contas e só por ato do Tribunal de Contas podem ser liberados de sua responsabilidades:
>
> I - Os ordenadores de despesa.
>
> II - As pessoas indicadas no art. 33.
>
> III - Todos os servidores públicos civis e militares ou qualquer pessoa ou entidade estipendiadas pelos cofres públicos ou não, que derem causa à perda, subtração, extravio ou estrago de valores, bens e material da União, ou pelos quais seja responsável.
>
> IV - Todos quantos, por expressa disposição de lei, lhe devam prestar contas. [...]".
>
> Parece não haver dúvidas sobre a natureza jurisdicional do Tribunal de Contas da União, em muitas das decisões que a Constituição e as Leis lhe incumbiram. Não é impróprio

por sua vez, atribuir-lhes o caráter de coisas "coisa julgada" Neste sentido, há apoio na jurisprudência dos Tribunais, quando "atribuem ao Tribunal de Contas função jurisdicional no exercício dos seus atos privativos, desde a adoção do sistema de controle orçamentário por órgão colegiado, de feição judiciária, até a *res judicata* em suas decisões" (cf. Roberto Rosas, A função jurisdicional do Tribunal de Contas. *RDA*, v. 93).
Aliás, a recente Lei nº 6.822, de 22 de setembro de 1980, ao dispor sobre a cobrança executiva dos débitos fixados em acórdãos do Tribunal de Contas da União, atribui a essas decisões a mesma força das sentenças nos processos judiciais de conhecimento, estabelecendo:
"Art. 1º As decisões do Tribunal de Contas da União condenatórias de responsáveis em débito para com Fazenda Pública tornam a dívida líquida e certa e têm força executiva, cumprindo ao Ministério Público Federal, ou, Estados e Municípios, a quem deles as vezes fizer, ou aos procuradores das entidades da administração indireta, promover a sua cobrança executiva, independentemente, de qualquer outras formalidades, na forma do disposto na alínea 'c' do art. 50 do Decreto-lei nº 199, de 25 de fevereiro de 1967".
De resto, a função jurisdicional do Tribunal de Contas não encontra qualquer lógica na conhecida dificuldade teórica em localizar-se aquela Corte num dos poderes do Estado, uma vez que a função jurisdicional, como é sabido, não pertence exclusivamente ao Poder Judiciário, que a detém, tão-somente, em caráter de predominância não de forma privativa.
Corolário da função judicial é a natureza da imutabilidade das decisões que produz, ao declarar o direito, aplicando a norma abstrata ao caso concreto e colimando os fins da justiça. A coisa julgada é essa qualidade da decisão jurisdicional, que a torna imutável, nos limites objetivos da lida. Como tal, a sua existência nada tem que ver com o conhecido tema da repercussão das decisões judiciais nas esferas administrativas, assim como não é ela que, por si só, torna precluso no cível uma matéria decidida no juízo criminal, ou vice-versa. O que se discute não é propriamente a coisa julgada, mas os seus limites. [...]
No entanto, se a apreciação atinente a determinada situação jurídica depender de órgão, para isso competente na forma da Lei, uma vez promanada, haverá ela de elidir qualquer outra decisão sobre o assunto. A possibilidade de coexistirem julgamentos paralelos, ou simultâneos, no regime de poderes distintos e interdependentes, conquanto harmônicos e autônomos, está condicionada, apenas, a que sejam prolatados nas esperas próprias de competência atribuída a cada órgão ou autoridade.
Instituído a nível da Lei Maior, o controle jurisdicional específico, exercido pelo Tribunal de Contas, da ação dos gestores de recursos públicos, especialmente quanto ao julgamento das contas e a execução de seus decisórios, implica em decisões com eficácia plena no universo jurídico, incluindo a de provocar a anulação de atos administrativos com elas colidentes.
Com efeito, se o Tribunal de Contas da União, no uso de sua competência privativa, aprova as contas de autoridade sujeita a sua jurisdição, liberando-a de responsabilidade na

gestão dos recursos públicos, em face do disposto nos arts. 33 e 34 do citado Decreto-lei nº 199, de 1967, descabe qualquer reapreciação da matéria no âmbito administrativo. Dessa forma, se o mencionado Colegiado aplica sanção máxima, pela inobservância de normas e regras pertinentes aos atos de gestão, no tocante a isto nada poderá ser alterada administrativamente, porque inviável apenas quem já foi punido. É o que consagra a Súmula nº 19, do Supremo Tribunal Federal, fundada no disposto nos artigos 224, 226, 233 e 238 do EFPCU, quando afirma: "É inadmissível segunda punição de servidor público, baseada no mesmo processo em que se fundou a primeira".

O acórdão que serviu de base ao enunciado do Pretório Excelso prolatado no Recurso de Mandado de Segurança nº 8.048/SP, inserto nas *Referências da Súmula do STF*, de Gardeal Noronha e Odalea Martins, v. I, edição 1968, p. 248, tem a ementa a saber:

"Depois de aplicada a pena de disponibilidade, prevista no Estatuto dos Funcionários Municipais, e de julgada válida pela Justiça, não pode a autoridade pública, com base no mesmo inquérito, aplicar ao funcionário a pena de demissão, pois tendo sido encerrado aquele processo, a nova penalidade foi aplicada sem processo algum".

VII

26. As ilustrações asserções supra induzem a perquirir-se sobre o alcance dos comandos constitucionais que, no pertinente ao tema versado no caso, atribuem ao Tribunal de Contas a competência para proceder ao julgamento das contas dos administradores e demais responsáveis por dinheiros, bens e valores públicos da administração direta e indireta, incluídas as fundações e sociedades instituídas e mantidas pelo Poder Público federal, e as contas de quantos derem causa a perda, extravio ou outra irregularidade de que resulte prejuízo ao Erário (art. 71, II, da CF).

27. A função atribuída ao Tribunal se adstringe ao julgamento das contas dos administradores e outros responsáveis por bens e valores públicos e às contas dos que causarem danos ao Tesouro Nacional, sob aspecto técnico, sem estender-se à tipificação de infrações administrativas. A colenda Corte de Contas se atém aos aspectos da precisão das contas e contábil, mas não adentra na verificação de que a conduta do servidor viria configurar, exemplificativamente, lesão aos cofres públicos ou dilapidação do patrimônio nacional, cuja apuração é inscrita na área de competência de cada órgão ou entidade a que pertence o valor ou bem danificado pela ação do servidor.

28. Ciente da irregularidade e independente de haver-se alçado sua apreciação ao Tribunal, incumbe à autoridade pública adotar, de imediato, as providências necessárias à determinação da verdade dos fatos, por imperativo de lei, através de processo disciplinar (art. 143 da Lei nº 8.112, de 1990). É medida que se impõe até mesmo em decorrência do princípio constitucional da independência dos Poderes.

29. A decisão do TCU, adotada em vista de sua função institucional, repercute na ação disciplinar dos órgãos e entidades integrantes da Administração Pública na hipótese em que venha negar especialmente a existência do fato ou a autoria.

30. O julgamento da regularidade das contas, por si só, não indica a falta de tipificação de infração administrativa. O próprio saneamento de danos ao Erário de que se incumbe o Tribunal, com base na Lei nº 8.443, de 1992, arts. 8º e 9º, III,

e na Carta Magna, art. 71, IX, expressa a inconsistência jurídica da pretensão ao dilargar o alcance do exame formal das contas, e respectiva decisão, à apuração e responsabilização administrativa do servidor. A correção das faltas determinada pelo TCU já indica a existência de irregularidade que a lei não autoriza relevar disciplinarmente, mesmo em se verificando o reparo do dano, em consequência da função privativa da Corte de Contas. A aplicação de multa também é indicativa de ilícito administrativo, eis que proporcional ao dano causado ao Erário e se torna incindível quando verificada a ilegalidade de despesa ou irregularidade de contas, nos termos dos arts. 19 e 57 da Lei nº 8.443 de 1992, e 71, VIII da CF.

31. A escorreita apuração do fato ilícito e a influição de penalidade decorrem de lei: constituem poder-dever de que o administrador não pode declinar, sob pena de incorrer em crime de condescendência criminosa (cf. o art. 320 do Código Penal Brasileiro).

32. Os sentidos das opiniões doutrinárias, pertinentes à natureza da função do TCU, não divergem dessas asserções. Vejam-nas, *ipsis litteris*:

> Reside o fulcro da questão no entendimento do verbo *julgar*, empregado em sentido não técnico ou, pelo menos, em sentido diferente do que tem no âmbito do direito. *Julgar* as contas é examiná-las, conferir-lhes a exatidão, ver se estão certas ou erradas, traduzindo o resultado num parecer de alta valia, mas que nada tem de sentença judiciária. É função matemática, contabilista, nada mais.
>
> O Tribunal de Contas julga as contas, não o responsável. A decisão que profere é sobre a regularidade intrínseca da conta, e não sobre a responsabilidade do exator ou pagador ou sobre a imputação dessa responsabilidade; estatui somente sobre a existência material do delito, fornecendo à justiça, que vai julgar o responsável, essa base de acusação.
>
> Por sua vez o Poder Judiciário não tem função no exame de tais contas, não tem autoridade para revê-las, não interfere na apuração do quantum do alcance. (CRETELLA JÚNIOR, José. *Direito administrativo do Brasil*. 2. ed. São Paulo: Revista dos Tribunais, 1962. v. 5, p. 84-85)

> O TCU é um tribunal administrativo, que também exerce funções jurisdicionais, mas não foi situado constitucionalmente no elenco dos tribunais, embora tenham os seus ministros as mesmas garantias e prerrogativas dos membros do STJ (art. 73, 3º).
>
> Pode entretanto interpretar a Constituição e negar a aplicação de lei ou outros atos inconstitucionais. antes mesmo da declaração de inconstitucionalidade pelo STF suspensão pelo Senado Federal.
>
> Victor Nunes Leal opina que, embora as decisões do TCU sobre a legalidade de contratos, aposentadoria, reforma e pensões sejam consideradas como julgamentos não escapam nem fogem ao controle do Poder Judiciário, desde que não se tenha consumado a prescrição, e sobre esta o Poder Judiciário "dirá a última palavra".
>
> Aliomar Baleiro considera que, na hierarquia constitucional, o Tribunal de Contas não esta acima, nem sequer ao lado do Parlamento, nem igual a este. Jaz abaixo deste, em posição similar. O Parlamento pode acolher ou desprezar a opinião do Tribunal, porque fala em nome dos contribuintes, do povo, os quais são os donos do negócio. Podem as Câmaras responsabilizar

o Executivo, ainda que o Tribunal de Contas tenha opinado pela aprovação das mesmas contas. Pode quitar o Presidente (ou Governador), ainda que parecer do Tribunal se incline para a desaprovação daquelas contas. (PINTO FERREIRA, Luiz. *Comentários à Constituição Brasileira*. São Paulo: Saraiva, 1992. v. 3, p. 415-416)

[...] julgamento das contas dos administradores e demais responsáveis por dinheiro, bens e valores públicos da administração direta e indireta, incluídas as fundações, sociedades instituídas e mantidas pelo Poder Público federal, e as contas daqueles que derem causa a perda, extravio ou outra irregularidade de que resulte prejuízo do erário público; não se trata de função jurisdicional, não julga pessoas nem [...] conflitos de interesses, mas apenas exerce um julgamento técnico de contas. (SILVA, José Afonso da. *Curso de direito constitucional positivo*. 9. ed. São Paulo: Malheiros, 1993. p. 637)

A expressão *julgar as contas* ou *julgar das contas* merece especial análise, porque o verbo *julgar* poderia levar, como levou os menos avisados, a pensar que o Tribunal de Contas e o Poder Legislativo exerceriam funções judicantes, do mesmo modo que os demais tribunais brasileiros. *Julgar as contas* é examiná-las, conferir-lhes exatidão, ver se estão certas ou erradas, traduzindo-se o resultado do exame, em concreto, no parecer elaborado, peça de natureza administrativa, jamais de natureza judicante. Trata-se de função matemática, contábil não de função jurisdicional. O Tribunal "julga as contas", não julga "os responsáveis".

A decisão do Tribunal de Contas, de qualquer esfera (da União, do Estados-membros, do Distrito Federal ou dos Municípios) diz respeito à regularidade intrínseca da conta, não sobre a responsabilidade do exator ou pagador, nem mesmo sobre a imputação dessa responsabilidade. Estatui somente sobre a existência matéria do fato, delituoso ou não, fornecendo à justiça, que vai mais tarde julgar o responsável, base concreta para o exercício da função judicante. Por outro lado, o Poder Judiciário não tem função no exame dessas contas. Não tem competência nem autoridade para revê-las. Não interfere na apuração do quantum do alcance, se houver.
Fica, assim, o julgado da jurisdição de contas restrito ao elemento material do, constituindo uma prejudicial no juízo penal (cf. Castro Nunes, *Teoria e prática do Poder Judiciário*, Rio de Janeiro, 1943, p. 30-31). [...]

Na mesma obra, Waline salienta com precisão que "o papel da Corte de Contas não é de exercer julgamento sobre a culpabilidade subjetiva do responsável, mas unicamente o de examinar regularidade objetiva da conta. Conforme clássico provérbio, a Corte de Contas julga as Contas, não julga os responsáveis pelas Contas (cf. *Droit administratif*, 9. ed., 1963, p. 156). [...]
O Decreto nº 966-A, do início do século, especifica na criação do órgão fiscalizador, que o novo instituto tem por objetivo exame, revisão e julgamento dos atos concernentes à receita de despesa da República (João Barbalho, *Comentários da Constituição Federal Brasileira*, 1906, p. 361). Mário Masagão, considerando

inaceitável a colocação de seu antecessor Manoel Pedro Villaboim, demonstra que a criação do novo órgão não constitui exceção à regra da jurisdição una e não importa em concessão feita ao contencioso administrativo, que a Constituição de 1981 repeliu. Instituído pela Constituição Federal, o Tribunal de Contas é órgão de Administração preposto ao Poder Legislativo, com função de ser auxiliar na tomada de contas da receita e da despesa de cada exercício financeiro. *Nessa atribuição de forma alguma, se incluem funções judicantes* ou jurisdicionais, tendo a Corte de Contas atribuições fixadas pela Constituição e, nesse caso, não podem essas atribuições ser modificadas por diminuição ou por acréscimo em decorrência de leis ordinárias (cf. *Em face da Constituição Federal não existe, no Brasil, o contencioso administrativo*, Tese de concurso, São Paulo, 1927, p. 153, 156-157). No v. 4, comentário nº 146 desta obra, dedicamos quarenta páginas ao estudo dos Tribunais de Contas, assinalando, de modo especial, *sua natureza jurídica, que é administrativa e, pois, de modo algum jurisdicional*. Analisamos, então, o art. 31 da Constituição vigente, que estamos comentando. O art. 31 trata da fiscalização das contas municipais cujo exercício ao Poder Legislativo local, mediante controle externo, e pelos sistemas de controle interno do Poder Executivo Municipal na forma da lei. (CRETELLA JÚNIOR, José. *Comentários à Constituição de 1988*. Rio de Janeiro: Forense, 1991. v. 5, p. 2797-2799)

O Tribunal de Contas auxilia Poder Legislativo na fiscalização financeira e orçamentária. É um tribunal administrativo, não integrante do Poder Judiciário, embora dotado de ampla autonomia e independência. O Tribunal de Contas e seus membros são destinatários de garantias constitucionais, de índole objetiva e subjetiva. As garantias objetivas concernem ao Tribunal de Contas como instituição, ensejando-lhe ao autogoverno (CF, art. 72, §1º). As garantias subjetivas, que se estendem aos membros do Tribunal de Contas identificam-se com as garantias deferidas à magistratura (CF, art. 72, §3º). Os impedimentos que incidem sobre os magistrados também se aplicam aos membros integrantes do Tribunal de Contas (*RDA*, 109:178). O Tribunal de Contas surgiu em nosso direito positivo após a proclamação da República. Primeiramente, em nível infraconstitucional. Foi instituído pelo Decreto nº 966-A, de 07.11.1980, editado pelo Governo provisório. Posteriormente, institucionalizou-se o Tribunal de Contas em nível constitucional. Com efeito, a Constituição republicana de 1891 contemplou-o em seu art. 89, que assim dispunha: "É instituído um Tribunal de Contas para liquidar as contas da receita e despesa e verificar a sua legalidade, antes de serem prestadas ao Congresso...". O Tribunal de Contas, embora não seja um órgão judiciário, exerce também funções jurisdicionais, aplicando o direito objetivo a casos concretos. O STF reconheceu ao Tribunal de Contas competência para efetuar a apreciação da constitucionalidade das leis. É o que assinala a Súmula nº 347: "O Tribunal de Contas, no exercício de suas atribuições, pode apreciar a constitucionalidade das leis e dos atos do Poder Público". Nesse sentido: Roberto Rosas, A função jurisdicional do Tribunal de Contas, *RDA*, 93:430. *A jurisdição exercida pelo Tribunal de Contas é uma jurisdição administrativa*, que se caracteriza pela revisibilidade de suas deliberações pelo Poder Judiciário (*RDA*, 47:182, 48:307, 63:215; RT, 224: 341, 253: 330, 357:466; Súmula nº 6 do STF). (MELLO FILHO, José Celso de. *Constituição federal anotada*. 2. ed. São Paulo: Saraiva, 1986. p. 240-241)

33. A disciplina relativa à competência do Tribunal não induz à ilação de que o poder consistente em julgar a regularidade das contas se revista de força capaz de elidir o ilícito administrativo e entender-se alcançado por anistia o servidor faltoso. A responsabilização administrativa se impõe, sem prejuízo das medidas da alçada do TCU, ex vi legis e para salvaguardar o Tesouro Nacional da ação delituosa daquele que já demonstrou periculosidade e insensibilidade no trato da coisa pública. A regularidade das contas assim julgadas após saneamento de irregularidade ou de ilegalidade de despesas, não assegura impunidade no âmbito disciplinar. O servidor responde administrativamente pela sua conduta funcional contrária à ordem social, sujeitando-se às penalidades disciplinares contidas em lei.

34. O julgamento das contas, atividade privativa do TCU, se constitui em instituto diverso da ação corretiva do Estado e as respectivas normas se aplicam de forma independente. Consoante foi salientado, a decisão do Órgão de contas somente repercute na área disciplinar na hipótese em que, de forma específica, seja negado o fato ou sua autoria.

35. A diversificação de penalidades se justifica pelo fato de serem pertinentes às irregularidades de contas e à conduta funcional caracterizada como ilícito administrativo. Se o servidor, no exercício das atribuições do cargo, adota postura tipificada como infração disciplinar e penal responde pelo mesmo fato nas duas instâncias, tidas como independentes. Note-se o teor das normas estatutárias relativas a esse tema, *verbis*:

> Art. 121. O servidor responde civil, penal e administrativamente pelo exercício irregular de suas atribuições. [...]
> Art. 125. As sanções civis, penais e administrativas poderão cumular-se, sendo independente entre si. (Lei nº 8.112, de 1990)

36. O próprio tribunal, em exercendo suas atribuições institucionais, possui competência para aplicar sanções previstas "em lei, que estabelecerá para, entre outras cominações, multa proporcional ao dano causado ao erário" (inciso VIII do art. 71 da CF).

VIII

37. O exposto admite asserir que:

a) em decorrência do contraditório e da ampla defesa, o acusado de haver praticado ilícito administrativo deve ser notificado da instauração do processo disciplinar dos atos pertinentes à apuração dos fatos os quais podem ensejar o contraditório, inclusive a tomada de depoimentos, assegurando, assim, ao servidor o direito de acompanhar a evolução do processo e adotar atos que proporcionem sua defesa, conforme o art. 156 da Lei nº 8.112, de 1990;
b) a notificação dos atos relativos à investigação que resulte no contraditório, há de ser feita em qualquer fase do inquérito, mas de modo a garantir ao acusado o exercício

do direito consubstanciado no referido art. 156;

c) a indicação das faltas disciplinares atribuídas ao servidor envolvido nas irregularidades não se efetua na notificação para presenciar o andamento das apurações, mas se as relacionam na indiciação, inclusive as provas, em observância ao disposto no art. 161 da Lei nº 8.112 aludida;

d) a infração constatada após a instauração do processo deve ser nele apurada, desde que tenha conexão com a que deu azo ao apuratório. Inexistente a conexidade de ilícitos, poderão ser apurados todos no mesmo processo, caso, quanto à infração mais recente, preserve a razoável celeridade. Em sendo contraproducente a apuração das faltas funcionais desprovidas de conexidade, no mesmo processo deverá a c.i, até mesmo no relatório final propor a designação de outra equipe, com a finalidade de determinar a veracidade desses fatos. Verificado o envolvimento de outros servidores já no curso da apuração das infrações incontinenti deverão ser notificados do seu envolvimento nas irregularidades, cabendo à comissão de inquérito assegurar expressamente o exercício do direito a que alude o art. 156 do novo estatuto dos servidores públicos civis federais, com o que serão observados o contraditório e a ampla defesa;

e) o prazo prescricional pertinente às faltas disciplinares praticadas na espécie, sob a incidência das normas de regência então em vigor, começou a correr a partir da data em que delas a Administração teve conhecimento;

f) o julgamento das contas dos administradores e demais responsáveis por dinheiros, bens e valores públicos e das contas dos que dão causa a perda, extravio ou outra irregularidade de que resulte prejuízo para o Tesouro Nacional somente repercute, na atuação disciplinar do Estado, quando, especificamente, o TCU nega o fato ou sua autoria. Afora isso, o saneamento das contas por determinação da egrégia Corte de Contas e a consequente decisão de arquivamento do processo não elidem o fato delituoso na esfera disciplinar, impondo-se o cumprimento da lei que estatui sua imediata apuração e, de forma sequencial, a apenação.

Sub censura.

WILSON TELES DE MACÊDO
Consultor da União

Parecer AGU nº GQ-124/1997 (*DOU*, 30 maio 1997)
Referência: Processo nº 02006.001135/93-95
Origem: Ministério do Meio Ambiente, dos Recursos Hídricos e da Amazônia Legal
Assunto: Proposta de demissão de servidores.

Adoto, para os fins do art. 41 da Lei Complementar nº 73, de 10 de fevereiro de 1993, o anexo Parecer nº AGU/MF-01/97, de 14 de abril de 1997, da lavra da eminente Consultora da União, Dra. Mirtô Fraga, e submeto-o ao Excelentíssimo Senhor Presidente da República, para os efeitos do art. 40 da referida Lei Complementar.

Brasília, 28 de maio de 1997.

GERALDO MAGELA DA CRUZ QUINTÃO
Advogado-Geral da União

Parecer nº AGU/MF 01/97 (Anexo ao Parecer GQ-124)
Processo nº 02006.001135/93-95
Assunto: Proposta de demissão de servidores.

EMENTA: Para a demissão fundamentada no inciso I do artigo 132 da Lei nº 8.112/90, é imprescindível a existência de sentença judicial transitada em julgado condenando o servidor pela prática de crime contra a administração pública, sob pena de violação do disposto no inciso LVII do artigo 5º da Constituição Federal.

Senhor Advogado-Geral:

Com o Aviso nº 304, de 28 de fevereiro de 1997,o Exmo. Sr. Ministro de Estado Chefe da Casa Civil da Previdência da República (fls. 1) encaminhada a esta Instituição os autos do Processo nº 02006.001135/93-95, a fim de ser dirimida controvérsia suscitada entre a Consultoria Jurídica do Ministério do Meio Ambiente, Recursos Hídricos e da Amazônia Legal, e a Subchefia para Assuntos Jurídicos da Casa Civil, a propósito da tipificação a ser dada a atos de servidores públicos cuja proposta de demissão foi encaminhada ao Excelentíssimo Senhor Presidente da República. Com o Aviso nº 304/97, também a EM Nº 2, de 10 de janeiro de 1997, do Exmo. Sr. Ministro de Estado do Meio Ambiente, Recursos Hídricos e da Amazônia Legal, acompanhada das minutas de decreto de demissão dos servidores, proposta ao Chefe do Poder Executivo e a Nota nº 471/97-SAJ/PR-MM.

I - OS FATOS

2. Carlos Alberto Sampaio Maia e Álvaro Pinto Tavares, servidores do IBAMA, Superintendência da Bahia, foram presos em flagrante pela Polícia Federal, quando, num restaurante na cidade de Salvador, Estado da Bahia, recebiam a primeira parcela dos quatro milhões de cruzeiros reais exigidos como propina de empresário, a fim de não ser lavrado contra ele auto de infração. O terceiro, Reinaldo São Pedro Silva, também da Superintendência do IBAMA-BA, teve seu envolvimento descoberto posteriormente, com a instauração do Inquérito Policial nº 488. Tendo a Polícia Federal comunicado à autoridade administrativa a prisão em flagrante dos servidores, foi instaurado, também na esfera administrativa, o procedimento adequado. Ressaltaram a Consultoria Jurídica do Ministério do Meio Ambiente, dos Recursos Hídricos e da Amazônia Legal, e a Assessoria Jurídica da Subchefia para Assuntos Jurídicos da Presidência da República, serem contundentes as provas colhidas, restando demonstrada a participação dos servidores nos fatos narrados no processo: em razão da função, exigiam para si, vantagem indevida. Foi assegurada aos indiciados ampla defesa.

II - A POSIÇÃO DOS ÓRGÃOS DIVERGENTES

3. Entende a Consultoria Jurídica do Ministério do Meio Ambiente, Recursos Hídricos e da Amazônia Legal que os três servidores devem ser demitidos:

> [...] com fulcro no art. 117, inciso IX, c/c o art. 132, da Lei nº 8.112, de 11 de dezembro de 1990, por lograr proveito pessoal, em detrimento da dignidade da função pública e por crime contra a administração pública: concussão, observando-se, em conseqüência, as disposições do art. 137 da referida Lei. [...]

4. Já a Subchefia para Assuntos Jurídicos da Presidência da República julga que:

> [...] houve a prática, pelos servidores indiciados, dos ilícitos capitulados nos incisos IX e XII, do art. 117, e IV, do art. 132, todos da Lei nº 8.112/90. [...]
> Por outro lado, quanto à capitalização do "crime contra a Administração Pública", sugerindo por aquela Consultoria Jurídica, entendo que só se aplicaria à espécie caso já tivesse havido, na esfera judicial, a condenação dos servidores indiciados, por sentença, pela prática do crime de concussão. Não havendo nos autos, qualquer notícia ou prova nesse sentido, tal tipificação não pode ser aventada [...].

III - OS DISPOSITIVOS LEGAIS INVOCADOS

5. Dispõe a Lei nº 8.112, de 11 de dezembro de 1990, que instituiu o regime jurídico dos Servidores Públicos Civis da União, das autarquias e das fundações públicas:

> Art. 117. Ao servidor é proibido: [...]
> IX - valer-se do cargo para lograr proveito pessoal ou de outrem, em detrimento da dignidade da função pública; [...]
> XII - receber propina, comissão, presente ou vantagem de qualquer espécie, em razão de suas atribuições; [...].
> Art. 132. A demissão será aplicada nos seguintes casos:
> I - crime contra a administração pública; [...]
> IV - improbidade administrativa; [...].

IV - A TIPIFICAÇÃO DA INFRAÇÕES

A - Quanto à violação do art. 117, IX

6. Quanto à violação do inciso IX do art. 117, estão acordes todos. De fato, valendo-se do cargo que exerciam, os servidores em questão lograram proveito próprio em detrimento da dignidade da função. Ivan Barbosa Rigolin, ensina que a proibição constante do inciso IX do art. 117 tem efeito moralizante:

> O inc. IX contém uma norma de cunho moral, sobremaneira subjetiva e dificilmente avaliável quanto aos seus exatos limites. Vai do senso pessoal de cada servidor a avaliação de se o cargo que desempenha lhe está ou não servindo para auferir proveito pessoal, ou de outrem, e se esse proveito está ou não ferindo a dignidade da mesma função pública. Não resta dúvida de que apenas em casos gritantemente lesivos a esta ordem poderá haver coibição eficaz contra quem pratique o excesso. (RIGOLIN, Ivan Barbosa. *Comentários ao Regime Único dos Servidores Públicos Civis*. 2. ed. São Paulo: Saraiva, 1993. p. 211)

7. Proveito próprio é toda e qualquer vantagem, pecuniária ou não, pessoal ou de outrem. No caso dos autos, houve vantagem pecuniária em proveito próprio. O nexo causal entre a obtenção da vantagem e o exercício do cargo ficou evidente.

B - Quanto à violação do art. 117, XII

8. A Subchefia para Assuntos Jurídicos da Presidência da República, vai além e diz que houve, também, violação da norma inscrita no inciso XII do mesmo art. 117: "receber propina, comissão, presente ou vantagem de quaisquer espécie, em razão de suas atribuições". Tem razão a Subchefia. Ao efetuar, em flagrante, a prisão dos servidores, a Polícia Federal apreendeu um envelope contendo a importância de CR$1.000.000,00 (hum milhão de cruzeiros), como consta do auto de apreensão, cuja cópia se encontra às fls. 78, e verso, do Processo nº 02.006.001.135/03-95. Para o Direito Penal, se o funcionário exige a vantagem, pratica o crime de concussão (Código Penal, art. 316); se solicita, ou se recebe, ou se aceita a promessa de vantagem indevida, comete o crime de corrupção passiva (Código Penal, art. 317). No Direito Administrativo, não importa se a propina (ou a comissão, ou o presente ou a vantagem de qualquer espécie) foi exigida ou se foi solicitada ou se foi simplesmente aceita. Basta que tenha sido recebida. E, no caso em pauta, os servidores a receberam. Tanto que a quantia foi apreendida pelos policiais federais. Os servidores receberam a quantia porque deixaram de autuar a madeireira do empresário.

9. A propósito do inciso XII do art. 117 da Lei nº 8.112/90, diz Rigolin:

> O inc. XII proíbe a prática de corrupção administrativa, consignada na lei como o recebimento de propina, comissão, presente ou vantagem de qualquer espécie pelo servidor, em razão de sua mera atribuição. Tal significa que não pode o servidor federal receber subornos, peitas, gorjetas, participações em negócios da Administração, brindes, mimos, lembranças ou quaisquer outras oferendas, simplesmente porque, com este objetivo ou não, pelo só desempenho de sua função favoreceu alguém. A regra é necessária, pela sua evidente função moralizante, e porque seria inadmissível o silêncio da lei em tema semelhante. (RIGOLIN. *Comentários ao Regime Único dos Servidores Públicos Civis*, p. 211)

V - QUANTO AO DISPOSITIVO LEGAL A SERVIR DE BASE AO DECRETO DE DEMISSÃO

10. Para o Ministério, a demissão deve fundamentar-se no inciso I do art. 132; para a Subchefia para Assuntos Jurídicos, no inciso IV, do mesmo artigo.

11. Argumenta a Subchefia ser inaplicável ao caso o inciso I do art. 132, porque não há nos autos notícia de que os servidores já foram punidos na esfera criminal, por decisão transitada em julgado. Observe-se que os Projetos de Decretos mencionam expressamente: "... e por crime contra a administração pública: concussão...".

12. Na vigência do Estatuto revogado (Lei nº 1.711/52), cujo art. 207, I, tinha idêntica redação ao do disposto no inciso I do art. 132 da Lei atual, o antigo DASP expediu diversas Formulações, dentre as quais destaco:

> Formulação nº 128: "Não pode haver demissão com base no item I do ART. 207 do Estatuto dos Funcionários, se não a precede condenação criminal".
> Formulação nº 30: "A absolvição Judicial só repercute na esfera administrativa se negar a existência do fato

ou afastar do acusado a respectiva autoria".

Formulação nº 278: "A absolvição do réu-funcionário por não provada a autoria, não importa em impossibilidade da aplicação da pena disciplinar".

13. Após a Carta de 1988, já na vigência da Lei nº 8.112/90, a mais alta Corte de Justiça do País teve oportunidade de apreciar, algumas vezes, a questão, muito embora não tenha, ainda, sedimentado sua posição. Com efeito, em 1992, funcionário público impetrou mandado de segurança contra ato presidencial que o demitira, "... por se ter prevalecido abusivamente da condição de policial e cometido crime contra a administração pública" (Decreto publicado no *Diário Oficial da União*, ed. de 20.05.1991, seção II, p. 3326). Compulsando os autos do Processo, verifica-se que não há decisão judicial sobre a prática de crime contra a administração. O Supremo Tribunal Federal, indeferindo a segurança, decidiu, em sessão plenária, por unanimidade:

> MS nº 21.332-9 - DF, relator Ministro Néri da Silveira: "Mandado de segurança, Servidor policial. Demissão por ter se prevalecido da condição de policial. O ato de demissão, após processo administrativo não está na dependência da conclusão de processo criminal a que submetido o servidor, por crime contra a administração pública. Independência das Instâncias. Constituição, art. 41, §1º. Transgressões disciplinares de natureza grave. Mandado de segurança indeferido" (Decisão em 27.11.1992; DJ 07.05.1993; Ementário STF nº 1.702-2, p. 344 e segtes.). [...]

14. Posteriormente, em 25.11.1993, também por decisão unânime, em sessão plenária, a Corte Suprema, concedendo a segurança, decidiu de modo diverso:

> MS nº 21.310 - DF, relator Ministro Marco Aurélio: "Servidor. Responsabilidade administrativa, civil e penal. Demissão: Estando o decreto de demissão alicerçado em tipo penal, imprescindível é que haja provimento condenatório trânsito em julgado. Se de um lado, é certo que a jurisprudência sedimentada do Supremo Tribunal Federal indica o caráter autônomo da responsabilidade administrativa, a não depender dos procedimentos cível e penal pertinentes, de outro não menos correto, é que, alicerçada a demissão na prática de crime contra a administração pública, este há que estar revelado em pronunciamento do Judiciário coberto pelo manto de coisa julgada" (DJ 11.03.1994, p. 4.096, Ementa, vol. 1.736-2, p. 263 e sg., RTJ 152/475). [...]

15. Tratava-se de servidor da Polícia do Distrito Federal, cujas infrações estavam previstas em lei específica. Depois de dizer que tais infrações se dividiam em duas categorias (as simplesmente administrativas e as que configuravam crime contra a administração pública, o Ministro relator afirmou:

> "... como é o crime contra a Administração Pública definido no art. 318 do Código Penal e que serviu de base, como única e exclusiva motivação ao Decreto de demissão [...] forçoso é concluir que a Administração se antecipou ao provimento judicial definitivo [...]. Portanto, em penada única, procedeu-se como se já houvesse condenação criminal transitada

em julgado e, o que é pior, colocando-se em plano secundário até mesmo a circunstância de o Impetrante não estar sendo processado pela prática de crime contra a administração pública" (RTJ 152, p. 479). [...]

16. Mais tarde, em 16.11.1995, também em deliberação do Pleno, por unanimidade, a Corte voltou à antiga posição, qual seja a de que a ausência judicial com trânsito em julgado não torna nulo o ato demissório, Interessante ressaltar que o Decreto presidencial, publicado no *Diário Oficial da União*, edição II, p. 7.551, não teve por fundamento o inciso I do art. 132 e nem consignou que o funcionário havia cometido crime contra a Administração. O Egrégio Supremo Tribunal Federal, ao denegar a ordem decidiu:

> MS nº 21.322-9 - SC, relator Ministro Maurício Corrêa: "Mandado de Segurança, Servidor Público – Demissão após processo administrativo disciplinar. Legalidade da punição. Aplicação do art. 41. §1º da Constituição Federal c/c art. 132, I, IV, X e XI, da Lei 8.112/90. 1. A materialidade e a autoria dos fatos ilícitos deverão ser apurados em processo administrativo disciplinar. [...] 2. A Administração deverá aplicar ao servidor comprovadamente faltoso a penalidade cabível na forma do artigo 41, §1º, da Constituição Federal c/c o art. 132, I, IV, X e XI da Lei nº 8.112/90. [...] 4. a ausência de decisão judicial com trânsito em julgado não torna nulo o ato demissório, pois a aplicação da pena disciplinar independe da conclusão dos processos civis e penais, eventualmente instaurados em razão dos mesmos fatos. 5. Segurança indeferida. (Decisão em 16.11.1995, DJ 26.04.1996; Ementário STF nº 1.825-01, p. 176 e sg.). [...]

17. Todo crime praticado por funcionário contra a administração pública (Código Penal, arts. 312 a 327, constitui uma infração administrativa, capitulada ou no art. 117 ou no art. 132 da Lei nº 8.112/90. A recíproca, porém, não é verdadeira: nem toda infração disciplinar configura crime. Essa conclusão e a independência das instâncias civil, penal a administrativa, constituem jurisprudência mansa e pacífica da Corte Suprema, sendo de ressaltar que a Lei nº 8.112/90, no art. 125, é expressa ao prever a independência das referidas instâncias.

18. Ora, se toda ação tipificada como crime no Código Penal constitui, também infração disciplinar, se diversos incisos do art. 132 da Lei nº 8.112/90 encontram correspondência no Código Penal, parece evidente que ao prever a demissão por crime contra a administração pública, a *mens legis* não pode ser outra senão a de que a demissão, com fundamento no inciso I do art. 132, deve ser precedida de decisão transitada em julgado. A Constituição assegura que "ninguém será considerado culpado até o trânsito em julgado de sentença penal condenatória" (art. 5º, LVII). Não pode, portanto a Administração demitir funcionário público *por ter cometido crime contra a administração pública* se decisão judicial transitada em julgado ainda não reconheceu a existência do fato e a sua autoria, condenando o servidor.

19. A propósito do disposto no inciso I do art. 132 da Lei nº 8.112/90, do já citado Rigolin, destaco:

> Abrindo o rol, os crimes contra a Administração. Se são apenados com demissão do serviço público, antes disso, quando apurados judicialmente em processo-crime, são

punidos, conforme sejam de uma ou de outra natureza, com penas privativas de liberdade (reclusão ou detenção), segundo previsto no Código Penal, arts. 312 a 327. Nessas previsões penais existem reclusões de até doze anos, o que indica a extrema gravidade dos delitos. A essas punições somar-se-á naturalmente a demissão do serviço público, que é pena administrativa que não se comunica com a pena criminal, soma-se a ela, repetimos. Às vezes existe a condenação judicial do servidor à pena acessória de perda do cargo público: neste caso, não será administrativa aquela penalização, mas judicial. (RIGOLIN. *Comentários ao Regime Único dos Servidores Públicos Civis*, p. 226-227)

20. Outro não é o entendimento já manifestado por essa Instituição, como se extrai das Informações AGU WM-04/97, adotadas, por V. Exa. em Despacho de 31 de março último:

> Denota-se que, no inciso I, o art. 132, estatui a demissão no caso de "crime contra a administração pública" e, nos incisos II, VII, VIII e X, a decorrente de abandono de cargo: ofensa física, em serviço, a servidor ou a particular, salvo em legítima defesa própria ou de outrem: aplicação irregular de dinheiros públicos; a lesão aos cofres públicos e dilapidação do patrimônio nacional, todas infrações administrativas que, à guisa de exemplo, encontram correspondentes no capítulo do Código Penal específico dos crimes praticados por funcionário público contra a Administração em geral. A compatibilização da incidência desses preceitos ocorre em que à apenação, com base no inciso I, é exigida sentença penal com trânsito em julgado e, nos demais casos, é suficiente a decisão da autoridade julgadora, no processo disciplinar em que, regularmente, apuraram-se a materialidade do ilícito e a autoria. Pretende o legislador que a Administração atue de forma não autônoma, para restabelecer a ordem social, apenas quando o servidor é condenado, na esfera criminal, decorrendo, assim, a expulsão estatuída no item I: nos demais casos, é imposta, na Lei, uma apreciação administrativa independente, mediante o julgamento de que tratam os arts. 166 e 167 (Lei nº 8.112). Destarte, não se restringe a incidência do aludido art. 132, isento de limitações no que é pertinente ao poder-dever atribuído à Administração para apenar seu pessoal. [...]

21. Como não há nos autos prova de que os servidores tenham sido condenados por decisão judicial transitada em julgado, o decreto de demissão não deveria, s.m.j., fundamentar-se no inciso I do art. 132 da Lei nº 8.112/90.

22. Propõe a Subchefia para Assuntos Jurídicos da Presidência da República que a demissão tenha por base o inciso IV do art. 132: a improbidade administrativa. Correta a posição. Improbidade revela a qualidade da pessoa que não procede bem por não ser honesto, que age indignamente por não ter caráter, que não atua com decência por ser amoral (cf. SILVA, De Plácido e. *Vocabulário jurídico*. 2. ed. São Paulo: Forense, 1990. v. 2, p. 799). Rigolin não diverge:

> *Improbidade administrativa* (quarto tipo) quer dizer desonestidade, imoralidade, prática de ato ou atos ímprobos, com vista a vantagem pessoal ou de correlato do autor, sempre com

> interesse para o agente. A improbidade é sempre ato doloso, ou seja, praticado intencionalmente, ou cujo risco é inteiramente assumido. Não existe improbidade culposa, que seria aquela praticada apenas com imprudência, negligência, ou imperícia, porque ninguém pode ser ímprobo, desonesto, só por ter sido imprudente, ou imperito, ou mesmo negligente. Improbidade é conduta com efeitos necessariamente assumidos pelo agente, que sabe estar sendo desonesto, desleal, imoral, corrupto. Chama-se improbidade administrativa aquela havida ou praticada no seio da Administração, já que pode haver improbidade na esfera civil, na vida particular, ou na militância comercial de qualquer pessoa; apenas por referir-se a situações ou fatos ligados à Administração, dentro dela, a L. 8.112, a exemplo de outras leis, denominou aquela improbidade de administrativa. (RIGOLIN. *Comentários ao Regime Único dos Servidores Públicos Civis*, p. 227-228).

23. A Lei nº 8.429, de 02 de junho de 1992, assim define o ato de improbidade administrativa:

> Art. 9º Constitui ato de improbidade administrativa importando enriquecimento ilícito auferir qualquer tipo de vantagem patrimonial indevida em razão do exercício de cargo, mandato, função, emprego ou atividade nas entidades mencionadas no artigo 1º desta lei, e notadamente:
> I - receber, para si ou para outrem, dinheiro, bem móvel, ou imóvel, ou qualquer outra vantagem econômica, direta ou indireta, a título de comissão, percentagem, gratificação ou presente de quem tenha interesse, direto ou indireto, que possa ser atingido ou amparado por ação ou omissão decorrente das atribuições do agente público: [...].

24. Vale, ainda, ressaltar que os atos praticados pelos servidores de que tratam estes autos, configuram, também, a infração administrativa prevista no inciso XI do art. 132: corrupção, expressão que tem significado mais amplo que o crime de corrupção capitulado no art. 317 do Código Penal: no campo do Direito Disciplinar, não importa se o funcionário exige, se solicita, se recebe ou se aceita a vantagem indevida. Se se pune o menos (se o funcionário recebe), deve-se punir o mais (se exige). Ao praticar uma ação, o funcionário pode infringir diversas normas, vários deveres ou violar diferentes proibições. Diz Rigolin:

> A corrupção, por exemplo, referida singelamente no inc. XI, pode revestir formas infinitas, cujo aspecto multifário é a cada dia ampliado pela criatividade humana, que nesse terreno se demonstra mais fértil do que talvez em qualquer, outro. Parece com efeito inesgotável a imaginação corruptora do homem, muito mais célebre em evolução que aquela voltada a contê-la. Desse fato não pode descuidar a Administração, mas também não o pode com relação à ampla defesa que precisa garantir ao servidor dela acusado, antes de poder demiti-lo do serviço público. (RIGOLIN. *Comentários ao Regime Único dos Servidores Públicos Civis*, p. 229).

25. Por outro lado, embora também tal não tenha sido aventado quer pelo Ministério, quer pela Subchefia para Assuntos Jurídicos, tendo em vista que houve infração ao disposto nos incisos IX e XII do art. 117, o ato demissório pode

fundamentar-se, ainda, no inciso XIII, além do XI (e do IV, conforme item 22 deste parecer), ambos do art. 132, *verbis*:

> Art. 132. A demissão será aplicada nos seguintes casos: [...]
> XI - corrupção; [...]
> XIII - transgressão dos incisos IX e XVI do art. 117.

VI - CONCLUSÃO

26. Do exposto, podemos concluir:

a) a demissão de servidor com base no inciso I do art. 132 da Lei nº 8.112/90, só deve embasar o ato presidencial na existência de decisão judicial transitada em julgado;
b) no caso dos autos, os atos praticados pelos funcionários constituem infração do disposto nos incisos IX e XII do art. 117 e o ato demissório pode fundamentar-se nos incisos IV, XI e XIII do art. 132.

27. À consideração superior.

Brasília, 14 de abril de 1997.

MIRTÔ FRAGA
Consultora da União

Parecer AGU nº GQ-145/1998 (*DOU*, 1º abr. 1998)
Referência: Processo nº 46215.008040/97-54 e 46215.008041/97-17
(Processos de sindicância nº 46215. 016699/97-20 e 46215.016700/97-15)
Origem: Ministério do Trabalho
Assunto: Exame de casos de acumulação de cargos.

ADOTO, para os fins e efeitos dos art. 41 da Lei Complementar nº 73, de 10 de fevereiro de 1993, o anexo Parecer nº AGU/WM-9/98, de 16 de março de 1998, da lavra do emitente Consultor da União, Dr. Wilson Teles de Macêdo, e submeto-o ao Excelentíssimo Senhor Presidente da República, para os efeitos do art. 40 da referida Lei Complementar.

Brasília, 30 de março de 1998.

GERALDO MAGELA DA CRUZ QUINTÃO
Advogado-Geral da União

Parecer nº AGU/WM-9/98 (Anexo ao Parecer nº GQ-145)
Processo nº 46215.008040/97-54 e 46215. 008041/97-17
(Processos de sindicância nº 46215. 016699/97-20 e 46215.016700/97-15)
Assunto: Exame de casos de acumulação de cargos.

EMENTA: Ilícita a acumulação de dois cargos ou empregos de que decorra a sujeição do servidor a regimes de trabalho que perfaçam o total de oitenta horas semanais, pois não se considera atendido, em tais casos, o requisito da compatibilidade de horários.

Com a superveniência da Lei nº 9.527, de 1997, não mais se efetuar a restituição de estipêndios auferidos no período em que o servidor tiver acumulado cargos, empregos e funções públicas em desacordo, com as exceções constitucionais permissivas e de má fé.

PARECER

A pendência implica exame da acumulação de cargos em que vêm incorrendo dos titulares dos cargos de Assistente Jurídico do quadro de pessoal desta Advocacia-Geral da União e de Professor Adjunto do quadro permanente da Universidade Federal do Rio de Janeiro.

2. Ponto nodal do assunto prende-se à verificação da constitucionalidade e legalidade da situação cumulativa dos interessados, que cumpriam carga horária semanal de quarenta horas em razão de cada cargo, encontrando-se consignado, nos processos, que estão submetidos ao regime de trabalho de vinte horas semanais, quanto aos cargos de professor Adjunto, na conformidade dos documentos de fls. 26 e 28 do Proc. nº 46215.008040/97-54 e 27 a 29 do Proc. nº 46215.008041/97-17.

3. Às fls. 36 do proc. nº 46215.016699/97 e 35 do Proc. nº 46215.016700/97-15, o Ministério do Trabalho registrou como sendo o horário de trabalho dos interessados "das 9:00 horas às 18:00 horas, de 2ª a 6ª feiras, computando-se 40 horas semanais". Se a carga horária semanal é de quarenta horas, infere-se que a jornada de 9:00 às 18:00 não é cumprida integralmente, pois somaria [...] horas. Por certo, é reservada uma hora para alimentação.

4. Não constam dos presentes processos os horários a que os interessados estavam submetidos na referida instituição de ensino, no período em que trabalhavam quarenta horas semanais. Entretanto, no mês de agosto de 1997, a Universidade Federal do Rio de Janeiro declarou que os servidores sempre cumpriram suas cargas horárias, num total de dez aulas teóricas semanais, complementando "com as seguintes atividades: orientação e atendimento a alunos, conferências, correções de trabalhos e provas, elaboração de aulas e trabalho de campo, atividades estas

desenvolvidas com ampla flexibilidade de horário e liberdade para exercê-las fora do estabelecimento de ensino" (fls. 24 e 28 do Proc. nº 46215.016699/97-20 e 27 do Proc. nº 46215.016700/97-15).

5. Em ambos os casos, comissão de sindicância, constituída no Ministério do trabalho, apreciando as cargas horárias de quarenta e vinte horas, respeitantes aos cargos de Professor Adjunto, conclui pela legalidade da acumulação em exame, asseverado a existência da compatibilidade horária. Para tanto, baseou-se no entendimento firmado pela extinta Consultoria-Geral da República, mediante a Exposição de Motivos nº 9/89, de 26 de dezembro de 1989, aprovada pelo Presidente da República e publicada no *Diário Oficial* de 15 de janeiro de 1990, p. 1003 e 1004.

6. Essa cumulação de cargos foi considerada contrária à Lei nº 8.112, de 1990, pela Secretaria de Controle Interno da Presidência da República, oportunidade em que enfatizou os seguintes tópicos, a que anuiu a Coordenação-Geral de Recursos Humanos desta Instituição, *verbis*:

> a) esta Secretaria, em 20.3.96, o Processo 46215.018750/95 que comportava intenção idêntica do mesmo interessado. Naquela oportunidade recomendou-se a abertura de sindicância para fato enquadrável no parágrafo 2º do artigo 118 da Lei nº 8.112/90, a partir dos dados cadastrais constantes do SIAPE que denunciavam a acumulação de cargos públicos de 40 horas cada, prestados simultaneamente.
>
> b) o referido processo extraviou-se a nova instrução resultou nos autos presentes, inicialmente sem que qualquer referência àqueles fatos fizesse. Necessária se faz a eficiente ação da CGRH/AGU quando exigiu, mediante cópia que juntou aos autos, o atendimento da recomendação anteriormente alvitrada;
>
> c) a autoridade administrativa responsável pela lotação do interessado, que até então descumprira a determinação ínsita no artigo 143 da Lei 8.112/90, não promovendo a apuração imediata da irregularidade que tivera ciência constituiu, com 16 meses de atraso, a comissão de sindicância objeto da Portaria nº 154/97/DRT-RJ;
>
> d) assim, foi acostado aos autos o Processo 46215.016699/97 que tratou da apuração do fato denunciado. Ou deveria tratar. Contudo, as peças que o constituem revelam apenas "corporativismo da categoria" tratando de aspectos que refogem ao objetivo do trabalho. Prova suficiente é que a defesa do indiciado (fls. 10 a 17 do apenso) constitui a quase totalidade do relatório conclusivo apresentado pela Comissão (fls. 37 a 43). Da leitura de seus tópicos, identifica-se temas que vão desde a licitude da acumulação até as peculiaridades da atividade acadêmica de nível superior, passando pela probidade e ilibada conduta técnico-profissional do envolvido; e
>
> e) permitimo-nos acrescentar as fls. 39 a 50 que comprovam o vício da jornada ilegal de 80 horas semanais desde fevereiro/92, somente corrigida em agosto/96, 5 meses após a orientação desta Secretaria, o que confirma a procedência da acusação inicial. Apesar desse desdobramento, a restituição aos cofres públicos das quantias percebidas indevidamente passou ao largo dos temas abordados pela pré-falada Comissão e, até a presente data, não há implantação, para a ficha financeira do servidor, da rubrica de desconto respectiva.

> Cremos que resulta descumprida a determinação do parágrafo 1º do artigo 122 também da Lei 8.112/90.

II

7. Embora possa ser inferido que a orientação firmada, em tese, pela extinta CGR, na supramencionada Exposição de Motivos nº 9/89, alcançasse a espécie, denota-se que não cuidou, ao menos de forma explícita, da cumulação de cargos e empregos com regimes de trabalho de quarenta horas, por semana.

8. Tampouco o entendimento versado nesse expediente torna despiciente o exame da adequação desses casos à inteligência do art. 37, itens XVI e XVII, da Carta. Com este desiderato, segue reproduzida a temática precípua da fundamentação jurídica desenvolvida pela CGR.

> Da aplicação dessa orientação, na prática, está resultando a configuração de acumulação ilícita, por parte dos professores, de estabelecimento oficiais de ensino, que acumulam atividades de magistério ou esta com outra de caráter técnico ou científico, por período superior, no seu conjunto, às 60 horas semanais.
>
> Ocorre, porém, que a nova Constituição, no inciso XVI do seu artigo 37, permitiu tal acumulação, sem nenhuma limitação, bastando para tanto haver compatibilidade horária.
>
> Não havendo norma legal, limitando as acumulações à jornada semanal de 60 horas, torna-se arbitrária e injurídica aquela restrição, pela via que foi feita.
>
> Conquanto a CLT estabeleça que deve haver intervalo não inferior a 11 horas, entre o término de uma jornada e o início da subsequente (CLT, art. 66), esta regra é regra é restrita a cada vínculo empregatício, não se aplicando aos cargos ou empregos diversos, nem a trabalho em órgão ou entidades diferentes.
>
> Por outro lado, a jornada semanal de trabalho, necessariamente, não se distribui, apenas, por cinco dias, visto como pode haver caso de expediente aos sábados, sobretudo nos estabelecimentos oficiais de ensino.
>
> Sabe-se, também, que a carga horária do professor, sem cronometrados rigores, além da hora/aula ser de 50 minutos, remanescem espaços destinados à preparação de aula, correção de provas e desenvolvimento de estudos ou pesquisas, realizados com certa flexibilidade horária e liberdade, inclusive fora do respectivo estabelecimento de ensino.
>
> Havendo eventuais abusos ou descumprimento das cargas horárias e das jornadas, a questão se restringirá ao âmbito interno de cada órgão ou entidade, a ser resolvida no campo do seu regime disciplinar.
>
> Uma vez que o servidor, no exercício de uma faculdade assegurada na Carta Magna, desempenho dois cargos ou empregos, no setor público, cumprindo com os deveres a eles inerentes, não pode ser penalizado nem ter declarada ilegal essa acumulação, por força de Orientação Normativa, de caráter restritivo, a qual não encontra nenhum suporte legal.
>
> Restrições, só a Lei pode impor.
>
> Torna-se mais absurda aquele limitação, ao limitar em 60 horas a cargo horária semanal, porque o permissivo constitucional da acumulação, sem nenhuma outra restrição, condicionou-a somente à compatibilidade horária.
>
> Compatibilidade horária é uma condição objetiva.

> Qualquer outra vedação, que não decorra de lei, sobretudo quando baseada em aspectos de índole subjetiva, não pode prosperar, porquanto estará afetando preceito fundamental decorrente da Constituição.

9. É proibido o exercício cumulativo de cargos e empregos, excepcionada a acumulação também de dois cargos de professor, de dois cargos privativos de médico e a de um cargo de professor com outro técnico ou científico, "quando houver compatibilidade de horários" (cf. o inciso XVI do art. 37 da Constituição).

10. Essa regra vedante incide também nos empregos e funções das autarquias, empresas públicas, sociedades de economia mista e fundações mantidas pelo Poder Público, nos termos do art. 37, XVII.

11. Os ocupantes de cargos técnicos ou científicos estão sujeitos, *de lege lata*, em regra, a quarenta horas (cf. a Lei nº 8.112, de 11.12.1990, art. 19, e a MP nº 1.587-7, de 05.03.1998, art. 18, e normas posteriores) e os docentes dos estabelecimentos federais de ensino aos regimes de vinte ou quarenta horas, todos semanais. O professor submetido à carga de quarenta horas, com dedicação exclusiva, é obrigatório a trabalhar em dois turnos diários completos e com impedimento para o desempenho de outra atividade remunerada, pública ou privada (cf. o Decreto nº 94.664, de 23.07.1987, arts. 14, 15 e 58, e normas posteriores).

12. Assim, nos casos em exame, os servidores somente poderiam ser submetidos, necessariamente, às cargas de sessenta ou oitenta horas semanais, presente a exigência da compatibilidade horária, cuja acepção, a seguir delineada, indica a inviabilidade de acumulação de que provenha o último quantitativo.

13. Esse total de oitenta horas de trabalho, por semana, tem o poder de tornar presente ao espírito do intérprete a invocação de Padre Antônio Vieira, feita por Cretella Júnior (*Comentários à Constituição de 1988*. Rio de Janeiro: Forense, 1991. v. 4, p. 2211-2212):

> Tendes um só desses ofícios, ou tendes muitos? Há sujeitos, na nossa Corte, que têm lugar em três, e quatro tribunais: que têm quatro, que têm seis, que têm oito, que têm dez ofícios. Quando Deus deu forma ao governo do mundo, pôs no Céu aqueles dois grandes Planetas, o Sol e a Lua, e deu a cada um deles uma presidência: ao Sol a presidência do dia: *Luminare maius ut praesset diei*. E à Lua a presidência da noite: *Luminare ut praesset nocti*. E por que fez Deus essa repartição? Porventura por que se não queixasse a Lua, e as Estrelas? Não: porque com o Sol ninguém tinha competência, nem podia ter justa queixa. Pois se o Sol tão conhecidamente excedia a tudo quanto havia no Céu, porque lhe não deu ambos os ofícios? Porque ninguém pode fazer dois ofícios, ainda que seja o mesmo Sol. Não vos admiro a capacidade do talento, a da consciência sim. Porque nenhum homem pode fazer bem dois ofícios. De maneira que um homem, que vale por setenta homens, não se atreve a servir um só ofício? E vós, que vos fará Deus muita mercê, que sejais um homem, atrevei-vos a servir setenta ofícios? Não louvo, nem condeno: admiro-me com as turbas. (VIEIRA, Antonio. Sermão do Terceiro Domingo da Quaresma, 1655. *In*: VIEIRA, Antonio. *Sermões do Padre António Vieira*. São Paulo: Ed. Anchieta, 1944. v. 1 - Psicomotricidade, p. 480-485).

14. O princípio da proibição da acumulação de cargos e empregos, inclusive

com a ressalva destacada acima, tem por escopo o primado da coisa pública. As exceções estabelecidas não objetivam "privilegiar gratuitamente ou diferençar pessoas de forma desarrazoada. Não é em seu proveito que se permitem casos de acumulação. Não é para que um servidor passe a ser mais poderoso ou mais afortunado" (BASTOS, Celso Ribeiro; MARTINS, Ives Gandra da Silva. *Comentários à Constituição do Brasil*. São Paulo: Saraiva, 1992. v. 3, t. 3, p. 123).

15. De maneira consentânea com o interesse público e do próprio servidor, a compatibilidade horária deve ser considerada como condição limitativa do direito subjetivo constitucional de acumular e irrestrita sua noção exclusivamente à possibilidade do desempenho de dois cargos ou empregos com observância dos respectivos horários, no tocante unicamente ao início e término dos expedientes do pessoal em regime de acumulação, de modo a não se abstraírem dos intervalos de repouso, fundamentais ao regular exercício das atribuições e do desenvolvimento e à preservação da higidez física e mental do servidor. É opinião de Cretella Júnior que essa compatibilidade "deve ser natural, normal e nunca de maneira a favorecer os interesses de quem quer acumular, em prejuízo do bom funcionamento do serviço público" (*Comentários à Constituição de 1988, op. cit.*).

16. Em alusão à jornada de trabalho razoável, a que o empregado deve ser submetido, Mozart Victor Russomano opinou que o "interesse é da sociedade, porque assim ele poderá ser um homem, fisicamente, apto para o desempenho de sua missão social. Lucrará, ainda, a coletividade, porque, se o empregado repousar, trabalhará mais, produzindo melhor, enchendo o mercado de produtos abundantes e qualificados. O próprio empresário tem vantagem com isso, visto que a qualidade e, até mesmo, a quantidade de seus produtos lhe proporcionam lucros mais apreciáveis" (*Comentários à Consolidação das Leis do Trabalho*. 13. ed. Rio de Janeiro: Forense, 1990. v. 1, p. 86).

17. Por mais apto e adotado, física e mentalmente, que seja o servidor, não se concebe razoável entenderem-se compatíveis os horários cumpridos cumulativamente de forma a remanescer, diariamente, apenas oito horas para atenderem-se à locomoção, higiene física e mental, alimentação e repouso, como ocorreria nos casos em que o servidor exercesse dois cargos ou empregos em regime de quarenta horas semanais, em relação a cada um. A esse propósito, torna-se oportuno realçar, no respeitante ao sono:

> (I) A duração do sono passa de 16h em 24 do nascimento para cerca de 6h em 24 aos 70 anos. (GRANDE ENCICLOPÉDIA Larousse Cultural. São Paulo: Universo, 1988)
> (II) O sono se dá em ciclos regulares. Mas há variações individuais consideráveis. Assim, alguns necessitam de mais de dez horas de sono; a outros bastam quatro ou cinco horas. De qualquer modo, corresponde a necessidade irresistível. Sua privação provoca perturbações graves de conduta (ENCICLOPÉDIA Mirador Internacional. São Paulo: Encyclopaedia Britannica do Brasil, 1975. p. 10590).

18. Condições tais de trabalho seriam até mesmo incompatíveis com o fim colimado pela disciplina trabalhista, ao estatuir o repouso de onze horas, no mínimo, entre duas jornadas: este tem o fito de salvaguardar a integridade física e mental do empregado e a eficiência laborativa, intenção que, obviamente, não foi desautorizada pelo constituinte na oportunidade em que excepcionou a regra proibitiva da

acumulação de cargos, até mesmo porque estendeu aos servidores públicos as normas trabalhistas sobre o repouso, contidas nos itens XIII e XV do art. 7º, a teor do art. 39, §2º, ambos da Carta Federal.

19. O Texto Constitucional, art. 37, XVI, não terá pretendido contemplar cargas de oitenta horas semanais, sob o pretexto não só de que o regime cumulativo regrou-se sem nenhuma limitação, bem assim do pálio da compatibilidade de horários. Este requisito de configuração de direito de titularidade de cargos acumulados é de relevo e deve ser admitido de maneira a harmonizar-se com o interesse público e proporcionar ao servidor a possibilidade do exercício regular dos cargos ou empregos. Admite-se a exegese que admita a carga total de oitenta horas, acarretando a impossibilidade da razoável execução do trabalho, seria dissonante da maneira de pensar de Carlos Maximiliano, exposta ao prelecionar que deve "o Direito ser interpretado inteligentemente: não de modo que a ordem legal envolva um absurdo, prescreva inconveniências" (*Hermenêutica e aplicação do direito*. 9. ed. Rio de Janeiro: Forense, 1979. p. 166).

20. Sob essa ótica, deduz-se irrelevante a conotação de que o regime laboral dos docentes compreende as aulas efetivas e as atividades de "orientação e atendimento a alunos, conferências, correções de trabalhos e provas, elaboração de aulas e trabalho de campo, atividades estas desenvolvidas com ampla flexibilidade de horário e liberdade para exercê-las fora do estabelecimento de ensino", como afirma a Universidade (v. o item 4 deste expediente), porquanto, ainda que essa elástica distribuição de atividades apresente respaldo legal, não possui o condão de desobrigar o professor de cumprir integralmente a carga horária e em decorrência da qual é retribuído.

21. Vez que dissociadas essas condições de trabalho da garantia da normal capacidade física e mental do servidor, pode-se afirmar, sem receio de incorrer em equívoco, que a acumulação implica prejuízo para exercício de ambos os caros, nada obstante a percepção integral das correspondentes retribuições.

III

22. A exemplo do disposto no parágrafo único do art. 193, da Lei nº 1.711, de 1952, havia, na redação original do art. 133 da Lei nº 8.112, o comando determinante da reposição da importância auferida indevidamente, na hipótese de comprovação do acúmulo ilegítimo e de apuração do elemento subjetivo da má fé com que tiver se havido o servidor nessa investidura irregular.

23. Com o objetivo maior de estabelecer rito processual permissivo da apuração deveras ágil dos casos de acumulação de cargos, o art. 1º da Lei nº 9.527, de 1997, inovou a ordem disciplinar e, no tópico relativo à acumulação (art. 133, de Lei nº 8.112), quanto ao detentor da titularidade institucional de cargos, empregos e funções, dentre outros ângulos:

a) facultou a escolha por um dos cargos, a fim de proporcionar a regularização da situação funcional com a agilidade desejada e independentemente da instauração de processo disciplinar; e
b) silenciou no respeitante à devolução da importância percebida durante a comprovada acumulação de má fé, assim tornando-a inexigível, em face da consequência imediata do princípio da legalidade, que restringe a atuação do administrador público de modo a somente fazer o que a lei permite. Houve evolução legislativa no

regramento do instituto, elidindo a reposição dos estipêndios pagos, às vezes por longos anos, em virtude da prestação de serviços, com o que o Estado fica impedido de locupletar-se com o trabalho de seus agentes administrativos.

IV

24. Tem-se como ilícita a acumulação de cargos ou empregos em razão da qual o servidor ficaria submetido a dois regimes de quarenta horas semanais, considerados isoladamente, pois não há possibilidade fática de harmonização dos horários, de maneira a permitir condições normais de trabalho e de vida do servidor.

25. Entretanto, nos casos em exame, os interessados, já passaram a cumprir sessenta horas semanais, de segunda-feira a sexta-feira, em vista dos cargos técnicos ou científicos e de magistério. Desnecessária, assim, a verificação do acúmulo relativo ao período em que os servidores cumpriram a carga de trabalho de quarenta horas e, se fosse o caso, a opção corretiva da acumulação, irregular a que se refere o art. 133 da Lei nº 8.112, de 1990, na redação dada pela Lei nº 9.527, de 1997, a qual resultaria na modificação do regime de serviço, no magistério, de quarenta para vinte horas, pois as declarações de horários constantes dos processos indicam a viabilidade da compatibilização.

26. O período em que esses cargos foram desempenhados com carga total de oitenta horas, por semana, não implica restituição da correspondente remuneração, dado o entendimento exposto nos itens 22 e 23 deste Parecer e considerando que:

a) não se apuraram a ilicitude da acumulação e a má fé;
b) houve efetiva prestação de serviços ao Estado; e
c) não se afigura despropositada a assertiva de que a Exposição de Motivos nº 9/89 teria oferecido amparo à situação funcional dos interessados, mesmo que aparentemente.

27. A acumulação, no regime de sessenta horas semanais, não impede a inativação no cargo técnico ou científico, observadas as normas pertinentes, mas não ensejará a posterior inclusão dos servidores no regime de quarenta horas, relativa ao cargo de magistério: caracterizar-se-ia acumulação proibida, por força do art. 118, §3º, da Lei nº 8.112, com a redação dada pela Lei nº 9.527.

Sub censura.

Brasília, 16 de março 1998.

WILSON TELES DE MACÊDO
Consultor da União

Parecer AGU nº GQ-159/1998 (*DOU*, 12 ago. 1998)
Referência: Processo nº 35000.001395/91-53
Origem: Ministério do Trabalho
Assunto: Inviabilidade da aplicação de penalidades a servidores, em decorrência da prescrição.

Adoto, para os fins do art. 41 da Lei Complementar nº 73, de 10 de fevereiro de 1993, o anexo Parecer nº AGU/WM-16/98, de 3 de agosto de 1998, da lavra do eminente Consultor da União, Dr. Wilson Teles de Macêdo, e submeto-o ao Excelentíssimo Senhor Presidente da República, para os efeitos do art. 40 da referida Lei Complementar.

Brasília, 10 de agosto de 1998.

GERALDO MAGELA DA CRUZ QUINTÃO
Advogado-Geral da União

Parecer nº AGU/WM-16/98 (Anexo ao Parecer GQ-159)
Processo nº 35000.001395/91-53
Assunto: Inviabilidade da aplicação de penalidades a servidores, em decorrência da prescrição.

EMENTA: A fim de obstar a perpetuação do poder de o Estado infligir penalidade ao servidor que tenha praticado infração disciplinar, presume-se que a apuração e a "decisão final", esta capaz de fazer cessar a interrupção do prazo prescricional proveniente da instauração do processo, tenham se verificado nos períodos a que aludem os arts. 152 e 167 da Lei nº 8.112, de 1990, findos os quais termina a interrupção e recomeça a contagem de novo prazo.

PARECER

Noticiadas irregularidades que estariam sendo praticadas por titulares do cargo de Fiscal do Trabalho do Quadro Permanente do Ministério do Trabalho, especificamente na Delegacia Regional do Trabalho no Estado do Paraná, designou-se comissão destinada a apurar a veracidade das denúncias, culminando a investigação no relatório de fls. 981 a 1.016, onde são indicados três autores.

2. Por isso que um dos servidores faleceu, propugna-se a aplicação, aos demais, das penalidades de advertência a um e, ao outro, a de demissão, pois este "infringiu o disposto nos incisos II e III do artigo 116, LX do artigo 117 e IV do artigo 132, da Lei 8. 112/90, por:

a) deslealdade à Instituição a que serve;
b) inobservância das Normas Legais e Regulamentares;
c) valer-se do cargo para lograr proveito pessoal ou de outrem, em detrimento da dignidade da função pública;
d) improbidade administrativa".

3. Alçado o julgamento do processo ao Presidente da República, apenas com a proposta de expulsão (v. a E.M. nº 27/MTb, de 29 de abril de 1998, do Ministro de Estado do Trabalho), o Órgão jurídico da Casa Civil da Presidência da República dissentiu da conclusão de que estariam comprovadas a materialidade e a autoria dos ilícitos administrativos, vindo os autos, em decorrência, à apreciação desta Advocacia-Geral da União, a fim de pacificar a divergência, de ordem interpretativa.

II

4. O presente processo disciplinar foi instaurado por intermédio da Portaria nº INSS/DEPR-1931, de 27 de agosto de 1991, do Diretor Estadual do Instituto Nacional do Seguro Social, no Estado do Paraná, in Boletim de Serviço nº 69, do dia seguinte (f. 122), com a prorrogação de prazo de apuração, efetuada pela Portaria nº INSS/

DEPR-1980, de 15 de outubro de 1991, da mesma autoridade, in Boletim de Serviço nº 84, de 18 dos mesmos mês e ano (f. 807).

5. Imprescindível o exame da tempestividade da penalidade a infligir-se, dado que o decurso do tempo e a positividade das normas de regência do tema estão a indicar a extinção do poder de o Estado irrogar a punição porventura cabível, restabelecendo a ordem jurídica afetada pela conduta antissocial dos indiciados.

6. Exsurge do sentido literal do art. 142 da Lei nº 8.112 que a extinção da punibilidade, em relação à falta a que se comina a penalidade de demissão; ocorre em cinco anos, contados da data em que o ilícito torna-se conhecido.

7. Todavia, o prazo prescricional interrompe-se com a instauração do processo, "até a decisão final proferida pela autoridade competente", e sua nova contagem, por inteiro, recomeça da data em que cessa a interrupção.

8. São símiles as razões jurídicas balizadoras do resultado interpretativo a acolher-se, na espécie, e os de que: (1) a "designação de nova comissão de inquérito para prosseguir na apuração de irregularidade objeto do processo disciplinar inicial não interrompe, de novo, o curso do prazo prescritível, dado que a interrupção aludida no §3º do art. 142 da Lei nº 8.112, de 1990, no tocante ao mesmo fato, ocorre uma só vez"; e (2) a "decisão final que, a teor do §3º do mesmo art. 142, faz cessar a interrupção do transcurso do prazo de prescrição é pertinente ao processo disciplinar inicial válido, não repercutindo, como causa extintiva da ação disciplinar, aquela adotada em apuratório posterior, relativo à mesma irregularidade", entendimentos consubstanciados no Parecer nº AGU/WM-8/98, adotado pelo Parecer nº GQ-144, de 18 de março de 1998, desta Instituição.

9. Assim sendo, torna-se apropriado realçar os fundamentos da juridicidade da orientação supra, consistentes precipuamente em que "o art. 142 destina-se a beneficiar o servidor e o respectivo instituto da prescrição objetiva imprimir estabilização às relações que se estabelecem entre a Administração e os servidores públicos, obstando que se perpetue a viabilidade da sanção disciplinar ". É ilação indutiva do raciocínio de que o término dos prazos de averiguação da falta, incluído o dilatório, e de julgamento, destarte, carecendo o processo de "decisão final", cessa a interrupção do transcurso do período prescricional, reiniciando a contagem de novo prazo, por inteiro.

10. Não obstante o recebimento do processo ser considerado como o marco da contagem dos vinte dias, estabelecidos para a autoridade competente proferir sua decisão sobre a culpabilidade ou inocência do servidor (art. 167 da Lei nº 8.112), é admissível presumir-se, com vistas exclusivamente à prescrição, que ele ocorreu imediatamente após o encerramento do processo e sua remessa para julgamento. E que o legislador fixou os prazos para apurarem-se os ilícitos e proferir-se a "decisão final", interruptiva do curso do prazo da prescrição, no pressuposto de que as medidas a eles ligadas são implementadas tempestivamente, sem contemplar a inércia administrativa de que provenha a subsistência do poder de punir, durante prazo superior ao prescricional.

11. Essa orientação é condizente com a maneira de pensar de Savigny: "nos casos duvidosos seguir a interpretação mais benigna é não só mais justo como também mais seguro", e de Carlos Maximiliano: "Prefere-se o sentido conducente ao resultado mais razoável, que melhor corresponda às necessidades da prática, e seja mais humano, benigno, suave", impedindo que a exegese proporcione a apenação de servidor, mesmo se transcorridos quase sete anos após o período fixado para

apurar-se a irregularidade e adotar-se a "decisão final", como no caso (ambas as citações são contidas em MAXIMILIANO, Carlos. *Hermenêutica e aplicação do direito*. 9. ed. Rio de Janeiro: Forense, 1979. p. 165).

III

12. É significativo o prisma de que, no caso sob exame, o processo foi instaurado em 28 de agosto de 1991 (data de publicação da portaria designativa da comissão – v. o art. 151, inciso I, da Lei nº 8.112), advindo a interrupção do curso do período prescritível, há quase sete anos, sem que tenha sido adotada a "decisão final" a que o referido art. 142 imprime a consequência de cessar essa interrupção e reiniciar fluxo de outro prazo.

13. Com o término dos prazos, estabelecidos para a apuração e o julgamento, no presente processo, cessou a interrupção e reiniciou-se o transcurso de um outro, também já expirado. A consequência imediata desse fato é a inocuidade do exame do mérito, restando o registro da conclusão da c.i. e da extinção da punibilidade, em decorrência do falecimento e da prescrição, conforme o caso, na pasta de assentamentos funcionais dos interessados.

Sub censura.

Brasília, 3 de agosto de 1998.

WILSON TELES DE MACÊDO
Consultor da União

Parecer AGU nº GQ-160/1998 (*DOU*, 12 ago. 1998)
Referência: Processo nº 25265.001151/95-76
Origem: Ministério da Saúde/FNS
Assunto: Apuração de faltas ao serviço e descaracterização disciplinares.

Adoto, para os fins do art. 41 da Lei Complementar nº 73, de 10 de fevereiro de 1993, o anexo Parecer nº AGU/WM-15/98, de 31 de julho de 1998, da lavra do eminente Consultor da União, Dr. Wilson Teles de Macêdo, e submeto-o ao Excelentíssimo Senhor Presidente da República, para os efeitos do art. 40 da referida Lei Complementar.

Brasília, 10 de agosto de 1998.

GERALDO MAGELA DA CRUZ QUINTÃO
Advogado-Geral da União

Parecer nº AGU/WM-15/98 (Anexo ao Parecer GQ-160)
Processo nº 25265.001151/95-76
Assunto: Apuração de faltas ao serviço e descaracterização disciplinares.

EMENTA: Os elementos conceituais "ausência intencional" e "sem justa causa" são imprescindíveis à configuração dos ilícitos respectivamente abandono de cargo e inassiduidade habitual a que se referem os arts. 138 e 139 da Lei nº 8.212, de 1990.

PARECER

Servidor do quadro de pessoal da Fundação Nacional de Saúde faltou oitenta dias ao trabalho, de maneira interpolada, no período que medeia setembro de 1994 e julho de 1995, e, sem interrupção, por mais de trinta dias, compreendidos no período de 20 de julho a 18 de setembro de 1995.

2. Em consequência, apuraram-se essas infrações, por intermédio de processo disciplinar, onde se conclui pela inflição da penalidade ao indiciado, com base no art. 132, II e III, da Lei nº 8.112, de 1990, que estatui a demissão na hipótese de o servidor incorrer em abono de cargo ou inassiduidade habitual (v. o relatório de fls. 99/103).

3. O Ministro interino do Ministério da Saúde propôs a expulsão do servidor, face à inassiduidade habitual (E.M. nº 40/GM, de 12 de maio de 1998), em virtude do Despacho CJ nº 278/98, de 10 de fevereiro de 1998, exarado pelo Órgão jurídico daquela Secretaria de Estado, onde é alvitrada essa penalidade, "sem considerar o abandono de cargo, por vício na tipificação, ao mencionar-se o dispositivo estatutário de sua conceituação (art. 138) e não o da pena cominada para tal infração (art. 132, II)" (f. 169). No último expediente, justifica-se a irrogação de pena demissória com a assertiva de que a "alegada perturbação mental, sustentada em sua defesa, não encontrou ressonância em laudo técnico, agora corretamente formalizado, por equipe de especialistas, inclusive com a participação de um psiquiatra, cujas conclusões não estão sujeitas a questionamento na análise jurídica, restrita aos aspectos legais do caso, formais e substanciais".

I

4. Dissentiu desse entendimento a Subchefia para Assuntos Jurídicos da Casa Civil da Presidência da República, ao ultimar assim a Nota nº 2209/98-SAJ/PR-JM, de 1º de julho de 1998:

> Dessa maneira, é de se notar que a Comissão Processante não conseguiu carrear para os autos nenhuma prova no sentido de que o acusado tenha faltado ao trabalho sem justa causa. Pelo contrário, o que ficou patentemente

comprovado é que o servidor em apreço tem problemas de saúde. Diante do exposto e sendo da Administração o ônus da prova - de que o acusado tenha faltado sem justa causa - o que não se obteve nos presentes autos, entendo que a proposta ministerial em questão está prejudicada, devendo, por conseguinte, ser decretada a isenção de responsabilidade do indiciado, o qual, se for o caso, deverá ser submetido a tratamento médico.

5. No expediente aludido no item anterior, efetivou-se o exame de laudos médicos relativos ao estado de saúde do indiciado, no período das ausências ao trabalho, nos quais se conclui (fls. 78, 117/120 e 161/162):

a) pela inexistência de elementos clínicos capazes de impedir o servidor de recorrer ao serviço médico de entidade pública federal, a fim de obter o abono das faltas ao trabalho;
b) no sentido de que o indicado provavelmente seja "portador de um quadro de DISTIMIA (300.4 – DSM III-R), o que equivale a um quadro de NEUROSE DEPRESSIVA, aos termos do CID-OMS, 9º Rev./1975). É provável que seja portador de ambas patologias";
c) não terem sido apresentadas provas de o indiciado ser "portador de patologia mental desencadeada ou agravada pelas 'desinteligências no ambiente de trabalho'... Em tese tudo é possível mas a prova técnica pericial necessita de elementos fáticos comprovados para que possa examinar a concretude singular de cada caso";
d) o indiciado apresentava-se, na oportunidade do exame médico, "como um dependente químico a drogas ilícitas (maconha e cocaína) ao tempo que incorreu em inassiduidade. Chama atenção, entretanto, que durante os meses de setembro, outubro, novembro e dezembro de 1994; bem como durante os meses de janeiro, fevereiro, março, abril, maio e junho de 1995, ou seja, num total de 10 (dez) meses consecutivos, não procurou nenhum recurso. É muito pouco provável que durante 10 (dez) meses consecutivos estivesse sob efeitos de drogas, a ponto de não poder buscar os meios adequados para justificar suas faltas";
e) que é modesta a contribuição oferecida pelos peritos, em decorrência dos "dados colhidos das avaliações do examinado".

6. Ante o dissenso verificado entre a unidades jurídicas supramencionadas, a Presidência da República encaminhou os presentes autos a esta Instituição, a quem incumbe a pacificação da divergência.

III

7. A Lei nº 1.711, de 1952, no art. 207, §1º, conceituava o abandono de cargo como resultante da "ausência do serviço, sem justa causa, por mais de 30 dias consecutivos". A subjetividade acentuada de que se revestia a caracterização do *animus abandonandi* foi atenuada e imprimiu-se maior objetividade na verificação do tipo do fato delituoso, após a promulgação da Lei nº 8.112, de 1990, art. 138, com a modificação conceptual dessa transgressão, dado que, *de lege lata,* considera-se abandonado o cargo no caso em que ocorre "a ausência intencional do servidor ao serviço por mais de trinta dias consecutivos". É nítido o propósito do legislador: à caracterização do ilícito disciplinar exige-se a

intencionalidade, elidida a exigência de que falta ao trabalho não tenha motivo qualificado de justa causa.

8. Em consequência, entende-se autorizada a ilação de que, para efeito da configuração do abandono de cargo, são necessárias, exclusivamente, mais de trinta faltas consecutivas ao serviço e a intenção da ausência.

9. Já a imputação de responsabilidade administrativa a servidor regido pela Lei nº 8.112, de 1990, por ter praticado inassiduidade habitual, não prescinde obviamente da interpretação da norma de regência desse instituto, que possui o seguinte teor:

> Art. 139. Entende-se por inassiduidade habitual a falta ao serviço, sem causa justificada, por sessenta dias, interpoladamente, durante o período de doze meses.

10. São, pois, elementos constitutivos da infração as sessenta faltas interpoladas, cometidas no período de um ano, e a inexistência da justa causa. Para considerar-se caracterizada a inassiduidade habitual é necessário que acorram esses dois requisitos, de forma cumulativa. O total de sessenta faltas, por si só, não exclui a verificação da justa causa.

11. Incumbe ao colegiado apurar se a conduta do servidor se ajusta ou não prescrições legais. Para tanto, deve pautar sua atuação pelo objetivo exclusivo de determinar a verdade dos fatos, razão por que lhe é atribuído o poder de promover a tomada de depoimentos, acareações, investigações e diligências, com vistas à obtenção de provas que demonstrem a inocência ou culpabilidade, podendo recorrer, se necessário, a técnicos e peritos.

12. Nessa linha de raciocínio remansosa, Ivan Barbosa Rigolin expressa sua opinião, com o seguinte jaez:

> No processo administrativo disciplinar originário o ônus de provar que o indiciado é culpado de alguma irregularidade que a Administração lhe imputa pertence evidentemente a esta. Sendo a Administração a autora do processo, a ela cabe o ônus da prova, na medida em que ao autor de qualquer ação ou procedimento punitivo sempre cabe provar o alegado. (RIGOLIN, Ivan Barbosa. *Comentários ao Regime Único dos Servidores Públicos Civis*. 2. ed. São Paulo: Saraiva, 1993. p. 285)

13. Esposa esse entendimento Hely Lopes Meirelles, pois, aludindo à instrução, asseverou que nos "processos punitivos as providências instrutórias competem à autoridade ou comissão processante e nos demais cabem aos próprios interessados na decisão de seu objeto, mediante apresentação direta das provas ou solicitação de sua produção na forma regulamentar" (*Direito administrativo brasileiro*. 20. ed. São Paulo: Malheiros, 1995. p. 591).

III

14. O fato de a c.i haver asserido, na indiciação (f. 82) e no relatório final (f. 103), que o indiciado teria transgredido o disposto no art. 138 da Lei nº 8.112 não seria fator impeditivo da aplicação da penalidade, pois não elide a falta disciplinar nem, por si só, implica dano efetivo para a defesa.

15. A modificação do dispositivo em que se baseia a autoridade julgadora, na aplicação da penalidade, quando é o caso, não eiva de irregularidade o ato punitivo. A conclusão do colegiado, contida no relatório, constitui-se em mera sugestão à autoridade julgadora relativamente aos fatos apurados, a qual, na apreciação do relatório, "poderá, motivadamente,

agravar a penalidade proposta, abrandá-la ou isentar o servidor de responsabilidade" (art. 168, parágrafo único, da Lei nº 8.112), donde exsurge a viabilidade legal de fundamentar-se o ato punitivo em preceito diverso do indicado pela comissão. Essa fundamentação diferente da sugerida no relatório dimana, ainda, da natureza decisória do julgamento.

IV

16. Não se demonstra, em qualquer fase do presente processo, que o indiciado faltou ao trabalho intencionalmente ou sem justa causa. Os laudos médicos desautorizam a conclusão de que esses elementos constitutivos das infrações disciplinares estivessem presentes nas faltas ao serviço, permitindo, ao invés, a convicção de que o indiciado fazia uso de drogas, antes e durante os períodos considerados para a apuração das possíveis irregularidades.

17. A alegação de que o servidor não procurou o serviço médico da repartição, com vistas à constatação de seu estado de saúde e ao licenciamento, numa conduta indesejável, é válida apenas no tocante ao aspecto de não terem sido abonadas as faltas e ao correspondente desconto na remuneração. Todavia, é imprestável para a tipificação do abandono de cargo e da inassiduidade habitual, ante o contexto dos autos. Neste inexiste elemento de convicção que infirme a credibilidade das afirmações de que as dificuldades de saúde foram motivos determinantes das ausência do servidor.

18. Esses aspectos sobrelevam a ilação de que não se logrou demonstrar a intencionalidade ou a inexistência de justa causa para as ausências.

19. Mesmo que subsistisse dúvida em relação à veracidade das causas das faltas ao trabalho, militaria ela em benefício do indiciado e desautorizaria a inflição do castigo, dado que não seria esta a solução mais benigna.

V

20. Vez que emerge dos autos a comprovação das ausências do indiciado, contudo sem a demonstração de que foram intencionais ou praticadas sem justa causa, não restaram caracterizados o abandono de cargo e a inassiduidade habitual de que adviria o poder-dever de a autoridade pública aplicar a penalidade. Assim, o presente processo disciplinar deverá ser arquivado.

Sub censura.

Brasília, 31 de julho de 1998.

WILSON TELES DE MACÊDO
Consultor da União

Parecer AGU nº GQ-207/1999 (*DOU*, 21 dez. 1999)
Referência: Processo nº 10680.001466/95-18
Origem: Ministério da Fazenda
Assunto: Processo Administrativo Disciplinar – Abandono de cargo – Prescrição – Medida a ser adotada pela Administração.

Adoto, para os fins do art. 41 da Lei Complementar nº 73, de 10 de fevereiro de 1993, o anexo Parecer nº AGU/MF-02/99, de 09 de agosto de 1999, da lavra da Consultora da União, Dra. Mirtô Fraga, e submeto-o ao Excelentíssimo Senhor Presidente da República, para os efeitos art. 40 da referida Lei Complementar.

Brasília, 14 de dezembro de 1999.

GERALDO MAGELA DA CRUZ QUINTÃO
Advogado-Geral da União

Parecer nº AGU/MF-02/99 (Anexo ao Parecer GQ-207)
Processo nº 10680.001466/95-18
Assunto: Processo Administrativo Disciplinar – Abandono de cargo – Prescrição – Medida a ser adotada pela Administração.

EMENTA: O entendimento que se vem observando de exonerar ex officio o servidor que abandonou o cargo, pela impossibilidade de demissão, porque extinta a punibilidade pela prescrição, já mereceu aprovação do Poder Judiciário, inclusive pela sua mais alta Corte.

I - RELATÓRIO

Com a Exposição de Motivos nº 358, de 10 de junho de 1998, o Exmo. Sr. Ministro de Estado da Fazenda submete à apreciação do Excelentíssimo Senhor Presidente da República proposta de decisão, por abandono de cargo, do servidor Carlos André Fagundes de Oliveira, com base em parecer da Procuradoria-Geral da Fazenda Nacional, que acolheu a conclusão da Comissão processante. Com o Aviso nº1.524 de 13 de novembro de 1998, do Exmo. Sr. Ministro de Estado da Casa Civil da Presidência da República, os autos vieram a esta Instituição, tendo em vista parecer da Subchefia para Assuntos jurídicos da Presidência da República haver questionado o entendimento que a Administração vem adotando.

2. Na Subchefia para Assuntos Jurídicos da Casa Civil da Presidência da República, o caso mereceu acurado exame e duas Notas, concluindo a primeira delas pela prescrição e consequente exoneração *ex officio* em observância ao procedimento usual da Administração, segundo entendimento da extinta Consultoria-Geral da República, expresso nos Pareceres nº 575-H e I-11. Essa manifestação foi aprovada parcialmente para considerar a ocorrência da prescrição, mas a Nota SAJ nº 3.651/98-MVB, concluiu que, na orientação que se vem observando, confunde-se causa e efeitos. É que a solução encontrada pela Administração — exoneração *ex officio* —, quando extinta a punibilidade pela prescrição-não encontra amparo na doutrina e na jurisprudência.

II - PARECER

3. A orientação que se vem observando está consubstanciada em dois pareceres da extinta Consultoria-Geral da República Pareceres Nº 575-H, da lavra do Dr. Adroaldo Mesquita da Costa, e nº I -11, da lavra do Dr. Romeo de Almeida Ramos, e em Formulações do DASP. Pode assim ser resumida:

a) o abandono de cargo é ilícito instantâneo de efeitos permanentes;
b) o prazo prescricional inicia-se no trigésimo primeiro dia de ausência do servidor;

c) apesar da prescrição, o fato do abandono persiste, devendo declarar-se a vacância do cargo, mediante exoneração *ex officio*;
d) os casos de exoneração *ex officio* previstos no art. 75, II, "a" e "b", do antigo Estatuto do Servidor não eram taxativos, eis que o Estatuto, em outros dispositivos (por ex. art. 19, §§5º e 7º) contemplava outros casos de exoneração *ex officio*.

4. As Formulações do antigo Departamento Administrativo do Serviço Público, atinentes ao assunto em questão, têm a seguinte redação:

> Formulação nº 3 (exoneração *ex officio*): "Será exonerado *ex officio* o funcionário que, em face do abandono do cargo, extinta a punibilidade, pela prescrição, não manifestara expressamente vontade de exonerar-se".
> Formulação nº 98 (exoneração *ex officio*): "A exoneração *ex officio* se destina a resolver os casos em que não se pode aplicar demissão".

5. Esta Advocacia-Geral da União teve oportunidade de apreciar, ainda que parcialmente, a questão, com o Parecer GQ-144, que adotou o Parecer AGU/WM-8/98, da lavra do ilustre Consultor da União, Dr. Wilson Teles de Macedo. E mais recentemente, voltou a manifestar-se sobre o assunto nas informações preparadas por esta Instituição, em 29.04.1999, para instruir o MS nº 23.400. Em ambos os pronunciamentos não se fez oposição ao entendimento que se vem observando.

6. A Subchefia para Assuntos Jurídicos da Casa Civil da Presidência da República questiona o entendimento que se vem observando. Em resumo alega:

a) é equivocada a tese da CGR, criando a figura da exoneração *ex officio* no caso de extinta a punibilidade pela prescrição;
b) a permanência do abandono não é efeito, mas a causa da infração "fato que implica na reiteração de prática de conduta delituosa, cujo tipo se aperfeiçoa a cada mês, daí decorrendo, no plano da prescrição que, enquanto perdurar a ausência, nunca será tardio o exercício, pelo Estado da ação punitiva";
c) o abandono é infração que se consuma a tempo; isto é a cada período de trinta e um dias de ausência do servidor;
d) com a permanência do agente em situação de prática da conduta omissiva, isto é, com a reiteração de prática de conduta delituosa, a Administração poderá sempre instaurar a qualquer momento, procedimento adequado para a apuração da falta, uma vez que as últimas infrações não estarão prescritas;
e) cita em abono de sua tese o acórdão proferido pelo STF no HC nº 71.613-0/RS (crime de desobediência de Prefeita que se recusara a cumprir ofício de juiz determinando desconto mensal nos vencimentos de servidor a título de alimentos);
f) a figura da exoneração *ex officio* de que se vem utilizando a Administração nesses casos não [...] no ordenamento jurídico brasileiro.

7. O acórdão proferido pelo Supremo Tribunal Federal no HC nº 71.613-0/RS, referido na Nota da SAJ, está assim ementado:

> EMENTA: Direito Penal. Crise de desobediência Consumação

Caráter instantâneo ou permanente. Prescrição de pretensão punitiva.
1 - Consistindo a ordem judicial em determinação para que a Prefeitura descontasse, mensalmente, dos vencimentos de certo servidor municipal, a quantia destinada aos alimentos devidos ao filho, enquanto o funcionário os percebesse (vencimentos), o desconto deveria ter sido efetuado.
2 - Em tal circunstância, o prazo da prescrição da pretensão punitiva é de ser contado apenas a partir da data em que, exonerado, o funcionário deixou de perceber vencimentos, pois até esse momento, persistiu o ato de desobediência da Prefeita.
3 - Prescrição não reconhecida.
4 - "Habeas Corpus" conhecido em parte e nessa parte indeferido.

8. Não tem razão a Subchefia para Assuntos Jurídicos da Casa Civil da Presidência da República. De fato, como reconhece o abandono é infração instantânea: consuma-se no trigésimo primeiro dia de ausência ao serviço. É instantânea, mas não a termo e continuada. O exemplo invocado pela SAJ — crime de desobediência à ordem judicial de proceder *mensalmente* a desconto nos vencimentos de servidor — não guarda, como se pensou, similitude com a infração administrativa de abandono de cargo. A ordem judicial tinha que ser acatada mês a mês, de modo que não tendo havido um só desconto, entendeu o Tribunal que enquanto o servidor manteve sua situação de servidor, a Prefeita incidira em tantos crimes quantos foram os meses em que deixou de efetuar o desconto determinado até a data em que o servidor foi exonerado. Daí porque o Supremo Tribunal considerou não ter havido a prescrição quanto ao último ato de desobediência.

9. Na hipótese de abandono de cargo, não ocorre o mesmo como entendeu a SAJ: não houve sucessivos abandonos, mas um só abandono, uma só infração. De fato, não pode ser abandonado de novo e que já está abandonado. Para abandonar o cargo, é necessário que o servidor o esteja exercendo. Se o abandona, depois retorna e novamente, o abandona, aí sim, haverá mais de uma infração. Sem o retorno, o estado de abandono persiste independentemente do tempo transcorrido.

10. O Supremo Tribunal Federal teve oportunidade de endossar o entendimento da extinta Consultoria-Geral da República no acórdão proferido no Mandado de Segurança nº 20.111:

> MS nº 20.111 - DF. Rel. Min. Xavier de Albuquerque: "Exoneração *ex officio*. É aplicável a funcionário que, havendo abandonado o cargo, nem pode ser demitido, por se haver consumado a prescrição, nem solicitada exoneração. Interpretação do art. 75 da Lei nº 1.711 de 28.10.52. Mandado de Segurança denegado". (*RTJ*, 89/39)

11. Nesse julgamento, a Procuradoria-Geral da República manifestou concordância com o procedimento:

> Para contornar essa situação de perplexidade, a solução que se encontrou foi a exoneração *ex officio*, através da qual se desconstituiu o ofício vínculo funcional, com a consequente declaração de vaga do cargo abandonado, sem impor penalidade ao funcionário. [...] Em tais condições, pelos fundamentos expostos e pelos demais constantes das informações, o parecer é pela denegação da segurança. (*RTJ*, 89/40)

12. O voto do Ministro Relator confirmou a juridicidade do procedimento administrativo:

> Segundo a administração, deve ser exonerado *ex officio* o funcionário que, em fase do abandono do cargo, extinta a punibilidade pela prescrição, não manifestara expressamente vontade de exonerar-se. E tal entendimento se baseia, consoante pronunciamentos da Consultoria Jurídica do DASP e da *Consultoria-Geral da República, no caráter exemplificativo, e não taxativo, da enumeração contida no art. 75 da Lei nº 1.711/52.*
> Com a Procuradoria-Geral, penso que *essa orientação tem bons fundamentos jurídicos e não desatende aos princípios.* Não vejo ilegalidade, portanto no ato do Presidente da República, que declarou o impetrante exonerado *ex officio*. (*RTJ*, 89/40, grifos nossos)

13. A jurisprudência dos Tribunais inferiores seguiu a orientação da Corte Suprema: AC nº 72.994/RS, relator Ministro Flaquer Scartezzini (*DJ*, 21.03.1989, p. 3972), no extinto Tribunal Federal de Recursos, AC nº 409.296, do Tribunal Federal Regional da 4ª Região (*DJ*, 20.04.1993, p. 13670).

14. Os Pareceres da extinta Consultoria-Geral da República consideraram que a Lei 1.711 previa hipóteses de exoneração *ex officio* não apenas no art. 75, parágrafo único II, "a" e "b", mas, também em outros, como por exemplo, art. 19, §§5º e 7º. Por isso entendeu-se que a enumeração do art. 75 não era taxativa, mas sim exemplificativa. Da mesma forma, a Lei nº 8.112/90 contempla casos de exoneração *ex officio*, em mais de um artigo: art. 34, parágrafo único, I e II, e art. 35, I.

15. Diante do exposto, penso que a orientação que se vem observando deve ser mantida, principalmente porque, tendo sido objeto de contestação, mereceu a aprovação, mereceu a aprovação do Poder Judiciário.

16. À consideração superior.

Brasília, 9 de agosto de 1999.

MIRTÔ FRAGA
Consultoria da União

Parecer AGU nº GQ-210/1999 (*DOU*, 23 dez. 1999)
Referência: Processo nº 25190.001014/90-57
Interessado: João Gouveia Sobrinho
Assunto: Processo Administrativo Disciplinar – Proposta de exoneração *ex officio*.

Adoto, para os fins do art. 41 da Lei Complementar nº 73, de 10 de fevereiro de 1993, o anexo Parecer nº AGU/MF-09/99, de 1º de dezembro de 1999, da lavra da Consultoria da União, Dra. Mirtô Fraga, e submeto-o ao Excelentíssimo Senhor Presidente da República, para os efeitos do art. 40 da referida Lei Complementar.

Brasília, 21 de dezembro de 1999.

GERALDO MAGELA DA CRUZ QUINTÃO
Advogado-Geral da União

Parecer nº AGU/MF-9/99 (Anexo ao Parecer GQ-210)
Processo nº 25190.001014/90-57
Assunto: Processo Administrativo Disciplinar – Proposta de exoneração *ex officio*.

EMENTA: Abandono de cargo. Prescrição Proposta de exoneração ex officio. Havendo nos autos quota do servidor manifestando sua intenção em desligar-se do serviço público, tal declaração deve ser recebida como pedido de exoneração, a ser concedida após declarada extinta a punibilidade pela prescrição.

Com o Aviso nº 475, de 09 de abril de 1999, o Exmo. Sr. Ministro de Estado, Chefe da Casa Civil da Presidência da República submete à apreciação desta Advocacia-Geral da União o processo administrativo supra indicado, em face de divergência entre a Consultoria Jurídica do Ministério da Saúde e a Subchefia para Assuntos Jurídicos daquela Casa.

2. O Processo Administrativo Disciplinar foi instaurado para apurar a infração abandono de cargo imputada ao servidor João Gouveia Sobrinho, do Quadro de Pessoal da Fundação Nacional da Saúde, do Ministério da Saúde, por abandono de cargo praticado em março de 1985. (fls. 20) Conforme apurado, houve realmente o abandono, tendo o servidor expressamente declarado, em seu depoimento, seu desinteresse em retornar ao cargo (fls. 26/27). Às fls. 34, datada de 31.07.1990, uma comunicação do interessado, encaminhada pelo correio, em que declara: "Através deste venho à [sic] reiterar o meu desejo de não mais retornar ao serviço".

3. A Procuradoria da Fundação, considerando a ocorrência da prescrição, propôs a exoneração *ex officio* (fls. 45/48). A Consultoria Jurídica do Ministério da Saúde ratificou a proposta (fls. 58/61). Retornando os autos à FNS, seu Presidente propôs a exoneração ex officio e a minuta foi encaminhada à Presidência da República.

4. Apesar de considerar extinta a pretensão punitiva da Administração, a SAJ/PR, propõe, após a decisão presidencial de arquivamento do feito, e as devidas anotações nos assentamentos funcionais, a imediata convocação do servidor, pessoalmente ou, na impossibilidade, por edital (art. 163, Lei nº 8.112/90), para reassumir, no prazo de trinta dias, o exercício de seu cargo, sob pena de ficar configurado novo abandono de cargo, a ser apurado na forma da Lei nº 8.112.

5. Penso que não assiste razão à Subchefia para Assuntos Jurídicos da Casa Civil da Presidência da República. Sob o ponto de vista lógico, o servidor já foi submetido a processo por abandono de cargo e declarou expressamente em seu depoimento que não deseja retomar ao serviço público. Não tem o menor cabimento convocá-lo para assumir um cargo que ele já abandonou há quase quatorze anos. Sob o ângulo jurídico, a tese da SAJ

não encontra apoio na legislação. O artigo citado trata da citação por edital do servidor para se ver processar e não tem aplicação ao caso dos autos.

6. Por outro lado, há que considerar-se a manifestação expressa do servidor (fls. 34) no sentido de não desejar o retorno ao serviço público. Entendo que sua quota deve ser recebida como pedido de exoneração. A Lei nº 8.112/90, não veda, mas ao contrário, permite a apresentação do pedido de exoneração no curso do processo disciplinar (art. 172), embora só admita o deferimento "após a conclusão do processo e o cumprimento da penalidade, acaso aplicada". A quota de fls. 43, embora não seja pedido formal de exoneração, é uma manifestação do servidor exteriorizando sua intenção inequívoca de desligar-se do serviço público.

7. *Ex positis*, proponho seja declarada extinta a punibilidade pela prescrição, com o consequente registro nos assentamentos funcionais do servidor e seja recebida como pedido de exoneração a quota de fls. 34, *não* tendo portanto aplicação a exoneração *ex officio*.

8. À consideração superior.

Brasília, 1º de dezembro de 1999.

MIRTÔ FRAGA
Consultoria da União

Parecer AGU nº GQ-211/1999 (*DOU*, 23 dez 1999)
Referência: Processo nº 08004.000877/98-03
Origem: Ministério da Justiça
Assunto: Processo Administrativo Disciplinar. Proposta de demissão por abandono do cargo.

Adoto, para os fins do art. 41 da Lei Complementar nº 73, de 10 de fevereiro de 1993, o anexo Parecer nº AGU/MF-11/99, de 17 de dezembro de 1999, da lavra da Consultora da União, Dra. Mirtô Fraga, e submeto-o ao Excelentíssimo Senhor Presidente da República, para os efeitos do art. 40 da referida Lei Complementar.

Brasília, 21 de dezembro de 1999.

GERALDO MAGELA DA CRUZ QUINTÃO
Advogado-Geral da União

Parecer nº AGU/MF-11/99 (Anexo ao Parecer GQ-211)
Processo nº 08004.000877/98-03
Interessado: Reginaldo Costa Santos
Assunto: Processo Administrativo Disciplinar. Proposta de demissão por abandono do cargo.

EMENTA: Ocorrência ou não da prescrição. Divergência. Medida administrativa.

I - O abandono de cargo é infração de que, regra geral, a Administração tem conhecimento imediato. No caso, houve a prescrição.

II - Extinta a punibilidade pela prescrição, e na permanência do abandono, deve o servidor ser exonerado ex officio, conforme entendimento já consagrado na Administração. Parecer GQ-207.

I - RELATÓRIO

Com o Aviso nº 473, de 8 de abril de 1999, o Exmo. Sr. Ministro de Estado Chefe da Casa Civil da Presidência da República submete à apreciação desta Advocacia-Geral da União o processo administrativo supra indicado, em face de divergência entre a Consultoria Jurídica do Ministério da Justiça e a Subchefia para Assuntos Jurídicos daquela Casa.

2. O Processo Administrativo Disciplinar foi instaurado inicialmente com a Portaria nº 571/PRES, de 25/7/ 96 (fls. 37), expedida pelo Sr. Presidente da FUNAI e publicada em separata do Boletim de Serviço nº 9-14, para apurar a prática da infração abandono de cargo imputada ao servidor Reginaldo Costa Santos, Técnico de Agricultura e Pecuária, matrícula SIAPE nº 443256, dos quadros da Fundação Nacional do Índio – FUNAI. Dito funcionário teria faltado ao serviço a partir de 26 de julho de 1995 e não mais compareceu ao serviço (fls. 17, 23, 25). Tendo em vista parecer da Consultoria Jurídica (fls. 114/117) que detectou cerceamento de defesa uma vez insubsistente a apresentada pelo defensor dativo nomeado, o procedimento foi anulado parcialmente e nova Comissão foi designada pela Portaria nº 272, de 10 de março de 1998, expedida pelo Sr. Secretário Executivo do Ministério da Justiça e publicada no Boletim de Serviço nº 10, de 9 a 13/3/98 (fls. 2). Nova Portaria nº 393, de 7/4/98 (fls. 133) prorrogou por quinze dias o prazo estabelecido A Comissão processante em seu relatório (fls. 135/140) concluiu pela responsabilidade do servidor e propôs sua demissão com fundamento nos arts. 116, X, 132, II, e 138 da Lei nº 8.112/90.

3. A Consultoria Jurídica do Ministério da Justiça, com o Parecer CJ nº 38/98 (fls. 146/150), aprovado pelo Titular da Pasta, endossou a conclusão da Comissão:

> 10. Quanto ao mérito, da análise dos documentos, testemunhos e sobretudo da manifestação do acusado de não mais ter interesse em trabalhar no serviço público, às fls. 81/83, restou

suficientemente comprovado o "animus" do servidor Reginaldo Costa Santos de ausentar-se do serviço, em total abandono do cargo que ocupa.

11. O Memo nº 246/DEF, de 07.12.95, o Memo nº 06/SCL/CAP/95, de 29.11.95, o Memo nº 166/DEF, de 22.08.95 e o Memo nº 172/DEF, de 06.09.95, respectivamente às fls. 17, 21/22 e 24, noticiam que, desde 26.07.95, o servidor não comparece ao Departamento Fundiário da FUNAI, local de lotação onde exercia suas atividades.

12. Os formulários de Registro Individual de Ponto, às fls. 23 e 25, referentes aos meses de julho e agosto de 1995, ratificam tais assertivas, comprovando que de fato, o servidor começou faltar ao serviço, sem justificativas, a partir de 26.07.95.

13. As ausências consignadas nas folhas de ponto, deram ensejo a suspensão do pagamento do servidor a partir de setembro de 1995, conforme ficha financeira, à fl. 74.

14. No depoimento às fls. 61/62, o Chefe eventual do Departamento Fundiário, Francisco Martins Batista, afirmou que, em conversa com o servidor a respeito de sua situação funcional, no final do mês de julho/95, manifestou o acusado desinteresse em continuar no serviço público. Transcrevemos trechos do depoimento:

"Desde o dia 26 de julho de 1995 o servidor acusado não mais compareceu para exercer as suas atividades profissionais na FUNAI, informa que não é do seu conhecimento que o servidor acusado tenha apresentado documentos justificando os motivos de suas faltas... nos últimos dias do mês de julho de 1995, manteve um diálogo com o servidor quanto a sua situação funcional, manifestando o acusado verbalmente desinteresse de continuar no Serviço Público Federal, dado sua atividade econômica particular...".

15. A Chefe do Serviço de Cadastro e Lotação, Carmem Neide Brandão do Vale, às fls. 67/68, também declarou que o acusado, ao ser indagado a respeito de sua situação funcional, respondeu que não mais tinha interesse em continuar na FUNAI, ocasião em que sugeriu ao servidor que elaborasse um documento ao seu chefe imediato formalizando seu pedido de exoneração, o que não foi feito.

16. A testemunha Rogélio Moreth, Assessor da Diretoria de Administração, às fls. 77/78, declarou que, em atenção aos termos do Memo 166/DEF, de 22.08.95, providenciou o desconto dos dias 26 a 31.07.95, na folha de pagamento de agosto/95, do servidor ausente.

17. No interrogatório às fls. 81/83, o acusado reconheceu que a qualquer momento a FUNAI adotaria os procedimentos legais para sanear sua situação de abandono de cargo.

17.1. Alegou que nos anos de 1993 e 1994 enfrentou problemas familiares, tendo a chefia imediata advertido que suas ausências poderiam acarretar problemas funcionais graves. Em decorrência desse problema familiar requereu licença sem remuneração, indeferida por não possuir estabilidade no serviço público.

18. A Defensoria Dativa alega na defesa que o motivo o qual levou o servidor a faltar o serviço foi o fato de ter que dedicar ao filho tempo integral, acompanhando de perto sua recuperação.

18.1. Ao final afirmou que: "não restou outra alternativa ao servidor que entre escolher o emprego e a recuperação de seu filho por conseguinte o bem estar de sua família, ele optou pela recuperação, bem estar e continuidade da família, dizendo que não era interesse continuar nos quadros da FUNAI, se juntando a sua esposa e filho na atividade que ela já vinha exercendo".

19. Já o colegiado refuta tais alegações, discordando do apelo da defesa "de que seja considerado o afastamento do servidor como licença por motivo de doença em pessoa da família", consignando o seguinte entendimento:

"Não cabe também, alegar amparo a sociedade familiar com base na constituição Federal (artigo 226), concedendo-se em uma licença para a qual não fica comprovada nos autos, ser questão de saúde de seu filho, nos parecendo, isto sim, que o problema de seu consanguíneo relacionava-se com más companhias".

20. Ademais, o próprio servidor, em seu interrogatório, declarou que o motivo o qual o levou a ausentar-se do serviço a partir de 26.07.95, foi por estar envolvido na comercialização de marmitas, com sua esposa e seu filho. Vejamos:

fls. 81/83: "os negócios iniciados pela sua esposa e com a participação de seu filho e de sua própria pessoa efetivamente tomou corpo no mês de julho/95... o acusado se ausentou a partir de 26.07.95, não mais retornando às suas atividades funcionais neste órgão... a decisão de abandonar seu cargo na FUNAI, não foi premeditada, mas sim uma consequência dos fatos já narrados, porém, com absoluta convicção de que a medida punitiva partiria da FUNAI... com a implantação de um restaurante nas dependências da FUNAI, foi obrigado a buscar outro ponto de comercialização de seu produto... no período de 26.07.95 a 05.07.96, nenhuma manifestação formalizada foi tomada demonstrando seu interesse em retornar a resolver sua situação funcional junto a esta FUNAI... *tem consciência e conhecimento do débito com esta Fundação, referente ao mês de agosto de 1995 recebido e não trabalhado*" (g.n.).

21. Como se verifica, a manifestação do servidor de não mais ter interesse em trabalhar na FUNAI (fls. 81/83), se encontra no fato de ter optado por uma outra atividade laborativa, ou seja, comercialização de marmitas.

22. Vê-se também que as declarações do acusado estão em perfeita harmonia com as das testemunhas ouvidas nos autos. Todos declararam que o servidor havia manifestado o interesse de não mais trabalhar na FUNAI.

4. Mas a Subchefia para Assuntos Jurídicos da Casa Civil da Presidência da República discordou. Da Nota nº 818/99-JAM, da lavra do Dr. Jorge Alberto Rocha de Menezes, destaco:

> Do nosso exame, no entanto, tendo em vista que o servidor começou a faltar em 26 de julho de 1995, que o primeiro apuratório foi instaurado em 24 de julho de 1996, cujos trabalhos foram encerrados em 18 de setembro de 1996, e o prazo final para julgamento se encerrou em 08 de outubro de 1996, novo prazo prescricional voltou a fluir por inteiro em 09 de outubro de 1996, encontrando-se, desta forma, prescrito o poder punitivo da Administração a contar de 09 de outubro de 1998, nos termos do art. 142, §2º, da Lei n.º 8.112, de 1990, eis que o abandono de cargo é

previsto como crime no art. 323, do Código Penal, ficando claro que o prazo prescricional é de dois anos, pela regra contida no art. 109, inciso VI, da Lei Substantiva Penal.

Este é o entendimento, no que se refere a contagem do prazo prescricional, da jurisprudência administrativa consubstanciada no Parecer nº AGU/WM - 8/98 (Anexo ao Parecer GQ-144), de 4 de março de 1998, da lavra do ilustre Consultor da União, Dr. Wilson Teles de Macêdo, a saber:

"7. Em harmonia com os aspectos de que o art. 142 destina-se a beneficiar o servidor e o respectivo instituto da prescrição objetiva imprimir estabilização às relações que se estabelecem entre a Administração e os servidores públicos, obstando que se perpetue a viabilidade da sanção disciplinar, é válido asserir que:

a) a interrupção do curso do prazo prescricional como estatuída no §3º, ocorre uma só vez quanto ao mesmo fato. Na hipótese em que a comissão não tenha concluído seus trabalhos no prazo estipulado e, por esse motivo ou outro qualquer, imponha-se a continuidade da investigação, a instauração de outro processo não terá condão de novamente interromper o prazo prescricional;

b) a '*decisão final*' capaz de fazer cessar a interrupção do prazo, é adstrita ao primeiro processo disciplinar válido, não se aproveitando a proferida noutro que, por qualquer razão, se tenha instaurado para dar seguimento à apuração do mesmo fato. Não ultimada a averiguação da falta, na data do término do prazo, incluído o dilatório, portanto, carecendo o processo de '*decisão final*', exaurem-se os efeitos da instauração e cessa a interrupção do transcurso do período prescricional, recomeçando a contagem de novo prazo, por inteiro. O necessário prosseguimento dos trabalhos, destinados a determinara a materialidade e a autoria, com a apenação, se for o caso, somente se torna admissível se não prescrito o poder de punir.

8. Previsto como crime, no art. 323, o abandono de cargo tem seu prazo prescricional regulado no art. 109, VI, ambos os dois do Código Penal, isto é, a prescrição verifica-se em dois anos, a contar do trigésimo primeiro dia de falta ao serviço, pois a Administração tem imediato conhecimento dessa infração (§1º do transcrito art. 142 da Lei nº 8.112)" [...].

Assim, no caso em tela, após o decurso do prazo para a decisão final da autoridade julgadora no primeiro processo cessou a interrupção do prazo prescricional e, deste modo, pelo decorrer do tempo, restou prescrito o poder punitivo da Administração.

Contudo, somos do entendimento que após o julgamento Presidencial deve ser convocado imediatamente o servidor, por citação pessoal ou, na impossibilidade desta, na forma do art. 163 da Lei nº 8.112, de 1990, dando-lhe prazo de 30 (trinta) dias para entrar em exercício sob pena que não o fazendo incorrer em abandono de cargo, passível da instauração de Processo Administrativo Disciplinar, cujo procedimento apuratório se dará na forma do art. 140 da Lei nº 8.112, de 1990.

Por todo o exposto, em razão da evidente divergência de entendimento entre esta Subchefia e a d. Consultoria Jurídica do Ministério da Justiça, opinamos pelo encaminhamento dos autos à Advocacia-Geral da União, a qual compete dirimir a presente controvérsia, nos termos da Lei Complementar nº 73/93.

II - PARECER

5. Transcritos os dois documentos que esposam, teses inconciliáveis, observa-se de plano que a divergência diz respeito à *ocorrência da prescrição*, assunto não analisado pela Consultoria Jurídica do Ministério da Justiça, que endossou integralmente a conclusão da Comissão encarregada do Processo Administrativo Disciplinar. Neste aspecto, com inteira razão a Subchefia para Assuntos Jurídicos da Casa Civil da Presidência da República. Se o servidor começou a faltar a partir de 26 de julho de 1995 e não mais compareceu ao serviço, a Administração teve conhecimento imediato da infração. O curso da prescrição interrompeu-se em 24.07.1996, com a instauração do procedimento apuratório (Lei nº 8.112/90, art. 142, §3º). O prazo final para julgamento se encerrou em 8/10/96. Novo prazo prescricional voltou a fluir por inteiro em 09.10.1996 (Lei nº 8.112/90, art. 142, §4º). Já em 09.10.1998, estava, desta forma, prescrita a pretensão punitiva da Administração, impossibilitando a aplicação da pena de demissão ao servidor.

6. Discordo, entretanto da proposta da Subchefia para Assuntos Jurídicos da Casa Civil da Presidência da República consistente na "citação pessoal ou, na impossibilidade desta, na forma do art. 163 da Lei 8.112, de 1990, dando-lhe o prazo de 30 (trinta) dias para entrar em exercício...". E a isto sou levada por diversas razões. Em primeiro lugar, é incontestável a prova da intencionalidade da ausência ao trabalho: o servidor havia se dedicado a outra atividade laborativa, em companhia da esposa e do filho do casal; ele o confessou em seu interrogatório. No seu depoimento, pediu ficasse "registrado o seu interesse se preciso for [sic], retorna às suas atividades na FUNAI para um pedido de demissão, evitando com isto a demissão por justa causa" (fls. 83). Testemunhas ouvidas confirmaram ter ouvido do servidor a afirmativa de sua intenção em não mais trabalhar na FUNAI. E, apesar de advertido pela chefia das consequências de sua atitude, persistiu em faltar ao serviço. O fato de mais de três anos depois solicitar na peça de sua defesa seja o período de faltas, a partir de 26.07.1995, considerado como de licença para tratamento de saúde em pessoa da família (fato não comprovado) ou de licença não remunerada, e prorrogação dessa mesma licença, para tratar de assuntos particulares não elide o caráter de abandono do cargo, uma vez provada a intencionalidade da ausência à época dos fatos. O pedido formulado é um brilhante esforço da diligente defensora dativa (fls. 129/130) no cumprimento do ônus que lhe cabia, mas não encontra amparo na Lei e nem na prova dos autos. Da mesma forma, a proposta da SAJ não tem amparo legal: o art. 163 da Lei nº 8.112/90, cuida da citação por edital do servidor para responder a processo administrativo e o princípio da legalidade não autoriza sua aplicação extensiva a outros casos não previstos na Lei.

7. É de notar-se que a orientação que se vem observando está consubstanciada em dois pareceres da extinta Consultoria-Geral da República: Pareceres nº 575-H, da lavra do Dr. Adroaldo Mesquita da Costa, e nº I-11, da lavra do Dr. Romeo de Almeida Ramos, e em Formulações do DASP. Pode assim ser resumida:

a) o abandono de cargo é ilícito instantâneo de efeitos permanentes;
b) o prazo prescricional inicia-se no trigésimo primeiro dia de ausência do servidor;
c) apesar da prescrição, o fato do abandono persiste, devendo

declarar-se a vacância do cargo, mediante exoneração *ex officio*;

d) os casos de exoneração *ex officio* previstos no art. 75, II, "a" e "b", do antigo Estatuto do Servidor não eram taxativos, eis que o Estatuto, em outros dispositivos (por ex. art. 19, §§5º e 7º,) contemplava outros casos de exoneração *ex officio*.

8. As Formulações do antigo Departamento Administrativo do Serviço Público, atinentes ao assunto em questão, têm a seguinte redação:

> Formulação nº 3 (exoneração *ex officio*): "Será exonerado *ex officio* o funcionário que, em face do abandono do cargo, extinta a punibilidade, pela prescrição, não manifestara expressamente vontade de exonerar-se".
> Formulação nº 98 (exoneração *ex officio*): "A exoneração *ex officio* se destina a resolver os casos em que não se pode aplicar demissão".

9. Esta Advocacia-Geral da União teve oportunidade de apreciar, ainda que parcialmente, a questão, com o Parecer GQ-144, que adotou o Parecer AGU/WM-8/98, da lavra do ilustre Consultor da União, Dr. Wilson Teles Martins. E mais recentemente, voltou a manifestar-se sobre o assunto nas informações preparadas por esta Instituição, em 29.04.1999, para instruir o MS n.º 23.400. Em ambos os pronunciamentos não se fez oposição ao entendimento que se vem observando.

10. O Supremo Tribunal Federal teve oportunidade de endossar o entendimento da extinta Consultoria-Geral da República no acórdão proferido no Mandado de Segurança nº 20.111:

> MS nº 20.111 - DF. Rel. Min. Xavier de Albuquerque: "Exoneração *ex officio*. É aplicável a funcionário que, havendo abandonado o cargo, nem pode ser demitido, por se haver consumado a prescrição, nem solicitada exoneração. Interpretação do art. 75 da Lei nº 1.711 de 28.10.52. Mandado de Segurança denegado". (*RTJ*, 89/39)

11. Nesse julgamento, a Procuradoria-Geral da República manifestou concordância com o procedimento:

> Para contornar essa situação de perplexidade, a solução que se encontrou foi a exoneração *ex officio*, através da qual se desconstituiu o ofício vínculo funcional, com a consequente declaração de vaga do cargo abandonado, sem impor penalidade ao funcionário. [...] Em tais condições, pelos fundamentos expostos e pelos demais constantes das informações, o parecer é pela denegação da segurança. (*RTJ*, 89/40)

12. O voto do Ministro Relator confirmou a juridicidade do procedimento administrativo:

> Segundo a administração, deve ser exonerado *ex officio* o funcionário que, em fase do abandono do cargo, extinta a punibilidade pela prescrição, não manifestara expressamente vontade de exonerar-se. E tal entendimento se baseia, consoante pronunciamentos da Consultoria Jurídica do DASP e da *Consultoria-Geral da República, no caráter exemplificativo, e não taxativo, da enumeração contida no art. 75 da Lei nº 1.711/52.*
> Com a Procuradoria-Geral, penso que *essa orientação tem bons fundamentos jurídicos e não desatende aos princípios.* Não vejo ilegalidade, portanto no ato do Presidente da República, que

declarou o impetrante exonerado *ex officio*. (*RTJ*, 89/40, grifos nossos)

13. A jurisprudência dos Tribunais inferiores seguiu a orientação da Corte Suprema: AC nº 72.994/RS, relator Ministro Flaquer Scartezzini (*DJ*, 21.03.1989, p. 3.972), no extinto Tribunal Federal de Recursos; AC nº 409.296, do Tribunal Federal Regional da 4ª Região (*DJ*, 20.04.1993, p. 13.670).

14. Os Pareceres da extinta Consultoria-Geral da República consideraram que a Lei nº 1.711 previa hipóteses de exoneração *ex officio* não apenas no art. 75, parágrafo único, II, "a" e "b", mas, também em outros, como por exemplo, art. 19, §§5º e 7º. Por isso entendeu-se que a enumeração do art. 75 não era taxativa, mas sim exemplificativa. Da mesma forma, também a Lei nº 8.112/90 contempla casos de exoneração *ex officio*, em mais de um artigo: art. 34, parágrafo único, I e II, e art. 35, I.

15. Por último, esta Advocacia-Geral, recentemente com o Parecer AGU/MF-2/99, adotado pelo Exmo. Sr. Advogado-Geral da União Dr. Geraldo Magela da Cruz Quintão (Parecer GQ-207), analisando o assunto, reafirmou tal entendimento há muito consagrado pela Administração.

III - CONCLUSÃO

16. Do exposto, extinta a punibilidade pela prescrição, e persistindo o abandono, o servidor deve ser exonerado *ex officio*, observando-se, desta forma procedimento já consolidado da Administração (Parecer GQ-207).

17. À consideração superior.

Brasília, 17 de dezembro de 1999.

MIRTÔ FRAGA
Consultora da União

Parecer nº GM-1/2000 (*DOU*, 20 abr. 2000)
Referência: Processo nº 03200.000625/99-26
Origem: Secretaria Especial de Desenvolvimento Urbano da Presidência da República
Assunto: Instauração processo disciplinar para apurar irregularidades ocorridas na contratação de empreendimento imobiliário, custeado com recursos do Fundo de Garantia pelo Tempo de Serviço.

Adoto, para os fins do art. 41 da Lei Complementar nº 73, de 10 de fevereiro de 1993, o anexo Parecer nº AGU/WM-2/2000, de 15 de março de 2000, da lavra do Consultor da União, Dr. Wilson Teles de Macêdo, e submeto-o ao Excelentíssimo Senhor Presidente da República, para os efeitos do art. 40 da referida Lei Complementar.

Brasília, 10 de abril de 2000.

GILMAR FERREIRA MENDES
Advogado-Geral da União

Parecer nº AGU/WM-2/2000 (Anexo ao Parecer GM-001)
Processo nº 03200.000625/99-26
Assunto: Instauração processo disciplinar para apurar irregularidades ocorridas na contratação de empreendimento imobiliário, custeado com recursos do Fundo de Garantia pelo Tempo de Serviço.

EMENTA: Não é impeditivo da apuração de irregularidade verificada na Administração Federal e de sua autoria o fato de os principais envolvidos terem se desvinculado do Serviço Público, anteriormente à instauração do processo disciplinar.

A averiguação de transgressões disciplinares é compulsória e, dependendo de sua gravidade, pode ser efetuada por intermédio de processo disciplinar sem a realização prévia de sindicância. A imputação administrativa da responsabilidade civil exige que se constate a participação de todos os envolvidos nas irregularidades, considerados individualmente.

PARECER

Estabeleceu-se dissenso entre unidades administrativas da Presidência da República, no atinente à necessidade de instaurar-se processo disciplinar destinado a apurar irregularidades ligadas à contratação do empreendimento denominado de Conjunto Habitacional Senador Arnon de Mello, desenvolvido com recursos do Fundo de Garantia pelo Tempo de Serviço, as quais foram consignadas em "Relatório de Prestação de Contas do FGTS de 1992".

2. Referido projeto objetivava a construção de trinta e sete prédios residenciais, compreendidos de duas mil, oitocentos e doze unidades, a fazer-se em duas etapas, envolvendo a primeira (realça-o a comissão de sindicância designada, por último, através da Portaria n. 1, de 31.03.1999, do Secretário de Política Urbana, in DO de 1º.04.1999, a fim de "apontar as irregularidades e apurar responsabilidade de servidores") a "compra do terreno, pagamento dos projetos, obras de infraestrutura, fundações e equipamentos comunitários" e, a segunda, a "realização das obras de construção das unidades habitacionais e parte da urbanização e infraestrutura" (f. 90). A etapa inicial é pertinente a outubro de 1991, ao passo que a última não se executou em linha sequencial à primeira "em função do contingenciamento de recursos do FGTS que, a partir de 1992, suspendeu a contratação de novas operações de crédito" (f. 91), todavia elucida-se, em 28 de maio do ano transato, data do relatório da comissão de sindicância, que os imóveis estão sendo concluídos e comercializados (f. 94).

3. É inconteste que irregularidades ocorreram na contratação e execução do empreendimento, com prejuízos para o

FGTS. Enfatiza-o a mencionada comissão de sindicância, na f. 94:

> O Conjunto Habitacional Senador Arnon de Mello, na verdade, compôs, juntamente com diversos outros empreendimentos contratados no biênio 90/91 (mais tarde chamados "empreendimentos-problema"), um universo de obras que, por motivos das mais diversas naturezas, permaneceram inacabadas e/ou não comercializadas, destacadamente ao longo dos anos de 92, 93 e 94, acarretando sérios prejuízos financeiros, ao FGTS, e sociais, ao público-alvo a que se destinavam [...].

4. A inconveniência da designação de comissão disciplinar residiria, precipuamente, em que [...]:

a) as "provas documentais obtidas pelos membros da Comissão (alude-se à comissão de sindicância instaurada por último) individualizam a responsabilidade de aprovação da contratação do empreendimento em tela, de forma indubitavelmente irregular, para antigos servidores do MAS (sigla indicativa do extinto Ministério da Ação Social), hoje, ao que se sabe, sem vínculo, de forma ativa ou inativa, com a administração pública federal" (f. 97), inexistindo "evidências de participação nos casos de servidores da administração público federal, fato que, no nosso entendimento, descartaria, s.m.j., a iniciativa de instauração de processo administrativo, nos moldes propostos" (fls. 131 e 132);
b) na oportunidade em que a terceira comissão de sindicância subscreveu seu relatório, datado de 28 de maio de 1999, as obras do empreendimento estavam "sendo retomadas e comercializadas com o amparo de precedentes normativos instituídos pelo próprio Conselho Curador do FGTS, visando regularizar não só o caso em tela, mas um universo de operações que resultou em problemas análogos" (f. 97);
c) há "dúvidas sobre a propriedade da medida, em virtude dos argumentos expressos anteriormente e sumariamente descartados pelo douto parecerista, que podem consumir horas, nem sempre produtivas, de trabalho e de esforço de profissionais dessa Secretaria e de outros órgãos em razão da incerteza, ao meu juízo, de irregularidade ou infração praticada, objeto a ser investigado" (f. 106);
d) inexistiriam "prejuízos financeiros oriundos dessa operação (lesão aos cofres públicos), que indicaria a possibilidade de ocorrência de crime de peculato imputável à... e ao ex-Secretário de Habitação..., pois a paralisação dessa obra e de várias outras deu-se em decorrência da supercontratação efetivada à época, fato exaustivamente auditado pelo TCU" (f. 103);
e) "eventuais prejuízos financeiros não seriam razão direta do descumprimento de ato normativo, no que se refere às diretrizes gerais, por parte dos responsáveis, mas sim da contratação excessiva dos recursos levantados junto ao FGTS à época" (f. 103);
f) "houve descumprimento de diretrizes gerais, porém seus atores foram plenamente identificados, porém é discutível se houve,

"stricto senso", ilegalidade deste ato constante do processo" (f. 103);

g) contraindicariam a apuração de rigor os princípios da economicidade processual e da "eficiência administrativa das ações" (f. 103).

II

5. Na maneira de pensar da Subchefia para Assuntos Jurídicos da Casa Civil da Presidência da República, manifestada em três oportunidades diferentes (v. as Notas ns. 1764/99-SAJ/PR-CZ, de 23/6/99; 2554/99-SAJ/PR-CZ, de 18/8/99; e 3329/99-SAJ/PR-CZ, de 20/10/99), é inarredável a apuração dos fatos por comissão de inquérito, em face principalmente de que:

a) o procedimento da comissão de sindicância final "constituiu-se exclusivamente da juntada de documentos, ou seja, nenhum servidor ou ex-servidor do órgão envolvido nas irregularidades foi chamado a prestar depoimento" (fls. 99 e 136);

b) a comissão de sindicância "induvidosamente, entendeu que as irregularidades realmente aconteceram, e se deram tanto no âmbito do extinto Ministério da Ação Social, como da Caixa Econômica Federal" (f. 100);

c) a "singela alegação de que os únicos possíveis acusados não são mais servidores da União, por si só, não ilide a necessidade dos fatos serem apurados com maior profundidade, seja para isentá-los de responsabilidade, ou para fins da constatação de outros envolvidos, até mesmo no âmbito da Caixa Econômica Federal, o que somente será possível com a oitiva dos mencionados ex-servidores e demais porventura existentes" (fls. 101, 104 e 135);

d) como assinalado na f. 101, "consta dos autos Relatório apresentado por outra Comissão de Sindicância instituída para os mesmos fins, cuja conclusão é no sentido de uma apuração mais profunda dos fatos, dada a gravidade do assunto e o envolvimento de setores diversos da administração (*vide* fls. 42)".

III

6. Até mesmo as justificativas aduzidas com o intuito de demonstrar a desnecessidade da averiguação dos ilícitos evidenciam fatos, dúvidas e circunstâncias em relação aos quais a Administração há de desenvolver esforços tendentes a dilucidar os aspectos de que exsurgem conduta danosa ao Erário e à dignidade da função pública (cfr. o item 4 deste expediente).

7. Essas facetas não descaracterizam as responsabilidades, evidentes ou ainda não manifestas, nem exaurem os elementos de convicção a serem coligidos e aquilatados na função de determinar-se a verdade dos fatos.

8. A investigação é imperativo que provém da Lei nº 8.112, de 1990, cujo art. 143 prescreve, *verbis*:

> Art. 143. A autoridade que tiver ciência de irregularidade no serviço público é obrigada a promover a sua apuração imediata, mediante sindicância ou processo administrativo disciplinar, assegurada ao acusado ampla defesa [...].

9. Impõe-se a apuração se o ilícito ocorre "no serviço público", poder-dever de que a autoridade administrativa não pode esquivar-se sob a alegação de que os possíveis autores não mais se encontram

investidos nos cargos em razão dos quais perpetraram as infrações ou inexistem "evidências de participação nos casos de servidores da administração pública federal", mormente em sendo os fatos verossímeis e praticados em órgão público e nas circunstâncias acima relatadas.

10. A verificação das irregularidades é compulsória, a teor do art. 143 da Lei nº 8.112, e suscetível de culminar com a responsabilização administrativa do servidor que, no exercício do cargo ou função, venha a assumir postura destoante das normas constitutivas do regime jurídico a que é submetido, sujeitando-se, consequentemente, à sanção cominada em lei, *stricto sensu*. É o sentido que os doutrinadores emprestam ao instituto da responsabilidade administrativa, conforme se constata do que se segue, *ipsis litteris*:

> Responsabilidade administrativa é a que resulta da violação de normas internas da Administração, pelo servidor sujeito ao Estatuto e disposições complementares, estabelecidas em lei, decreto ou qualquer outro provimento regulamentar da função pública. A falta funcional gera o ilícito administrativo, e dá ensejo à aplicação de pena disciplinar, pelo superior hierárquico, no devido processo legal. (MEIRELLES, Hely Lopes. *Direito administrativo brasileiro*. 16. ed. São Paulo: Revista dos Tribunais, 1991. p. 408)
>
> Com efeito, cometendo o funcionário, no exercício de suas funções, alguma dessas faltas previstas no regulamento, ficará sujeito às sanções disciplinares ali cominadas. Essa obrigação que tem o servidor público de arcar com as consequências da transgressão cometida é o que se chama de responsabilidade disciplinar. (COSTA, José Armando da. *Teoria e prática do direito disciplinar*. Rio de Janeiro: Forense, 1981. p. 203)
>
> Situação do agente público que, por haver infringido dispositivo legal, estatutário ou regulamentar, sofre as consequências de seu comportamento (comissivo ou omissivo), ficando sujeito à sanção administrativa para o caso previsto. (CRETELLA JÚNIOR, José. *Dicionário de direito administrativo*. 3. ed. Rio de Janeiro: Forense, 1978. p. 460)
>
> A falta cometida pelo funcionário, por ato ou por omissão, pode ferir simplesmente o interesse do serviço público, perturbando-lhe o funcionamento ou afetando, atual ou potencialmente sua eficiência. Nasce daí a responsabilidade disciplinar do funcionário. Aliás, como acentua Mário Masagão, a responsabilidade disciplinar origina-se de ação ou omissão que o funcionário pratique com quebra de dever do cargo. Em razão dela fica sujeito a penalidade de caráter administrativo, e que se destina, ou a corrigi-lo, ou a expulsá-lo do serviço público. (CRETELLA JÚNIOR, José. *Direito administrativo do Brasil*. 2. ed. São Paulo: Revista dos Tribunais, 1962. v. 5, p. 127-128)

11. As sindicâncias e a Auditoria Integrada – Prestação de Contas do FGTS – exercício de 1992 – proporcionam a certeza de fatos graves, mas não determinou-se a exata extensão da responsabilidade administrativa, reafirme-se regulada como resultante de "ato omissivo ou comissivo praticado no desempenho do cargo ou função".

12. Embora não conste do presente processo o relatório dessa auditoria integrada, as notícias de fls. 1, 39, 83, 85, 91, 93 e 102 evidenciam que nele estão consignadas irregularidades graves, inclusive

de contratação do empreendimento sob comento. Em consequência, percebem-se despiciendas as três sindicâncias realizadas e, imediatamente após a ultimação da auditoria, impunha-se a instauração do processo disciplinar.

13. Isto porque, de lege lata, as irregularidades se apuram mediante sindicância ou processo disciplinar, prescindindo este da preliminar verificação das infrações através da primeira.

14. Efetua-se a apuração da conduta antissocial do servidor por intermédio de sindicância ou processo disciplinar, dependendo da infração e das circunstâncias em que foi cometida. No art. 143, supramencionado, o legislador utilizou a alternativa "ou" considerando haver variação na natureza das irregularidades e no grau de dificuldade de sua constatação. Há aquelas facilmente verificáveis de consequências revestidas de tal gravidade que a lei preconiza medidas drásticas restritivas de direitos, mais compatíveis com uma apuração de rigor, cujos ritos são contidos em lei.

15. Os elementos probatórios coligidos, por intermédio de sindicância, podem indicar o arquivamento do processo originário da ciência de irregularidade, a aplicação da penalidade de advertência, ou de suspensão de até trinta dias, ou a instauração do processo disciplinar (cf. os arts. 143 e 144 da Lei nº 8.112, de 1990).

16. As normas pertinentes à sindicância e ao processo disciplinar não prescrevem a realização da primeira, em regra previamente à instauração deste. A simples leitura dos arts. 153 e 154 da Lei nº 8.112, de 1990, já o demonstra. Atenta à natureza da infração e às circunstâncias em que esta se verifica, a autoridade competente deve aquilatar se da sua apuração poderá resultar a advertência, a suspensão de até trinta dias ou a inflição de penalidade mais grave, a fim de determinar a modalidade de apuração, se a realização de sindicância ou a abertura de processo. Em se insinuando dúvida razoável a respeito da prática da infração ou de sua autoria, e dependendo de sua gravidade, a autoridade competente deverá ter discernimento suficiente para determinar a realização de investigação prévia (a sindicância), com vistas à verificação da necessidade de proceder, ou não, à cabal apuração das irregularidades, através do processo disciplinar.

17. Embora a penalidade constitua o corolário da responsabilidade administrativa, a inviabilidade jurídica da atuação punitiva do Estado, advinda do fato de alguns dos envolvidos nas transgressões haverem se desligado do Serviço Público, não é de molde a obstar a apuração e a determinação de autoria no tocante a todos os envolvidos, inclusive em se considerando o plausível envolvimento de servidores federais, bem assim o julgamento do processo, com a consequente anotação da prática do ilícito nas pastas de assentamentos funcionais, por isso que, em derivação dessa medida:

a) tem-se como concluído o apuratório e, havendo indícios da caracterização de delito criminal, procede-se à sua remessa ao Ministério Público para a propositura da ação penal (arts. 151, III, e 171 da Lei nº 8.112);
b) configurada a responsabilidade civil, torna-se obrigatória a ação de reparação de danos de que se incumbe a Advocacia-Geral da União;
c) no caso de reingresso e não ter-se extinguido a punibilidade, por força do decurso do tempo (prescrição), o servidor pode vir a ser punido pelas faltas investigadas no processo objeto do julgamento

ou considerando reincidente (v. o art. 128 da Lei nº 8.112).

IV

18. A imputação administrativa da responsabilidade civil há de ater-se ao disposto no art. 122 da Lei nº 8.112, de 1990, que estabelece, no tocante ao caso:

> Art. 122. A responsabilidade civil decorre de ato omissivo ou comissivo, doloso ou culposo, que resulte em prejuízo ao erário ou a terceiros. [...].

19. O sentido literal do art. 122 conduz à verificação de que a responsabilidade civil configura-se quando do ato praticado diretamente resulta prejuízo ao Erário ou a terceiros.

20. Apropriadas à espécie as ponderações feitas por Ivan Barbosa Rigolin, ao referir-se ao art. 122 da Lei nº 8.112, de 1990, *verbis*:

> Ao descrever em que consiste a responsabilidade civil do servidor federal, este artigo simplesmente indica às autoridades competentes para apurá-la que, em acontecendo algum ato omissivo ou comissivo, de natureza dolosa ou culposa, do qual resulte prejuízo ao erário ou a terceiros, deverá a Administração intentar a competente ação civil indenizatória contra o servidor responsável. (RIGOLIN, Ivan Barbosa. *Comentários ao Regime Único dos Servidores Públicos Civis*. 2. ed. São Paulo: Saraiva, 1993. p. 217-218)

21. Acresce que o art. 1.518 do Código Civil estabelece a responsabilidade solidária dos autores e cúmplices, na reparação de dano, prisma não examinado nos autos, mesmo porque a derradeira comissão de sindicância não efetuou a apuração dos fatos em toda sua extensão, em que pesem os óbices por ela consignados e o decurso do tempo que, em casos tais, pode esmaecer fatos capazes de influenciar na determinação da verdade.

V

22. Pelo exposto e em virtude da iliquidez da responsabilidade civil do pessoal possivelmente envolvido nos ilícitos, incumbe ao órgão atualmente competente para gerir a aplicação dos recursos do FGTS e que, presumidamente, dispõe do acervo administrativo legado pelo seu antecessor, efetuar completa apuração dos fatos e da autoria, mediante a instauração de processo disciplinar que, por certo, proporcionará melhores elementos de convicção e, assim, visão mais adequada ao julgamento da participação de todos os envolvidos, considerados em sua individualidade.

Brasília, 15 de março de 2000.

WILSON TELES DE MACÊDO
Consultor da União

Esta obra foi composta em fonte Palatino Linotype, corpo 10
e impressa em papel Avena 70g (miolo) e Supremo 250g (capa)
pela Gráfica Star7.